会展策划与管理专业系列教材

专家指导委员会主任/韩玉灵　总主编/康年

会展沟通与商务礼仪

唐新安　陈姝◎主编
李荣艳　贾巧云　徐若然◎副主编

数字资源总码

◆ 推进校企"双元"合作开发
◆ 瞄准行业数字化发展趋势
◆ 匹配专业教学标准核心课程
◆ 贯穿国际通行活动管理理念
◆ 引领职业教材形式创新需求

旅游教育出版社
·北京·

图书在版编目（CIP）数据

会展沟通与商务礼仪 / 唐新安，陈姝主编． -- 北京：旅游教育出版社，2025. 1. -- （会展策划与管理专业系列教材）． -- ISBN 978-7-5637-4744-3

Ⅰ. G245；F715.4

中国国家版本馆CIP数据核字第202460NA53号

会展策划与管理专业系列教材

会展沟通与商务礼仪

唐新安　陈姝　主编

李荣艳　贾巧云　徐若然　副主编

总　策　划	丁海秀
执行策划	赖春梅
责任编辑	贾东丽
出版单位	旅游教育出版社
地　　址	北京市朝阳区定福庄南里1号
邮　　编	100024
发行电话	（010）65778403　65728372　65767462（传真）
本社网址	www.tepcb.com
E - mail	tepfx@163.com
排版单位	北京旅教文化传播有限公司
印刷单位	天津雅泽印刷有限公司
经销单位	新华书店
开　　本	710毫米×1000毫米　1/16
印　　张	17.25
字　　数	252 千字
版　　次	2025 年 1 月第 1 版
印　　次	2025 年 1 月第 1 次印刷
定　　价	59.80 元

（图书如有装订差错请与发行部联系）

会展策划与管理专业系列教材
专家指导委员会、编委会

专家指导委员会

主　任：

韩玉灵（北京第二外国语学院教授，曾担任教育部全国旅游职业教育教学指导委员会秘书长）

副主任：

杜兰晓（浙江旅游职业学院校长、教授，中国职业技术教育学会智慧文旅职业教育专业委员会执行主任）

瞿立新（无锡城市职业学院校长、教授，全国旅游职业教育教学指导委员会会展专业类专业委员会副主任委员）

丁海秀（中国职业技术教育学会智慧文旅职业教育专业委员会副秘书长，旅游教育出版社副社长）

编委会

总主编：

康　年（上海师范大学副校长、上海旅游高等专科学校校长，全国旅游职业教育教学指导委员会会展专业类专业委员会主任委员）

执行总主编：

宋　波（上海师范大学教授，上海旅游高等专科学校旅游研究院常务副院长，全国旅游职业教育教学指导委员会会展专业类专业委员会秘书长）

编委（排名以姓名拼音为序）：

安小霞	仓　俊	陈　超	陈　萍	陈　姝	陈彬彬	陈翊霖
程致远	褚玉静	丁　旭	段玉敏	葛　菲	宫　博	关庆飞
哈丽旦·巴克	韩　健	郝俊谦	洪伟鑫	黄可筠	贾巧云	
蒋天骏	雷　敏	李　健	李　杨	李荣艳	李小蓉	李悦玫
林海榕	刘　硕	刘　文	刘　臻	刘馥馨	刘淼晶	罗绮琦
彭慧翔	钱红阳	任子荣	宋慧娟	孙景然	唐新安	田明舸
田志武	万　涛	王　菱	王琳艳	王姗姗	邬　燕	吴　烽
吴杰楠	吴舒姗	武　君	向　军	谢予馨	徐敏钰	徐若然
徐永君	闫　敏	杨　洁	杨　欣	杨　正	姚　歆	叶大海
余音梅	袁　丽	张　磊	张　素	张　媛	张慧娟	张立英
张素霞	张岩岩	张颖真	张芝敏	赵　建	赵慧娟	赵中华
郑　伟	郑晓星	钟梦婷	周春旺			

《会展沟通与商务礼仪》
编委会

主　编：

唐新安　上海师范大学/上海旅游高等专科学校

陈　姝　苏州农业职业技术学院

副主编：

李荣艳　以声动人（上海）教育科技有限公司创始人

贾巧云　喀什大学旅游学院

徐若然　上海师范大学/上海旅游高等专科学校

总序 PREFACE

会展业以多维度、深层次的经济与社会功能，不仅为现代服务业的发展注入了强劲动力，更在推动城市经济繁荣、促进全球经济一体化等方面扮演着举足轻重的角色。近年来，全球会展业步入了持续且高速发展的轨道，其市场规模以前所未有的速度扩张，到2028年，全球会展活动市场规模将达到15 529亿美元（ResearchAndMarkets.com）。国内会展业更是迎来了蓬勃发展的春天，市场规模连年攀升，已跃升为全球会展版图中不可忽视的重要力量。从被誉为"中国第一展"的中国进出口商品交易会（广交会），到世界上首个以进口为主题的中国国际进口博览会（进博会）等国家级展会，均具有高度的国际影响力和重要性，它们不仅促进了国内外经济交流与合作，更展示了国家的发展成就和未来趋势。2023年，国内会展经济的直接产值约为5820.6亿元，全国线下展览总数为7852个，展览总面积为14 345万平方米，展览城市由2011年的83个增至197个（《中国展览数据统计报告》）。

伴随着经济社会和数字技术的发展，会展行业发展不断升级，对相关人才培养提出了新的要求。自2018年起，上海旅游高等专科学校作为牵头单位，顺利完成了教育部和全国旅游职业教育教学指导委员会委托的《会展行业人才需求与职业院校专业设置指导报告》《高职会展策划与管理专业教学标准修订》等工作，准确分析把握会展行业人才需求与会展专业人才培养的匹配性。为适应会展行业优化升级需要，本系列教材对接会展产业数字化、网络化、智能化发展新趋势，对接新产业、新业态、新模式下的会议、展览、节庆、会奖旅游等职业群的新要求，满足会展行业高质量发展对高素质技术技能人才的需求，推动职业教育专业升级和数字化改造，提高人才培养质量，遵循推进现代职业教育高质量发展的总体要求。

2023年底，经过前期与旅游教育出版社的沟通酝酿，上海旅游高等专科学校牵头，组织了"会展策划与管理专业系列教材"核心课程设置暨系列教材编写研讨会，联合浙江旅游职业学院、无锡城市职业技术学院、成都职业技术学院等院校共同组成本系列教材牵头编撰团队，确定了《会展概论》《会展策划》《会展项目管理》《会展营销》《会展沟通与商务礼仪》《会展展示设计与搭建》《会展文案写作》《会展财务管理》《会展运营与执行管理》《会展数字化应用》整套10本教材。本套教材面向会展行业着力培养具有会展策划能力、营销能力、运营能力和服务能力等素养的高素质服务型人才，注重培育学生的创新精神和实践能力，使学生既能够熟悉会展的相关政策和理论知识，又能从事会展企业经营管理和服务运作等方面的工作。

本套教材主要特点体现在：一是匹配专业核心课程体系。系列教材与高职会展策划与管理专业核心课程高度匹配，可直接服务专业核心课程建设与教学。二是贯穿活动管理理念和过程。系列教材贯穿活动管理理念，教材内容和主题，与会展活动管理（Event Management）知识框架保持一致。三是瞄准行业数字化发展趋势。系列教材对接新兴职业岗位需求，满足数字化服务技能的需要，结合数字化新技术应用，助力会展新业态发展。四是迎合职业教材形式创新需求。推行项目—任务结构式教材，并配套开发数字化资源，保证后续教材内容及时动态更新，积极与行业共建产教融合教材。

本套教材既可作为中高职职业教育会展类专业教学用书，也可作为职业本科会展类专业教育的参考用书，同时可作为工具书供从事会展策划与管理的企事业单位专业人员借鉴与参考。

作为全国首套会展策划与管理专业系列教材，难免存在缺陷与不足，恳请读者朋友指正，我们将在再版过程中予以完善与修正。

总主编：上海旅游高等专科学校

前言 FOREWORD

会展业是现代服务业的重要组成部分，会展活动过程中会聚了来自不同领域、不同背景的专业人士，他们之间良好的沟通与礼仪呈现是项目成功的关键。优秀的会展从业者需要具备良好的沟通能力和规范的礼仪，从而展现出从业者的专业素养，为会展项目的顺利进行营造出和谐、融洽的氛围，为品牌项目建设和会展企业文化展示贡献力量。

《会展沟通与商务礼仪》一书，立足会展从业人员在沟通与礼仪方面的实际需求，分为基础篇与实务篇两大板块，系统阐述相应内容。全书共计八章内容。其中，前三章重点阐释沟通、商务礼仪以及商务谈判的基本理论，是全书的理论基石；后五章则围绕会展项目在不同阶段的沟通与礼仪运用，会展团队内部的沟通与礼仪实践，以及会展商务谈判的具体操作，展开较为细致的介绍，并详细阐释应用在具体的会展工作中的沟通与礼仪的方法和应对问题的策略。

本书注重实用性和可操作性，在编写过程中，我们深入调研了多家会展企业，了解企业对沟通与礼仪方面的人才需求，并在此基础上提炼出会展项目推进过程中切实有效的沟通技巧与商务礼仪标准。本书通过理论阐释与实践指导相结合的方式，规范会展场合中的沟通技巧与礼仪要求，旨在为广大读者提供一套全面、实用的会展业沟通技能与素养提升方案。希望本书帮助读者在跨文化交流中更加从容自信，展现自己的文化修养和人格魅力。

本书编写组由高等院校老中青会展专业教师及企业高管人员组成。会展业是一个日新月异、欣欣向荣的新兴产业，我们将继续关注该领域的新动态和新趋势，不断更新和完善本书的内容。关于编写中的不足之处，恳请并期待业内专家和读者提出宝贵的意见和建议！

特别感谢会展行业职业教育教学指导委员会、旅游教育出版社、兄弟院校会展策划与管理专业专家/老师及会展企业给予的指导和帮助！也感谢樊恩汝在资料整理、格式统筹及教学 PPT 制作中的贡献！

《会展沟通与商务礼仪》编写组

上篇　基础篇

第一章
会展沟通基础 / 3

第一节　沟通的起源与概念 …………………………………………… 4
第二节　沟通的意义与原则 …………………………………………… 11
第三节　沟通的要素与类型 …………………………………………… 14
第四节　文化与跨文化沟通 …………………………………………… 17
第五节　有效沟通与沟通能力培养 …………………………………… 23

第二章
会展商务礼仪基础 / 27

第一节　礼仪的起源与概念 …………………………………………… 28
第二节　礼仪的类型 …………………………………………………… 37
第三节　商务礼仪的作用与原则 ……………………………………… 41
第四节　跨文化商务礼仪 ……………………………………………… 50

第三章
会展商务谈判基础　/ 63

第一节　谈判的概念与特点……………………………………… 64
第二节　谈判的类型……………………………………………… 67
第三节　商务谈判的原则………………………………………… 73
第四节　商务谈判的阶段………………………………………… 76

下篇　实务篇

第四章
会展活动前期沟通与礼仪　/ 85

第一节　会展沟通与协调对象…………………………………… 86
第二节　会展销售沟通技巧与礼仪……………………………… 94
第三节　会展客户邀请…………………………………………… 97
第四节　会场布置………………………………………………… 103

第五章
会展活动现场沟通与礼仪　/ 117

第一节　会展商务形象…………………………………………… 118
第二节　会展迎宾………………………………………………… 140
第三节　注册报到………………………………………………… 149
第四节　现场服务………………………………………………… 152

第六章
会展活动后期沟通与礼仪　/ 161

第一节　纠纷与投诉处理 ·· 162
第二节　客户关系维护 ·· 180
第三节　答　谢 ·· 193

第七章
会展团队内的沟通与礼仪　/ 201

第一节　团队内的沟通与礼仪 ·· 202
第二节　团队内成员间的沟通与礼仪 ····································· 204
第三节　部门间的沟通与礼仪 ·· 211
第四节　团队内冲突解决处理 ·· 215

第八章
会展商务谈判　/ 227

第一节　商务谈判礼仪 ·· 228
第二节　谈判前期沟通 ·· 239
第三节　磋商阶段的策略 ·· 245
第四节　商务谈判注意事项 ··· 252

参考文献　/ 257

模拟试卷　/ 259

上篇　基础篇

第一章

会展沟通基础

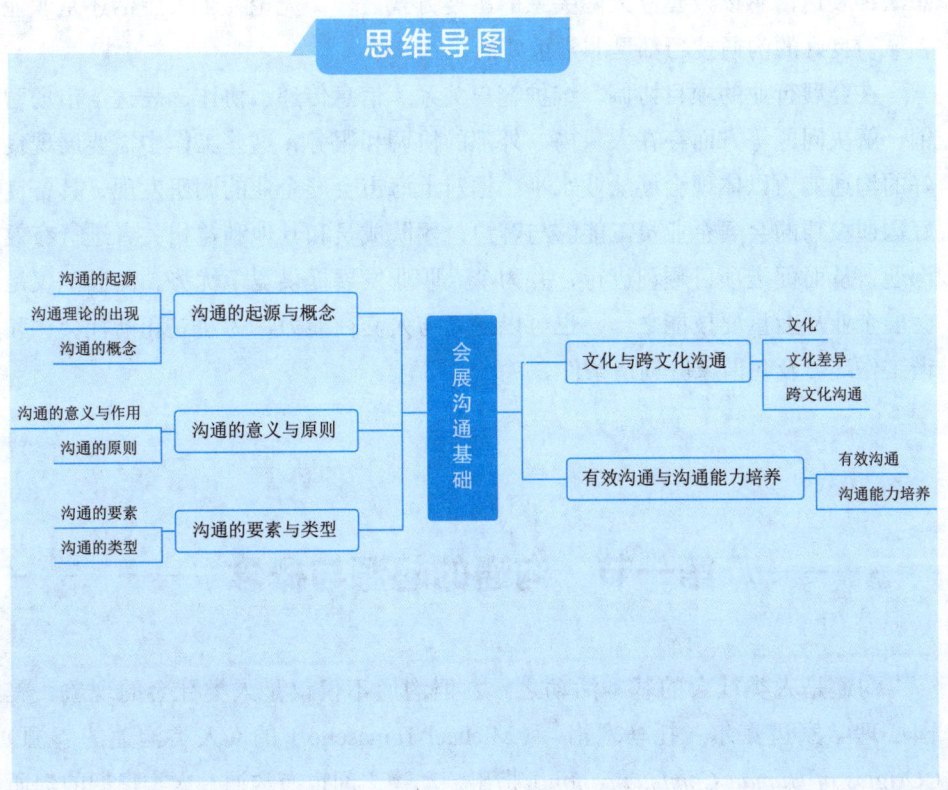

> **学习目标**
>
> ● 知识层面：掌握沟通、文化、跨文化沟通、有效沟通的概念；了解沟通的起源、沟通的作用、沟通的分类及文化的分类等沟通的基本知识。
>
> ● 技能层面：学会分析沟通在会展行业中的重要意义；利用沟通原则、沟通要素学会"四能力四思维"沟通能力的训练方法。
>
> ● 素养层面：弘扬中国传统文化，培养国际化会展人才对人类命运共同体理念的认知。

沟通是人类社会中普遍存在且至关重要的活动。它是人们传递信息、分享想法、表达情感以及建立人际关系的主要方式之一。无论在个人生活还是职业领域，良好的沟通技巧都是非常重要的。

在会展行业的项目协调、维护客户关系、信息传递、协作、表达、市场营销、解决问题等方面存在大量内、外部的协调和服务，这些工作中需要展现良好的沟通能力以体现会展从业水平。据对上海市会展企业的调研发现，具备良好沟通技巧的会展企业员工能够与客户、团队成员和其他利益相关者进行有效沟通，从而促进项目顺利进行，并为个人职业发展提供竞争优势。沟通不仅是会展企业从业重要技能之一，也可以提高与人交往能力，为建立和谐社会、和谐工作环境及和谐家庭创造条件。

第一节 沟通的起源与概念

沟通是人类社会的基本活动之一。但沟通不仅仅是人类社会的现象。美国心理学家迈克尔·托马塞洛[①]（Michael Tomasello）的《人类沟通的起源》（Origins of Human Communication）指出，动物之间也有沟通，人类早期的沟通

[①] 美国发展心理学家，担任德国莱比锡马克思普朗克演化人类学研究所所长，兼任沃尔夫冈克勒灵长类研究中心（Wolfgang Kohler Primate Research Center）主任。主要研究领域是语言学及生物演化等。主要从发展、比较、文化的角度来探究社会认知、社会学习、人类和类人猿的沟通语言等议题，探究人类语言群体演化发展的起源。

类似于动物的简单肢体沟通，后来为了更好地沟通才促使了语言文字的出现。

关于人类沟通，从"沟通"的起源、沟通理论出现、沟通的概念三个方面来全面阐述。

一、沟通的起源

（一）沟通形式的起源

经研究证实，动物之间也存在沟通形式，甚至也有跨物种之间的简单交流，如宠物向主人讨要食物时的乖巧。而动物的沟通往往是本能的生理需求，仅是最为简单的沟通形式。迈克尔·托马塞洛的《人类沟通的起源》认为动物之间也存在沟通，但那只能称为交流形式。

在古猿人时期，人类之间存在着为满足最为底层的生理需求而出现的沟通形式。当时尚未出现语言文字，人们通过手势、表情和声音等非语言形式来进行交流，这是人类最早的沟通形式。所以人类沟通形式的出现是与人类同步出现的社会现象。

在人类进化的过程中，沟通需要的不断扩大促使了语言文字的出现。某种意义上来说，沟通促使、推动了语言文字的出现。语言文字出现后，真正的人类沟通方才诞生。

人类沟通的起源历史经过了交流形式、沟通形式和人类沟通三个阶段（如图1-1：沟通形式的起源）。交流形式是可以跨物种进行的，是沟通最初、最为简单的形式。沟通形式是人与人之间的交流，人类的手势、表情和声音等非语言形式较其他物种的交流形式丰富得多。语言文字对沟通的发展起到了关键作用，拥有了语言文字，人们渐渐开始有了一种更持久、更精确、更可靠、更抽象的思想情感表达、信息交流和信息传递的形式，这对人类社会的发展起着非常重要的作用。

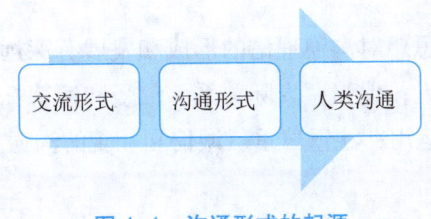

图1-1 沟通形式的起源

（二）"沟通"一词的出现

文字的出现对文化的保留和传承有着深远意义。不同地区的文字在不同的时间发展起来，最古老的文字是我国在公元前 14 世纪创造的甲骨文，甲骨文是一种独特的象形文字，用于传递卜筮和记录祭祀活动的信息。我国除了甲骨文还有金文等。古埃及出现了象形文字，古印度出现了梵文。据考证，公元前 4000 年左右的古代美索不达米亚地区（现今伊拉克一带）使用刻在泥板上的以物体形象为基础的图像符号来记录信息。人类最初的文字通过记录符号来表达和传递信息，可见文字是人类交流沟通需求的产物。文字推动了人类文明的进程，为人类文化的传承起了重要作用。

"沟通"二字是怎么出现的？现在广泛使用的英语单词"沟通"（communication）是由拉丁文 communicate 动词形式变化而来。汉字中出现"沟通"二字是在公元前 500 多年前的《左传·哀公九年》中："秋吴城邗沟通江淮。"其原意是，秋季吴国在邗地开凿了邗沟，通长江和淮河。后因为古代淮河水部分流入长江，淮河水与长江水交融交汇流入东海，淮河有了自己的入海口，成为长江的一个独特支流，而长江部分水也会流入淮河的洪泽湖，故"沟通"原指二江水交融交汇，不分彼此。后"沟通"用来形容人与人之间思想彼此交融汇合达成一致。所以汉字"沟通"来源更具形象意义、更有浪漫的色彩。

二、沟通理论的出现

沟通作为人们普遍使用的技能，受到了较多的研究。沟通早期理论依托于悠久的历史——中国是世界早期人类文明出现的地区。

（一）中国古代沟通理论

中国古代沟通理论的起源可以追溯到春秋时期的哲学和文化传统。

1. 儒家思想

中国古代的儒家思想对沟通理论的形成和发展有深远的影响。孔子是中国古代儒家思想的创始人，他强调人际关系、仁爱和道德标准的重要性。儒家思想强调言辞的修养和运用，注重尊重、诚信和礼貌的沟通方式。

2. 道家思想

道家思想也对中国古代沟通理论的形成产生了影响。道家注重无为而治和自然之道，强调内心的平和、与自然的和谐。关于沟通，道家思想强调言行一致的原则和非语言沟通的重要性对其产生了重要影响。

3.《周易》

《周易》是中国古代最早的六经之一，它不仅是一种卜筮的方法，也是一种哲学体系。《周易》中的卦象和变化原理被广泛应用于沟通和人际关系的理解。通过观察和解读卦象的变化，人们试图理解人际关系的演变和沟通的方式。

4. 礼乐文化

中国古代的礼乐文化对沟通理论的形成起到了重要作用。礼乐是一种规范化的行为准则，包括言辞、仪态和举止等方面的规范。礼乐文化强调言行合一、恭敬和尊重的沟通方式，通过遵循礼仪规范来维持和谐的人际关系。

这些起源背景共同影响了中国古代沟通理论的形成和发展。中国古代思想家、哲学家的学说，以及文化传统，为沟通理论奠定了基础，对后来的沟通理论和实践产生了深远的影响。

(二) 现代沟通理论主流

现代沟通理论是在现代文明基础上出现的，主要是基于20世纪初的西方社会科学研究和实践基础对现代人类沟通所进行的研究。

1. 言语行为理论

20世纪初，语言学家和哲学家开始研究言语行为的本质和功能。约翰·奥斯汀（John Austin）和约翰·塞尔（John Searle）等学者提出了言语行为理论，认为语言不仅是信息传递的工具，而且具有行为的性质。这为后来的沟通理论奠定了基础。

2. 经济学与传播学研究

经济学家和传播学家在20世纪初开始研究信息传递和市场交流的过程。他们探索了信息传递中的信息不对称、信息过载和信息效用等概念，以及营销和广告等领域的传播理论。这些研究为后来的沟通理论提供了经验和理论基础。

3. 符号交互主义

20世纪中叶，符号交互主义成为社会学研究的重要流派之一。符号交互主义强调人们通过符号和符号系统进行交互和沟通。乔治·赫伯特·米德（George Herbert Mead）和赫伯特·布鲁默（Herbert Blumer）等学者提出了符号交互主义的观点，认为沟通是通过符号互动和共享意义实现的。

4. 系统论与信息论

20世纪中叶，系统论和信息论开始应用于沟通研究。系统论强调整体性和相互作用的观点,将沟通视为一个复杂的系统,包括发送者、接收者和环境等要素。信息论则关注信息传递的效率和噪音的影响。

5. 人际关系与群体动力学

在 20 世纪后半叶,人际关系和群体动力学的研究成为沟通理论的重要方向。学者们开始关注人际关系中的互动、互动模式和互动效果,以及群体中的沟通和决策过程。

这些起源背景共同推动了现代沟通理论的发展。通过多学科的研究和实践,现代沟通理论逐渐形成了一套系统的概念和模型,为人们理解和改善沟通过程提供了重要的框架和工具。这些是现代沟通理论发展的一些重要里程碑,不同的理论从不同的角度和层面解释和研究了沟通的本质和机制。随着时间的推移,沟通理论不断发展演变,涌现出更多的理论和模型,沟通理论也在各行各业得到普遍应用。

(三)沟通理论应用研究

沟通是人类普遍应用的能力,现代沟通理论应用研究的起源基本与现代沟通理论研究同步,可以追溯到 20 世纪初的传播研究领域。在这个时期,研究者开始关注传播过程中的信息传递、接受和影响等方面,并试图使用理论框架来解释这些现象。随着时间的推移,传播研究逐渐演化为现代沟通理论,并在各个领域的应用研究中发挥了重要作用。

1. 传播研究的兴起

20 世纪初,学者们开始对传播过程和媒体效果进行研究。20 世纪二三十年代盛行的传播效果理论"魔弹论",奠定了传播研究的基础。这些早期的研究奠定了现代沟通理论应用研究的基础。

2. 人际关系理论的发展

20 世纪 50 年代,学者们开始关注人际关系中的沟通过程。弗里茨·海德尔(Fritz Heider)在 1958 年提出了"关系发展理论",将人际关系建立和发展的过程与沟通联系起来。这一理论为后来的现代沟通理论应用研究提供了重要的基础。

3. 组织沟通研究的发展

20 世纪六七十年代,学者们开始关注组织内部的沟通过程。詹姆斯·麦克利兰(James McClelland)和戴维·伯纳德(David Bernard)等人提出了组织沟通模式和理论,从系统和符号学的角度分析组织内部的沟通现象。这些研究为组织沟通的应用研究奠定了基础。

4.跨文化沟通研究的兴起

20世纪七八十年代,学者们开始重视不同文化背景下的沟通差异和挑战。詹姆斯·吉尔摩(James Gilmore)提出了跨文化沟通的"面子理论",强调了文化因素对沟通的影响。这一理论为跨文化沟通的应用研究提供了重要的理论基础。

这些起源事件为现代沟通理论应用研究奠定了基础,随后的研究者们在这些基础上不断探索和发现,使现代沟通理论得以应用于各个领域,并为实际情境中的沟通提供了指导和建议。

三、沟通的概念

现代沟通理论研究已经脱离了沟通起初的沟通形式,是仅以围绕人展开的形式为研究对象,所以排除了人与其他物种之间的交流形式。

(一)沟通的概念

沟通在《现代汉语词典》中的解释为:本指开沟以使两水相通融合后"你中有我,我中有你"的情景。后泛指使两方相通连达到一致统一,也指疏通彼此的意见。《大英百科全书》中其解释为:沟通是用任何方法,彼此交换信息,即指一个人与另一个人之间用视觉、符号、电话、电报、收音机、电视或其他工具为媒介,所从事交换信息的方法。

因此,我们认为,沟通是指人们通过任何方式交流和传递信息,彼此建立联系、分享思想、表达观点以及理解和解释事物的过程。沟通是人类社会特有的,也是至关重要的一项活动,沟通无论在个人生活还是在组织和社会层面上,都扮演着至关重要的角色。

(二)沟通的内涵

沟通的内涵涵盖了以下几个关键方面。

1.信息传递和交流

沟通的核心是将信息从一个个体传递给另一个个体或群体。这包括通过语言、文字、符号、图像、声音和非语言行为等多种形式来传达信息,以便达到相互理解和交流的目的。

2.理解和解释

沟通不仅是简单地传递信息,还需要对信息进行理解和解释。这涉及对语言和符号的解码和理解,以及对上下文和背景的考虑。有效的沟通需要确保发送者的意图得到接收者的正确解读。

3. 双向性和互动

沟通是一个双向的过程,需要有发送者和接收者之间的相互作用。双方都需要积极地参与信息的传递和交流,这包括倾听、提问、回应和反馈等行为,以确保双方之间的有效沟通。

4. 建立关系和连接

沟通不仅是传递信息,还可以用来建立和维护人际关系。通过有效的沟通,人们可以建立信任并实现理解和共鸣,从而促进彼此之间的联系和合作。

5. 影响行为和思维

沟通具有影响他人行为和思维的能力。通过表达观点、提供信息、解释事实和激发情感,沟通可以影响他人的决策、行动和态度。

6. 解决问题和冲突

沟通可以用来解决问题和处理冲突。通过有效的沟通,人们可以表达自己的需求和意见,寻求共识和解决方案,并减少误解和不满。

综上所述,沟通的内涵包括信息传递和交流、理解和解释、双向性和互动、建立关系和连接、影响行为和思维,以及解决问题和冲突等方面。它是人类社会中重要的交流方式,对于个人、组织和社会的发展和协作至关重要。

(三)沟通的对象

沟通的对象是指沟通的人。

当今人际关系虽错综复杂,但可根据沟通层次和沟通方式类型将沟通对象分为社会和家庭两大类(如图1-2:沟通对象关系)。社会关系中因沟通对象可分为工作关系、朋友关系、陌生关系;而家庭关系中因沟通方式可笼统分为长辈、平辈、晚辈。

可见沟通是人类社会的普遍现象,在各种关系的信息交流和建立人际关系中起着重要的作用。可根据不同的关系类型采用合适的沟通方式来维护各类人际关系,展现我们的社交能力和情商。

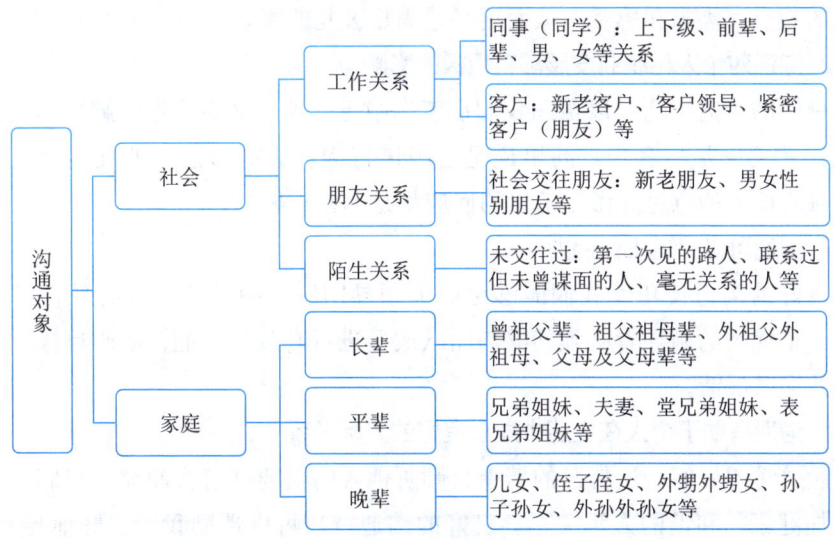

图1-2 沟通对象关系

第二节 沟通的意义与原则

沟通是人类社会交往的纽带和桥梁，是人们建立关系、解决问题、实现目标的重要手段。在我们的日常生活和工作中，沟通无处不在，无时不在。沟通是人类社会中普遍存在且至关重要的活动。我们对会展企业的人才需求进行调研，结果证明沟通能力在会展企业人才需求中占至关重要的位置。

一、沟通的意义与作用

（一）沟通的现实意义

根据沟通的概念，沟通在人类社会中具有极其重要的意义，其重要意义如下：

1.沟通具有普遍性

因为人类是社交性的生物，需要与他人交流和互动。沟通能够帮助我们建立联系、建立信任，并增强人际关系。通过有效的沟通，我们能够更好地理解他人的观点、需求和感受，从而更好地满足彼此的需要。

2. 沟通对个人和职业发展都有积极的影响

良好的沟通技巧可以帮助我们在工作中更好地与同事合作、解决问题并取得成果。无论是与客户、同事还是上级进行沟通，能够清晰地表达自己的观点、倾听他人的意见并做出适当的回应都是非常重要的。

3. 沟通可以提高工作能力

良好的沟通技巧使我们能够更好地领导团队、激励他人并有效地解决冲突。一个优秀的领导者必须能够与团队成员进行有效的沟通，明确目标、指导行动并提供反馈。

4. 沟通有助于个人在生活中建立良好的人际关系

通过学习如何表达自己的情感、倾听他人的需要并解决冲突，我们可以建立更加健康、和谐的人际关系。良好的沟通技巧可以帮助我们更好地与家人、朋友交流，增加相互之间的理解和支持。

（二）沟通的作用

沟通的作用，在现代社会无疑是至关重要的。它如同一座桥梁，连接着人与人之间的心灵，让彼此的思想得以交流，情感得以传递。在商业领域，沟通更是企业成功的关键要素之一。沟通有以下重要作用：

1. **交流信息**

沟通是传递信息和想法的重要途径。通过沟通，人们可以分享知识、经验和想法，促进理解和协作。

2. **建立关系**

沟通是建立人际关系的基础。良好的沟通可以加深人与人之间的联系，增进互相之间的理解和信任。

3. **解决问题**

有效的沟通是解决问题和冲突的关键。通过沟通，人们可以表达自己的需求和意见，寻求共识并找到解决方案。

4. **促进合作**

在团队或组织中，良好的沟通可以促进合作和协调，提高工作效率，达成共同目标。

5. **促进个人发展**

通过沟通，个人可以学习新知识、获取反馈，不断提升自我，实现个人成长和发展。

6.传播文化

沟通是文化传承和交流的重要方式。通过语言、符号和行为，人们传播和分享自己的文化价值观念。

二、沟通的原则

沟通，是人类社会交往中不可或缺的一环，它能够拉近人与人之间的距离，消除隔阂，增进理解。在日常生活和工作中，我们常常需要通过沟通来解决问题、达成共识。然而，沟通并非简单地说话和倾听，而是需要遵循一定的原则，才能更有效地实现沟通的目的。

（一）尊重原则

尊重沟通对象，是沟通原则的基础。只有在尊重对方的前提下，才能够获得对方的尊重和信任。在沟通过程中，我们要尊重对方的观点，不轻易否定他人，避免使用攻击性的语言。同时，我们也要尊重自己的观点，表达自己的需求和感受，而不是一味地迎合他人。

（二）真诚原则

真诚对待沟通对象，是沟通原则的核心。只有以诚待人，才能够获得对方的理解和支持。在沟通过程中，我们要坦诚地表达自己的想法，不掩饰、不夸大，避免给对方造成误解。同时，我们也要真诚地倾听对方的观点，理解他人的感受，从而实现更好的沟通效果。

（三）平等原则

平等对待沟通对象，是沟通原则的关键。只有在平等的基础上，才能够实现更为宽泛和深入的沟通。在沟通过程中，我们要摒弃身份、地位的差别，尊重对方的独立人格，给予对方平等的发言权。同时，我们也要摆正自己的态度，不居高临下、不强加观点，以平等的姿态与对方交流。

（四）有效原则

有效是针对沟通对象采用对方感兴趣或关注的方法和内容，以提高沟通的效果。只有在有效的沟通中沟通对象才更有兴趣关注沟通内容，反之则可能因沟通对象漠不关心而无法达成沟通共识。在沟通过程中，我们不仅要从沟通内容的契合度方面策划，还要注重自身的表达能力，避免使用模糊不清、烦琐的语言。同时，也要注重沟通对象的反馈，提升自身的倾听能力，认真倾听对方的观点，理解他人的需求，从而达到有效沟通。

（五）宽容原则

宽容是指对待沟通对象的容忍，是沟通原则的保障。只有宽容地对待他人，才能够在沟通中消除矛盾、化解冲突。在沟通过程中，我们要宽容地对待对方的错误和不足，给予他人改正的机会。同时，我们也要宽容地对待自己的失误，勇于承认错误，从而在沟通中建立和谐的氛围。

沟通的原则是在沟通中需要遵循的准则，它们能够帮助我们更好地与他人交流，实现沟通的目的。在日常生活和工作中，我们应遵循这些原则，用心去沟通，用爱去理解，共同构建和谐美好的人际关系。

第三节　沟通的要素与类型

沟通是一门博大精深的艺术，需要我们注重每个环节和要素，才能使得我们采用合适的沟通方式获得理想的沟通效果。是否掌握沟通的要素是沟通成败的基础，了解各种沟通类型的精髓，我们才能实现自己的价值，成为沟通的高手，共创更加美好的未来。

一、沟通的要素

一次完善的沟通过程中的每个要素都会影响沟通成效。沟通的要素有：发信者、收信者、编码、解码、通道、信息、噪音、反馈（如图1-3：沟通的要素）。

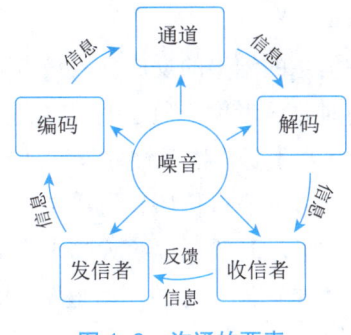

图1-3 沟通的要素

（一）发信者和收信者

是指沟通的双方。发信者也称发送者，是沟通中发送信息的主动方。收信者也称接受者，是沟通对象，也是接受信息方。收信者和发信者的自身文化因素是沟通过程中非常的要素，而且通常沟通中发信者和收信者会互换角色。经过多次发信者与收信者的角色互换，充分互换交流信息达到信息交融交汇，最后达成共识。

（二）编码和解码

编码是发信者将发送的信息翻译成可以传送的语言、图表或其他符号的手段。解码是收信者将接收到的信息翻译成自己可以理解的信息手段。所以发信者在编码过程中不仅要考虑可传送信息，也要考虑收信者的解码能力。

（三）信息和通道

信息是发信者传递给收信者的刺激物，如思想、观点、情感、意见、建议等。信息的可传递性、可理解性影响着沟通成效。通道是信息传递的途径和手段。通道的选择是防止信息丢失或损耗的要素之一。

（四）噪音

是沟通中妨碍信息传递、接收的所有干扰因素。如隔音不充分的房间、汽车噪声对会议的干扰、模棱两可的语言、难以辨认的字迹、表达能力不佳、收信者心不在焉、收信者接受和理解能力较差等。沟通过程中的噪音要素是处处存在的，消除噪音是实现良好沟通效果必须要考虑的要素。

（五）反馈

是接收者对接受到的信息的结果的反应。收信者对接收到的信息进行理解核实并返回给发送者。同时收信者也要通过编码来完成信息传递，所以又有一个解码过程，故有时需要多次发送多次反馈才能实现理想沟通效果。

以上所述前六要素如同人的声音传播，发送者是通过大脑指挥声带振动产生声波，靠空气传送到对方振动耳膜反馈给大脑来完成。其中发送者发送的声波就是"编码"过程，空气是声波传递的"通道"，耳膜震动信息在接收者大脑反馈就是"解码"过程。

二、沟通的类型

沟通的类型

可以根据不同的要素对沟通进行分类，也可以根据沟通采用的方式来进行分类，所以不同情形下沟通类型可能非常复杂。如从发信者和收信者的维度，沟通可分对上级、平级和下级的沟通；也可以根据通道选择分为面对面沟通、借助工具沟通等。通常沟通以沟通的编码解码形式分为语言类和非语言类的沟通（如图1-4：沟通的类型）。

```
                         ┌─ 口头语言
          ┌─ 语言类沟通 ─┤
沟通的类型┤                └─ 书面语言
          │                ┌─ 身体语言
          └─ 非语言类沟通 ─┼─ 副语言
                           └─ 物体语言
```

图1-4 沟通的类型

（一）语言类沟通

是指以语言编码作为信息表达方式实现的沟通。语言信息传递的表达方式有口头语言和书面语言两类，故语言类沟通可分为口头语言沟通和书面语言沟通。

1. 口头语言沟通

即通过声音方式传递语言信息的沟通方式。如对话、会谈、会议等直接面对面的沟通方式,也可以是借助电话、广播等工具以间接方式进行沟通,收信者是通过听觉解码。

2. 书面语言沟通

即通过文字、图案、符号等方式传递信息的沟通方式。如以通知、文件、通信、布告、报刊、备忘录、书面总结、汇报等传递可视的信息,收信者是通过视觉来解码。

(二)非语言类沟通

是指除了语言沟通之外的沟通,即通过姿态、语气语调、嗅觉、触觉等多种渠道传递信息,按表达方式可分为身体语言、副语言和物体语言三类。

1. 身体语言

即通过人体部位的活动来传达信息的沟通方式,又称肢体语言。如鼓掌表示兴奋,顿足代表生气,搓手表示焦虑,垂头代表沮丧,摊手表示无奈,捶胸代表痛苦。

2. 副语言

即通过非语词的声音传达信息的沟通方式。如重音、声调的变化,以及哭、笑、停顿、感叹等非语言类的声音传递信息的方式。

3. 物体语言

即通过物体的形态、摆放来传达信息的沟通方式。如物体的放置、环境的布置、座位次序排定等,在会展业布置、接待、服务中广泛应用。

第四节　文化与跨文化沟通

文化是人类长期社会互动和发展的产物,是人类适应环境、表达情感、传承知识的重要方式,也是人类社会多样性和丰富性的体现。文化直接影响着发信者的编码能力和收信者的解码能力,当文化差异小的时候沟通便容易,反之就需要避免误解和缓解沟通的冲突。了解沟通对象的文化背景对沟通起着非常重要的作用,沟通中的文化因此也是沟通中重要的基础之一。

一、文化

（一）文化的起源

被誉为"人类学之父"的英国著名人类学家爱德华·伯内特·泰勒（Edward Burnett Tylor）在1871年推出的《原始文化》，标志着现代人类文化研究的开始。他指出，原始人类就具有精神文化。文化是包括知识、信仰、艺术、道德、法律、习俗和任何人作为一名社会成员而获得的能力和习惯在内的复杂整体。

美国人类学教授马文·哈里斯（Marvin Harris）在1968年出版的《文化的起源》中指出，文化起源的最早形态出现在原始社会，文化是人类在社会历史发展过程中所创造的物质和精神财富的总和，它包括物质文化、制度文化和心理文化三个方面。

我国从西汉以后（公元前后），典籍中出现"文化"一词，《说苑·指武》："圣人之治天下也，先文德而后武力。凡武之兴，为不服也。文化不改，然后加诛。""文"与"化"合成一个词，"文"是指知识，"化"是指教育感化，"文化"意为用知识教化于人。这说明我国古代就有用文化治国安邦优于用武力治理的理念。

（二）文化的概念

文化是人类在社会历史实践中所创造的物质财富和精神财富的总和，即可分为物质文化和精神文化。其中精神文化通常被称为狭义文化，狭义文化会引导人拥有的价值观、信仰、习俗、语言和行为模式。物质文化通常是凭借实物表现出来的文化。

（三）文化的作用

文化具有整合、导向、持续、传承的作用。

1. 文化的整合作用

是对文化认同一致的群体成员起到聚集的作用。"人以群分"实际就是对文化认同一致的人会"群居"成为"好友"。

2. 文化的导向作用

是指文化有引导、协调人的行动，为人提供方向选择的作用。现代企业注重企业文化实际就是让企业员工保持高度统一的认同感和归属感。

3. 文化的持续作用

是指在形成一定的文化认同时,有以往经验延续的作用。如以往形成的习惯会有一定的延续性。

4. 文化的传承作用

是指文化可以代代相传,有影响下一代文化认同的作用。传承中华优秀传统文化就是保持对国家民族文化的认同,意义深远。

弘扬中华优秀传统文化体现文化的整合、导向、持续、传承的作用,不仅能让一代代人传承优秀文化,而且能让世界了解中华,可见文化的作用还影响着沟通的成效。

(四)文化的表现类型

文化的表现类型是与文化内容相一致的,可分为物质文化和精神文化两大类(如图 1-5:文化的表现类型)。

1. 物质文化

是通过实物显示出的文化元素。可以服饰、饮食、建筑、环境布置等形式呈现,如不同民族的服装、不同历史时期的建筑风格、不同包装等。在会展业中经常会利用主办地、活动主题、主要观众群体等物质文化元素展现文化特色,如具有地方特色的展台搭建。

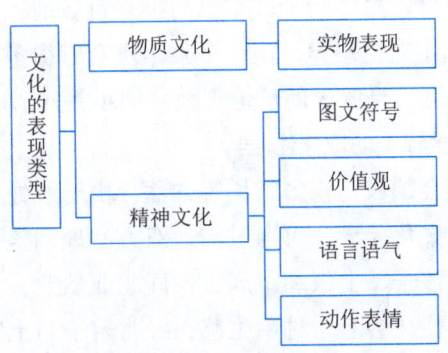

图 1-5 文化的表现类型

2. 精神文化

是通过非实物性显示的文化元素。可以图文符号、价值观、语言语气、动作表情等形式展现,如不同国家民族的文字、不同意识形态、对事物的不同认识、针对不同人或事所展现出不同的语言语气等。会展业常利用会标、场景、环境布置、接待工作人员规范等展现精神文化元素。

二、文化差异

文化差异成因

文化差异是影响沟通有效性的噪音，妨碍沟通目的的实现。消除或缩小文化差异对有效沟通起着至关重要的意义。

（一）文化差异的概念

文化差异指的是不同文化背景下人们在价值观、信仰、习俗、行为方式等方面的差异，即指文化上因时因地因人产生的差异。这些差异可能源自历史、宗教、地理环境、社会制度等多方面因素，文化差异是沟通中需要排除的噪音之一。

（二）文化差异成因种类

文化差异按成因可分以下五种类型。

1. 价值观文化差异（个体文化差异）

由于社会环境、家庭环境、受教育程度、宗教、风俗习惯等影响价值观而产生不同的理念，也称为个体文化差异。个体文化差异可以通过价值观的教育进行缩小，也可以通过宣传、教育提高对个体文化差异的认知和理解。如个人主义者和集体主义者之间就存在个体文化差异，哪怕同胞兄弟姐妹、同班同学都会存在个体文化差异。虽然一个教学班同学来自各地、不同家庭、不同社会环境等，之间存在个体文化差异，但一个教学班会有很多共性，会明显区别于其他不同的教学班，这就是统一的价值观教育缩小差异形成的"班风"。

2. 社会结构文化差异（地位文化差异）

在家庭结构、社会领域、权力结构等方面，由于所处社会地位不同而造成的差异，也称为地位文化差异。可通过沟通双方心理调整达到平等原则消除或减小差异。如家长和孩子、上级和下属、不同职业从业人员之间存在的文化差异。刚入职的新员工往往会有一种陌生感，经常羞于与上级沟通，只要对待上级像对待兄长一样，上级放下居高临下的心理，沟通同样会非常顺畅。

3. 地域文化差异

由不同地域文化影响引起的文化差异。地域文化差异的消除一般比较困难，首先需要了解地域文化差异，常采用尊重、宽容原则达到理想沟通效果。如不同国家、不同地区、地形不同区域造成的差异。会议举办地依托特色餐饮开展一次体验活动将会使参会人员了解举办地文化，主办方还需考虑不同地区参会人员的餐饮习惯的差异，同时让参会人员有宾至如归的感受。

4. 时间文化差异

不同时期文化认知上的差异。生活在不同时期，文化差异必然比较大，如古代与现代人语言、文字上的不同。和缩小地域文化差异的方式相同，需了解彼此的文化差异，对于长者前辈和晚辈之间的差异，采用尊重、宽容原则消除隔阂。

5. 外来文化融合差异

文化在传播过程中融入或夹杂其他文化而变异成一种独特的文化。如佛教传播过程中有大乘佛教和小乘佛教之分，传到我国中原还会与道教文化融合。上海洋泾浜英语、老克勒文化都是这样形成的。

三、跨文化沟通

跨文化沟通是各种文化差异如地域文化差异之间的沟通活动。在当今多元文化社会中，跨文化沟通成为生活的必需，跨文化沟通也是促进全球发展、合作、和谐相处的重要手段。世界命运共同体理念就是希望通过尊重、理解和包容不同文化，共同建设一个更加和谐、包容和繁荣的世界。

（一）跨文化沟通的概念

跨文化沟通是指跨文化组织中拥有不同文化背景的人们之间进行信息、知识和情感的互相传递、交流和理解的过程。文化差异是沟通中普遍存在的问题，跨文化沟通的意义就是消除缩小文化差异，彼此理解和尊重文化差异，这对于促进交流、增进彼此的理解和合作至关重要。

（二）跨文化沟通的作用

在跨文化沟通中，灵活性和包容性非常重要，接受不同文化的多样性，愿意主动学习和调整自己的沟通方式，不触碰对方禁忌的风俗习惯和价值观，可以促进良好的跨文化互动。跨文化沟通的总体作用就是缩小文化差异、减弱其对沟通的影响，具体来说，体现在以下几个方面。

1. 促进理解与尊重

跨文化沟通有助于促进不同文化背景人群之间的相互理解与尊重。通过交流和交往，人们能够更好地了解他人的价值观、信仰、习俗和观念，从而避免误解和偏见。

2. 促进合作与创新

跨文化沟通有助于促进国际合作和创新。通过跨文化团队的合作，拥有不同文化背景的成员能够结合各自的优势，共同解决问题、创造新思路，从而推动创新发展。

3. 拓宽视野与增进多元化

跨文化沟通有助于拓展个人和组织的视野，让人们能够更广泛地了解世界的多样性。这有助于打破局限性思维，促进多元文化的融合与发展。

4. 促进商业发展

在全球化经济中，跨文化沟通对于商业发展至关重要。了解不同国家和地区的文化差异，能够帮助企业更好地定位市场、开展国际业务，从而获得竞争优势。

5. 促进和平与稳定

通过跨文化沟通，人们能够建立更加紧密的联系和关系，促进国与国之间的和谐与相互信任。这有助于减少文化冲突和误解，从而促进全球和平与稳定。

（三）跨文化沟通中的关键要素

如何达到理想的跨文化沟通效果？除了培养自身的沟通能力外，还要注意以下几个要素。

1. 语言差异

语言是文化的核心组成部分，不同语言之间的翻译可能存在误解。在跨文化沟通中，理解语言差异并尊重对方的语言和口音是至关重要的。会展项目服务对象来自不同地区，语言沟通是频繁使用的沟通类型。经调研发现，大部分会展项目对外语人才需求有一定要求，准确理解语言是会展沟通能力的基础。

2. 价值观差异

不同文化形成了不同的价值观、不同的意识形态，这可能影响到人们的行为和决策。理解对方的价值观、尊重其文化背景是进行跨文化沟通的基础。尊重沟通对象的价值观还是沟通礼仪的一个重要部分，可提升彼此的信任。

3. 非语言差异

身体语言、副语言、物体语言等非语言沟通是跨文化沟通中重要的组成部分，在不同文化中有不同的含义，因此要注意这些细微的信号。如图1-6中的手势语言，含义一般是"OK"的意思，但在不同国家不同地区会有不同意思，如在我国也会表示数字"3"；在美国，还有"赞扬和允诺"的意思；在法国，表示"零"或"毫无价值"；在日本就是代表"钱"；在印度还表示"正确"；在泰国还表示"没问题"；在巴西、希腊和意大利的撒丁岛表示这是一种令人厌恶的污秽；在马耳他更是一句无声而恶毒的骂人语。

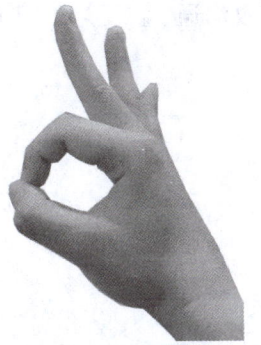

图1-6 手势语言

OK手势的文化认知差异（非语言差异）

第五节 有效沟通与沟通能力培养

影响沟通的因素众多且复杂，不仅有沟通内容、沟通各要素、沟通方式等，其中起决定作用的主体是人，即发信者和收信者，因而文化因素起着关键作用。从发信者角度看，自身文化因素、编码方式、选择通道等都会影响沟通效果以及沟通成败；从收信者角度看，自身文化因素、解码能力、反馈方式等也会影响沟通效果以及沟通成败。所以发信者的有效传递与收信者的有效倾听是影响有效沟通的两大纬度。

一、有效沟通

据统计，在有效沟通中，"说"占到30%，"听"占到45%，"看"占到16%，"写"占到9%。可见，有效沟通中倾听的占比最高，学会倾听非常重要；而发信者的表达重要性位居其次，这二者就占有效沟通的75%。这说明，良好的表达和倾听对沟通成效起着重要作用。

（一）有效沟通的概念

有效沟通是经过沟通，发信者和收信者得以相互理解、双方都明白的那部分信息沟通（如图 1-7：有效沟通）。反之，因为信息丢失的那部分沟通就称为无效沟通。

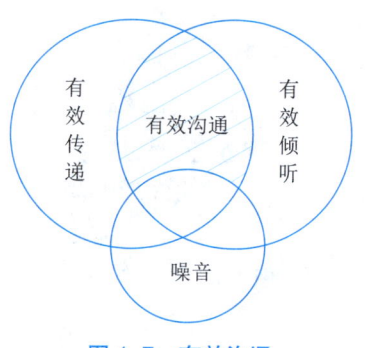

图 1-7 有效沟通

有效传递是指发信者能够将思维准确、清晰、恰当地表达出来，以促使对方更好地接受；有效倾听是指收信者能准确理解发信者的意图，并给予信息反馈；沟通中的噪音是指除了人以外的干扰因素，造成沟通信息损失或丢失。故有效沟通是噪音干扰丢失的有效传递、有效倾听交集区。

以课堂教学为例，教师有效传递不等同于有效沟通，学生有效倾听也不等同于有效沟通。在工作中上传下达同样如此，为了提高有效沟通效率必须注重沟通中的任何一个细节。

（二）影响有效沟通的要素

影响有效沟通的要素可分内因和外因，内因是沟通的发信者，外因是收信者及沟通环境。会展从业人员的自身文化因素以及其对沟通的认知和沟通技能非常重要，是会展业务沟通能力的基础。

1. 有效传递方面因素

发信者是沟通的主动方，起着主动作用。是否能有效传递取决于发信者的个人文化素养，而个人文化素养决定着沟通方法选择、表达能力、情绪态度、是否能接收对方的反馈、场合选择等沟通能力表现。

2. 有效倾听方面因素

收信者的倾听在有效沟通中占比最高。是否能有效倾听同样取决于收信者的个人文化素养，个人文化素养决定着信息理解方法选择、理解能力、情绪态度、对方地位认知、场合感受等沟通能力表现。

3. 噪音干扰方面因素

噪音干扰会影响有效沟通的成效。其包括环境噪声、环境布置、着装、态度等因素。

所以影响沟通能力展现的决定因素是文化，学习在沟通中清晰表达、尊重对方、情绪恰当、适时使用非语言沟通、及时反馈、善用问候等都可以提高沟通技巧，建立更加有效的人际关系，并取得更好的沟通效果。

二、沟通能力培养

通过以上内容，我们认识到影响沟通成效的因素是多方面的，个人需要不断地学习、练习和反思，以此逐渐提高自我沟通能力，从而更好地表达自己、理解他人，并建立更健康的人际关系。可通过以下"四能力四思维"训练来提升自身的沟通能力。

（一）四能力

1. 表达能力

良好的表达能力指同时拥有清晰的语言类和非语言类的表达能力。表达能力需经过长期的学习、训练来积累、提高。表达能力是综合能力的展现，包括合适的沟通方式选择、自身信息编码水平、沟通通道选择、对沟通对象文化差异的理解等方面的综合考量。

2. 说服能力

在沟通中，当沟通目的不一致时，沟通就是将一方的信息和情感传给对方，这时必须要有说服能力。说服对方需要了解对方的文化背景，寻找合适的沟通方式和说服技巧，以及恰当时机，也要有理有据、有耐心。

3. 解读能力

即倾听能力，不仅指理解对方语意，还需要分析了解对方话中之话。所以要训练解读能力，不仅要了解各种文化差异，更要通过与各类人的交往锻炼自己。

4. 策划能力

沟通的意外性较强，对于重要的沟通，前期准备越完善沟通越有效。针对沟通能力不够强的人来说，沟通前准备策划更为重要，可以减少沟通应对中的意外，做到应对自如。经历多次沟通前的策划，会形成更为完善的策划能力。

（二）四思维

1. 换位思考

以沟通对象为导向，即了解对方的文化和立场。平等沟通是最易沟通的情景，学会理解、体谅、尊重对方就是寻求沟通中的平等原则。

2. 合作态度

沟通的目的就是结果能与沟通对象达成一致。沟通前往往沟通目标不一致，需要从寻求沟通对象之间的共性信息入手，表现出合作共赢的态度。

3. 谦逊姿态

往往与谦虚的、姿态低一些的沟通对象沟通时比较顺畅。这是因为一般人都比较容易接受弱者，过于强势者、精明者会增加对方的防备心理。谦逊姿态有利于沟通中的发挥。

4. 积极心态

主动积极的沟通有助于建立良好的人际关系，促进合作，从而解决问题和冲突。尤其是文化差异较大的双方，在沟通中更需要有积极主动的心态。积极心态表现在保持开放、主动的心态及尊重他人的状态。

通过"四能力四思维"训练，愿我们能够提升自身的沟通能力，自由应对生活与工作，创造美好的未来。

思考与练习

一、思考题

1. 分析沟通对象种类，列举会展活动中会展从业人员的沟通对象。（参展商、观众、协作群体、媒体、企业内部团队等）

2. 物体语言在会展行业应用广泛，请举例说明会议座位排定的应用。

3. 沟通的概念和内涵是什么？沟通的意义有哪些？简述沟通对会展从业人员的重要性。

4. 沟通的原则有哪些？分析遵循沟通原则对个人工作能力呈现的意义。

5. 画图说明沟通中的要素及各要素对沟通的影响作用。

6. 举例说明沟通形式的分类。

7. 文化的概念是什么？举例说明文化差异及文化差异表现的分类。

8. 分析造成文化差异的原因，解释在跨文化沟通中应考虑哪些关键要素。

9. 请解释有效沟通的概念，并分析影响有效沟通的三方面因素。

二、练习题

根据"四能力四思维"观点，制订计划并在课外训练沟通能力。

第二章

会展商务礼仪基础

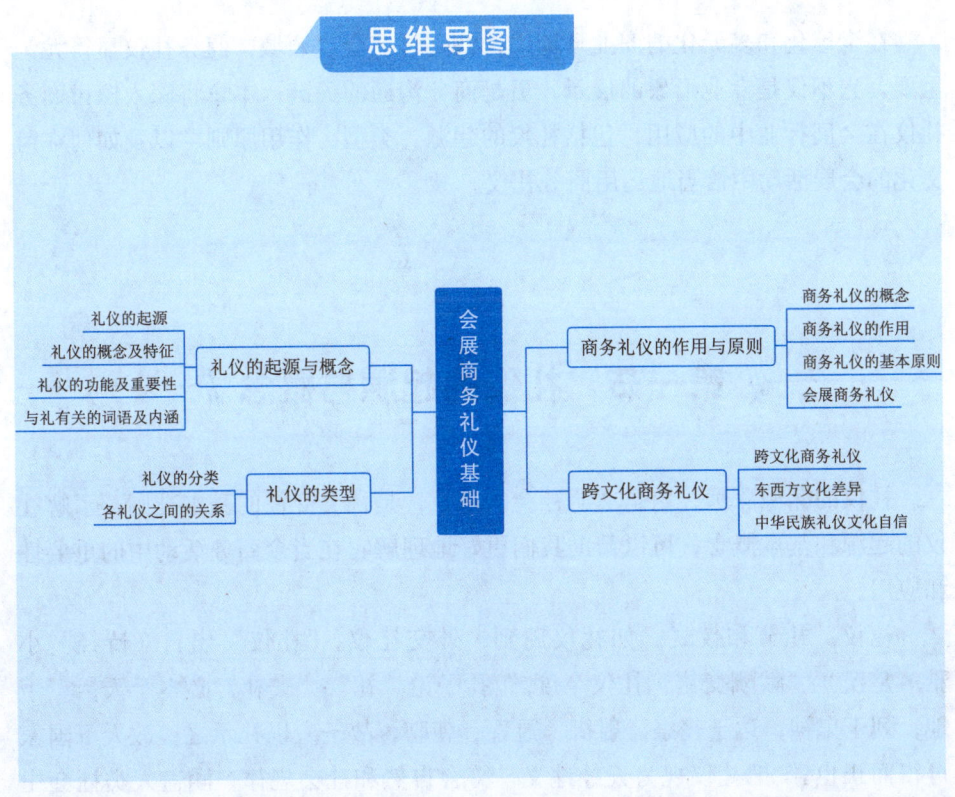

> 🎯 **学习目标**
>
> ● 知识层面：了解礼仪的起源与发展，认识礼仪在社会和文化活动中的重要性。掌握礼仪的基本概念和类型，熟悉生活礼仪、商务礼仪、国际礼仪的应用范围。
>
> ● 技能层面：掌握商务礼仪的核心原则和实施要点，包括诚信、尊重、准时等关键要素。提高跨文化交际能力，理解东西方文化差异及其对商务礼仪的影响，学会在不同文化背景下有效沟通。
>
> ● 素养层面：树立民族文化自信，通过深入了解和弘扬中国传统文化，培养自信和对本国文化的认同感。提升礼仪素养，通过掌握礼仪的知识和技能，展示得体的行为和态度，成为社会和职场中受欢迎的人。

在全球化和多元化的商业环境中，特别是在会展领域，商务礼仪显得尤为重要。它不仅是专业形象的展示，更是商务沟通的关键。本章将深入探讨商务礼仪在会展行业中的应用，包括礼仪的起源、类型、作用原则，以及如何在跨文化的会展活动中恰当地运用商务礼仪。

第一节　礼仪的起源与概念

礼仪的渊源深远，它是文明社会的基石，是社会交往的基本准则。了解礼仪的起源和基本概念，可以帮助我们更好地理解它在当今商务活动中的重要性和应用。

礼仪：礼节和仪式。如礼仪周到、外交礼仪。"礼仪"出自《诗经·小雅·楚茨》："献酬交错，礼仪卒度。"孔子论"礼"："夫礼，必本于天，　于地，列于鬼神，达于丧祭、射御、冠昏、朝聘。故圣人以礼示之，故天下国家可得而正也。"把礼仪视为天经地义，符合自然和社会规律，涵盖人类社会生活方方面面，维护社会秩序稳定、国家机器正常运转的准则。这是内涵极深、外延极广的礼仪。

而人们在日常社会交往活动中，礼仪是为了体现出相互间的尊重，在仪容、仪表、仪态、仪式、言谈举止等方面约定俗成的以示尊敬的、共同认可的行为规范。礼仪是对礼节、礼貌、仪态和仪式的统称。对社会而言,礼仪是正式交往活动中所采取的一种行为、语言等方面的规范;对个人而言,礼仪是人们在社会生活中处理人际关系并约束自己行为以示尊重的准则。礼仪也体现一个人对自己、对他人、对集体、对工作、对自然、对社会、对国家的尊重之意、热爱之情。用得体美好的言谈举止、仪表仪式表达出来就是礼仪。

一、礼仪的起源

(一)礼仪的萌芽

距今约1.8万年前的旧石器时期,北京周口店山顶洞人已有"装饰礼仪""葬仪"。人类最早的礼仪是祭祀礼仪,它主要是表达对天地鬼神的敬畏和祈求。在距今约7000年前的仰韶文化时期,人们已经注意尊卑有序、男女有别,"长辈坐上席,晚辈坐下席;男子坐左边,女子坐右边"等礼仪现象日趋明确。

(二)礼仪的形成

西周时期形成基本礼仪。全面介绍周朝典章制度的《周礼》,是中国流传至今的第一部礼仪专著,它将人们的行为举止纳入一个尊卑有序的模式之中。《周礼》有6篇,分别涉及天官、地官、春官、夏官、秋官、冬官。春官主管五礼,即吉礼、凶礼、宾礼、军礼、嘉礼,是周朝礼仪制度的重要组成部分(如图2-1:《周礼》中的"五礼")。吉礼,指祭祀的典礼;凶礼,主要指丧葬礼仪;宾礼,指诸侯对天子的朝觐及诸侯之间的会盟礼节;军礼,主要包括阅兵、出师等仪式;嘉礼,包括冠礼、婚礼、饮酒礼等。

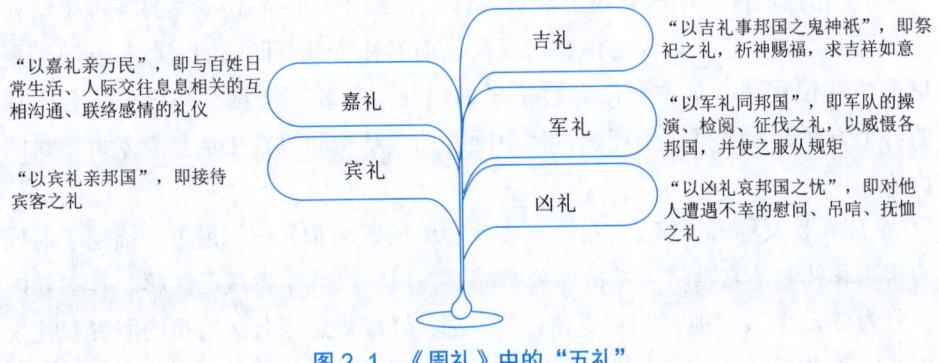

图2-1 《周礼》中的"五礼"

(三)礼仪的发展与革新

春秋战国时期是我国的奴隶社会向封建社会转型的时期,相继涌现出孔子、孟子、荀子等思想巨人,发展与革新了礼仪理论。目前流传于世的《礼记》《仪礼》《周礼》合称"三礼",对于现代的礼仪起到了很大的帮助和参考作用。宋代时,程颢、程颐兄弟(二程)和朱熹为理学主要代表。二程认为,"父子君臣,天下之定理,无所逃于天地间","礼即理也"。朱熹进一步指出:"仁莫大于父子,义莫大于君臣,是谓三纲之要,五常之本。人伦天理之至,无所逃于天地间。"朱熹的论述使二程的"天理"说更加严密。家庭礼仪研究硕果累累,是宋代礼仪发展的另一个特点。司马光《涑水家仪》和朱熹的《朱子家礼》最为著名。明代时,交友之礼更加完善,而忠、孝、节、义等礼仪日趋繁多。清代满族入关后,逐渐接受了汉族的礼制,并且使其复杂化,导致一些礼仪显得虚浮、烦琐。

下面对"三礼"以及孔子等人对礼的发展影响进行详细介绍。

《礼记》是儒家经典之一,相传由孔子的弟子及其再传弟子编撰而成。此书共有49篇,但现存版本通常包括46篇。《礼记》不仅涵盖了礼仪和仪式,还包括了政治、教育、哲学等内容。它是研究周代以至汉代礼制的重要文献,对后世的礼仪、治国理念有着重要的影响。其主要内容:《礼记》中的《大学》和《中庸》两篇,在儒家文化中具有极高的地位,阐述了儒家的道德理想和治国理念。其他章节如《表记》《乐记》等,详细记录了各种仪式和礼节的细节和实施方法。有讲述古代风俗的《曲礼》;有谈论古代饮食居住进化概况的《礼运》;有记录家庭礼仪的《内则》;有记载服饰制度的《玉藻》;有论述师生关系的《学记》;有教导人们道德修养的途径和方法,即"修身、齐家、治国、平天下"的《大学》等。

《仪礼》是古代中国礼仪的法典,详细记载了从皇帝到平民的各种生活礼仪和官方仪式。它是西汉时由整理汉初以前的礼仪规范而成的文献,反映了更早期的礼仪实践。其主要内容包括了如婚礼、丧葬、朝见、祭祀等社会生活的各个方面。这本书对于理解古代中国的社会结构和日常生活具有不可估量的价值。

《周礼》又称《周官》,是一部古代中国的政治和礼仪制度书,描述了周代的官制和礼制。它被认为是由周公所编纂,后经汉代学者戴圣注解。其主要内容分为"天官"、"地官"和"春官"三部,详细规定了各级官员的职责和礼仪规范。该书不仅是研究古代中国政治体制的重要资料,也反映了周代的社会组织和管理方式。

这三部书籍共同构成了中国古代礼仪和制度的文献基础，不仅对中国产生了深远的影响，其内容和思想也在东亚其他国家和地区产生了广泛的影响。通过这些文献，我们可以深入理解中国古代社会的道德规范、社会秩序以及政治制度。

（四）现当代礼仪的发展

中华人民共和国成立后，中国的礼仪建设进入一个崭新的历史时期。

1978年党的十一届三中全会做出了改革开放的决定，中国的礼仪建设进入新的全面复兴时期。从推行文明礼貌用语到积极树立行业新风，从开展"18岁成人仪式教育活动"到制定市民文明公约，各行各业的礼仪规范纷纷出台，岗位培训、礼仪教育日趋红火。《公共关系报》《现代交际》等一批涉及礼仪的报刊应运而生，《中国应用礼仪大全》《称谓大辞典》《外国习俗与礼仪》等介绍、研究礼仪的图书、辞典、教材不断问世，再度兴起礼仪文化热。随着改革开放的推进和中国经济的不断增长，国际经济贸易和文化交流活动的日益增加，在中西方经济和文化的交融中，现代礼仪进入快速发展时期。

党的十八大以来，中国特色社会主义和中国梦深入人心，践行社会主义核心价值观、传承中华优秀传统文化的自觉性不断提升。社会主义核心价值观包括：富强、民主、文明、和谐，自由、平等、公正、法治，爱国、敬业、诚信、友善。

同时，国务院颁发的《新时代公民道德建设实施纲要》强调："充分发挥礼仪礼节的教化作用。礼仪礼节是道德素养的体现，也是道德实践的载体。要制定国家礼仪规程，完善党和国家功勋荣誉表彰制度，规范开展升国旗、奏唱国歌、入党入团入队等仪式，强化仪式感、参与感、现代感，增强人们对党和国家、对组织集体的认同感和归属感。充分利用重要传统节日、重大节庆和纪念日，组织开展群众性主题实践活动，丰富道德体验、增进道德情感。研究制定继承中华优秀传统、适应现代文明要求的社会礼仪、服装服饰、文明用语规范，引导人们重礼节、讲礼貌。"

古代礼仪的起源	• 传说中的黄帝时期：天地祭祀与部落仪式
周朝礼制的确立	• 周公制礼：《周礼》的诞生，礼乐制度的确立，定义了王朝的政治和社会结构 • 礼乐教化：礼仪与音乐结合，用以教化民众
春秋战国时期的礼学发展	• 孔子（孔丘）：《论语》中的礼仪思想，强调仁与礼的结合，提倡礼以教化人 • 《仪礼》：详细记载了各种礼仪仪式，是后世礼仪教育的重要依据 • 《礼记》：汇编了先秦时期的礼仪文献，由汉代学者戴圣注解，成为儒家经典之一
秦朝的统一化影响	• 秦始皇统一衣冠服制：规范了全国的服饰礼仪，强调中央集权
汉朝的礼仪制度	• 汉高祖刘邦：制定朝礼之仪，确立皇帝礼仪的标准 • 东汉戴圣：对《礼记》进行整理和注解，影响了后世对礼仪的理解
隋唐至宋元时期	• 礼仪制度的进一步发展：隋唐的科举制度强化了礼仪教育的重要性 • 宋朝祭祀礼仪：明确了国家级祭祀的仪式规范
明清时期	• 礼仪文献的编纂与普及：如《大学》《中庸》的流行，强调个人修养与社会责任 • 李毓秀编纂《弟子规》：以《论语》为基础，具体教导儿童和普通百姓的日常行为规范
近现代的礼仪转变	• 民国时期：西方礼仪引入，礼仪教育开始结合东西方元素 • 社交礼仪与商务礼仪的发展：应对现代社会和国际交流的需要
当代礼仪的演变	• 礼仪教育的普及：学校和社会层面重视礼仪教育 • 数字礼仪：适应数字化通信的礼仪规范，如电子邮件、社交媒体的礼仪指导 • 《新时代公民道德建设实施纲要》：中共中央、国务院印发，强调在新时代充分发挥礼仪礼节的教化作用，提升公民道德水平

图 2-2　中国礼仪发展流程图

二、礼仪的概念及特征

（一）礼仪的定义

礼仪是一套被广泛接受的社会行为准则，涵盖了从基本的日常礼貌到复杂的商务和外交礼节的各个方面。它包括言语和非言语的交流方式，如言谈举止、着装打扮、餐桌礼仪等。礼仪是"礼节"和"仪式"。这是传统的解释，"礼"字和"仪"字指的都是尊敬的方式。"礼"，多指个人性的；"礼"是一种道德的规范：尊重，敬意。孔子："礼者，敬人也。""仪"通常指的是具有集体性质的公共活动中遵循的一系列仪式，如开幕式、阅兵式等。这些仪式往往具有庄重和正式的性质，通过一定的程序和形式来庆祝重要事件或展示国家的威严。

（二）礼仪的特征

礼仪有以下五个特征。

1. 文化相关性

礼仪是文化的产物，反映了一个社会的价值观和行为规范。如同萨缪尔·约翰逊（Samuel Johnson）所言："礼貌是我们对他人表达敬意的一种方式，而每个社会的敬意表达方式都有所不同。"这种文化特性使得礼仪在不同地区或国家表现出独特的形式和风格。

2. 规范性

礼仪提供了一套明确的行为指导，帮助人们在复杂的社会交往中知道如何适当行事。正如英国哲学家埃德蒙·伯克（Edmund Burke）所指出的："礼仪是小德的结合，而小德汇聚成为文明。"

3. 教化功能

礼仪不仅是外在行为的规范，它还是内在道德的体现。通过遵循礼仪，个体学习如何尊重他人，如何在社会中正确表达自己。这种教化功能体现了礼仪的深层价值，正如洛克在《人类理解论》中提到的："礼貌应当被视为美德的辅助。"

4. 适应性

"礼，时为大"，最讲究时宜。要能够根据社会发展、文化交流和技术变革的需要进行调整。在历史的长河中，随着经济结构、政治形态和社会价值的变迁，礼仪也随之演变以适应新的社会环境。例如，随着数字通信技术的发展，电子邮件和社交媒体的相关礼仪逐渐成为必须掌握的新常识。这种适应性使礼仪始终能够有效地服务于其所在的社会和时代。

5. 多样性

虽然礼仪的基本原则普遍适用，但具体的规范和实践在不同的文化和社会环境中有很大的差异。了解和尊重这些差异是国际交往和跨文化沟通中的重要部分。

三、礼仪的功能及重要性

（一）礼仪的功能

礼仪是人类为维系社会正常生活而要求人们共同遵守的最起码的道德规范，它是人们在长期共同生活和相互交往中逐渐形成的，并且以风俗、习惯和传统等方式固定下来。对一个人来说，礼仪是一个人的思想道德水平、文化修养、交际能力的外在表现，对一个社会来说，礼仪是一个国家的社会文明程度和生活习惯的反映。礼仪的主要功能如下：

1. 提高个人修养

礼仪的学习和实践是个人修养的重要组成部分。通过掌握正确的礼仪，个人能够培养自我约束能力、提升社交技巧，并展现出较高的文化素质和道德水平。例如，良好的餐桌礼仪不仅反映了一个人的生活习惯，也是其教养和品位的体现。如《礼记》所述："礼养人以方，乐教人以和。"

2. 美化生活

礼仪使得日常生活中的互动更加有序和谐，为社会生活增添美感。正如名媛克劳德·布里斯托尔所言："礼仪是使生活更加美好的艺术。"无论是在家庭聚会、朋友相聚还是正式宴会中，适当的礼仪能使得场合更加优雅，使参与者感受到尊重和愉悦。

3. 促进社会交往

掌握并运用正确的礼仪，有助于在多种社会场合中自如交往。礼仪的遵守消除了人与人之间的障碍，建立了沟通的桥梁，使得个体能够在不同的社会环境中更有效地与他人互动。例如，商务礼仪中的握手、名片交换等都是建立初步联系的重要手段。

4. 改善人际关系

礼仪通过规范个人的行为，帮助个人改善和深化人际关系。它教导我们如何表达敬意、感谢和同情，这些情感的表达是加深人际关系的重要方式。在任何关系中，显示尊重和礼貌都是增强信任和亲密感的关键。

5. 维护社会秩序

礼仪作为一种社会行为规范，帮助维持社会秩序和稳定。它规定了人们在不同社会情境下应遵循的行为模式，从而预防了混乱和不当行为。这一点在各种公共场合和官方场合尤为重要，例如法庭、政府机构、正式宴会等，都依赖严格的礼仪来保证活动的庄重和正式。

6. 净化社会风气

礼仪的普及和遵守有助于形成积极向上的社会风气。在公共场所遵守基本的礼仪规范，如排队等候、保持环境清洁等，能够促进社会公德的形成，减少公共不文明行为的发生。如此，礼仪不仅提升了社会整体的文明程度，还有助于构建一个更加和谐的社会环境。

7. 传递文化价值

礼仪是文化传承的重要载体。每种文化中的礼仪规范都蕴含了该文化的价值观和世界观。通过学习和实践礼仪，年轻一代能够更好地理解并珍视自己的文化遗产，同时也能更加尊重和理解其他文化的多样性。

8. 促进国际交往

在全球化日益加深的今天，掌握国际礼仪变得极其重要。不同国家和地区有着不同的礼仪规范，了解和尊重这些差异是进行国际交往和全球商务合作的基础。正确的礼仪不仅能避免文化冲突，还能促进国际合作和友好关系的建立。

9. 支持法律和道德

虽然礼仪本身不等同于法律，但它往往与法律和道德规范相辅相成。礼仪强调的尊重和公正在很多情况下与法律的宗旨相一致，帮助个体在遵守法律的同时也能遵循社会的道德期望。

（二）礼仪的重要性

礼仪在所有形式的社会互动中都扮演着关键角色，无论是正式的商务会议还是非正式的社交聚会。在职场和专业环境中，良好的礼仪是成功的关键之一。它不仅影响个人形象，还影响到公司和组织的品牌形象。在全球化日益增长的今天，跨文化礼仪的知识变得尤为重要。理解并适应不同文化中的礼仪规范有助于建立国际关系和开展全球业务。

1. 促进专业形象

在商务和会展领域，恰当的礼仪表现是专业形象的关键组成部分。这关乎到如何被业界同行和客户看待。如富兰克林所言："外表和举止常常是我们的推荐信。"

2. 减少交流障碍

恰当的礼仪能有效避免文化冲突和误解，在多元文化的环境中，礼仪尤为重要。理解并尊重不同文化中的礼仪差异，是国际交流和商务成功的关键。

3. 提高交流效率

通过遵守一套已形成共识的礼仪规范，可以简化交流流程，提高沟通效率，这在快节奏的商务环境中极为重要。

4. 建立社会信任

礼仪的遵守不仅是个人修养的体现，也是社会信任的基石。良好的礼仪可以帮助建立和维持这种信任，促进更广泛的社会合作与和谐。

礼仪又是文明社会不可或缺的一部分，它既是传统的继承，也是不断进化的现代实践。了解和实践正确的礼仪不仅能促进个人和社会的和谐，还能在全球化的世界中打开沟通和合作的大门。

四、与礼有关的词语及内涵

礼、礼貌、礼节、礼仪是常见的与"礼"相关的用词。它们彼此有不同又有关联。

（一）礼、礼貌、礼节、礼仪的内涵

礼——人与人之间乃至国际交往中，相互表示尊重、亲善和友好的行为。

礼貌——人们在交往过程中相互表达敬意和友好的行为准则和精神风貌，是一个人在待人接物时的外在表现。它体现了时代的风尚与道德水准。

礼节——指人们在日常生活中，特别是在交际场合中，相互表示问候、致意、祝愿、慰问以及给予必要的协助与照料的惯用形式。

礼仪——人们在各种社会具体交往中，为了相互尊重，在仪表、仪态、仪式、言谈举止等方面约定俗成的、共同认可的规范和程序。

（二）礼、礼貌、礼节、礼仪之间的关系

礼是一种社会道德规范，是人们社会交往中的行为规范。礼、礼貌、礼节、礼仪都属于礼的范畴，礼貌是表示尊重的言行规范，礼节是表示尊重的惯用形式和具体要求，礼仪是由一系列具体的表示礼貌的礼节所构成的完整过程。三者虽然名称不同，但都是人们在相互交往中表示尊敬、友好的行为，其本质都是尊敬人和关心人。三者相辅相成，密不可分。有礼貌之心而不懂礼节，容易失礼；知道礼节而流于形式，充其量是客套。

拓展阅读

《礼仪全书》（作者：王艳军），该书比较全面地介绍了包括个人、家庭、社交、职场等方方面面的所有礼仪。

《礼仪与文化》（作者：彭澎），这本书深入探讨了中国礼仪文化的历史发展，展现了礼仪文化从古至今的变迁与特点。

第二节 礼仪的类型

一、礼仪的分类

礼仪的分类相当广泛，因为它涉及文化、场合、职业等多个方面。在不同的环境和场景中，礼仪的种类和规则各有不同。

礼仪种类繁多，每种礼仪都有其独特的场合和功能。在会展商务中，正确的礼仪类型能有效促进国内外客户的沟通和交流。本节将详细介绍不同类型的礼仪及其在各种会展商务活动中的具体应用。

（一）按角色和社会层级分类

此类分类方法有以下五种礼仪：

1. 个人礼仪

涵盖个体在各种日常和专业场合中应遵循的行为规范。

2. 家庭礼仪

关于家庭成员之间的互动以及家庭对外的礼仪表现。

3. 社会礼仪

涉及个体或团体在更广泛的社会环境中的行为准则。

4. 军队礼仪

特指军事环境中的规范和仪式。

5. 公务礼仪

公务员和政府官员在职责执行中的行为标准。

（二）按应用场景和实用性分类

此类分类方法有以下七种礼仪：

1. 社交礼仪

涵盖所有社交场合，如宴会、会议等的礼仪规范。

2. 商业礼仪

特指商务环境中的行为规范，包括商务会议、商务餐饮等。

3. 宗教礼仪

各宗教活动中的行为准则。

4. 体育礼仪

体育赛事和活动中的行为规范。

5. 外事礼仪

国际交往和外交场合中的礼仪规范。

6. 丧葬礼仪

与葬礼和哀悼相关的行为规范。

7. 婚礼礼仪

举办婚礼和参与婚礼应遵循的礼仪标准。

(三) 按文化习俗和禁忌分类

此类分类方法有以下五种礼仪：

1. 数字礼仪

关于数字的选择和使用，特别是关于那些在各文化中具有特定意义的数字。

2. 颜色礼仪

不同文化中颜色的象征意义及其在服装和装饰中的使用。

3. 手势礼仪

各种文化中手势的意义及其正确的使用方式。

4. 节日礼仪

全球各地节日庆典中的行为规范。

5. 风情礼仪

特定地区或文化中独有的礼仪习惯。

(四) 按照不同使用场合分类 (目前最常用的礼仪分类)

分为五大类（如图2-3：礼仪类别及原则），分别是政务礼仪、商务礼仪、服务礼仪、社交礼仪、涉外礼仪。

1. 政务礼仪

适用范围：政务礼仪主要应用于政府部门，是公务员在执行公务过程中的行为规范。这包括正式的政府会议、外交活动、公共仪式等。

特点：身份为重。政务礼仪强调参与者的官方身份和排列顺序的重要性。在执行政务活动时，如何正确地表达对高级官员的尊重和对职位的认知是至关重要的。例如，正式场合下的座位安排、称呼及致辞都需严格按照官职高低和先后顺序进行。

政务礼仪强调的是形式性和正式性，如穿着规范、官方语言的使用及在国家活动中的排场和程序。这种礼仪要求对国家的象征和权威给予高度尊重，确保公共活动的庄严和正规。

2. 商务礼仪

适用范围：商务礼仪适用于商业环境中，包括公司会议、商务洽谈、职场交往以及商务宴请等。

特点：平等原则。商务礼仪中，平等原则是基础，强调无论职位高低，每位参与者都应得到平等的尊重和机会。这一原则体现在会议讨论中的发言机会、意见的表达和接受过程中。尊重个体的贡献和角色有助于建立一个更为开放和创新的商业环境。

商务礼仪侧重于促进交易和合作，强调的是专业性和效率。这包括穿着得体、会议礼仪、商务通信方式以及交换名片的正确方式等。商务礼仪还特别重视时间管理和隐私保护，以增强个体与企业之间的信任。

3. 服务礼仪

适用范围：服务礼仪主要应用于服务行业，如酒店、餐饮、零售以及公共服务等领域。

特点：体验为王。在服务礼仪中，顾客体验是最重要的。无论是在酒店、餐厅还是零售商店，提供高质量的客户服务以确保顾客满意度是首要任务。员工需要通过周到的服务、及时响应和个性化关注来确保每位顾客的体验尽可能正面和愉快。

服务礼仪的核心在于顾客满意和服务品质，涉及礼貌用语、客户关怀以及有效的投诉处理等。服务人员需要展现出亲切、专业和高效的服务态度，确保客户体验的正面和满意。

4. 社交礼仪

适用范围：社交礼仪适用于私人和非正式的社交场合，如聚会、宴请、节日庆典等。

特点：以人为本、舒适为主。社交礼仪注重营造一个轻松愉快的氛围，使所有参与者感到舒适。社交礼仪注重人与人之间的互动与和谐，强调适当的社交距离、恰当的礼仪用语和适时的礼物赠送。这包括选择合适的话题、避免争议性和敏感性讨论，以及确保社交空间的私密性和安全性。社交礼仪旨在增进友谊和社会联系，其灵活性相对较高，更多地取决于个人风格和社交圈的特点。舒适的社交环境能够促进更自然和真诚的交流。

5. 涉外礼仪

适用范围：涉外礼仪主要用于国际交往和跨文化的场合，涉及外国访客的接待、国际会议和全球商务活动等。

特点：特色为主，入乡随俗。涉外礼仪要求高度的文化敏感性和适应性，强调"入乡随俗"的重要性。这意味着在不同国家和地区进行交往时，需要了解并尊重当地的文化习惯和礼仪规范、禁忌。这包括语言选择、身体语言的适当性、餐饮习惯等。展示自身文化的独特性也是涉外礼仪的一部分，旨在通过文化交流增进彼此间的理解和尊重。

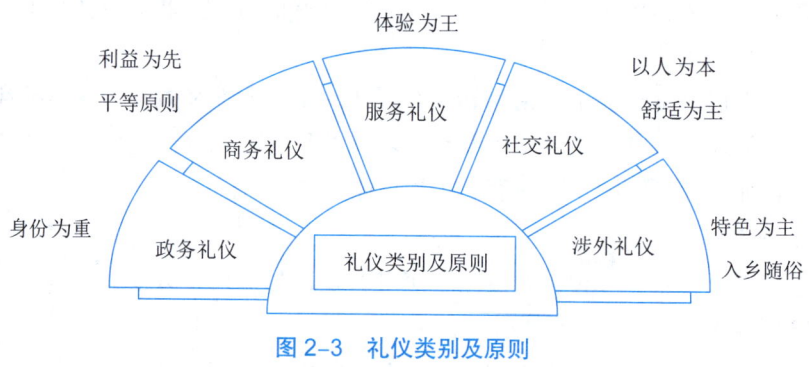

图 2-3　礼仪类别及原则

二、各礼仪之间的关系

将礼仪划分为五大类/分支（政务礼仪、商务礼仪、服务礼仪、社交礼仪、涉外礼仪）以便于理解，但实际上这些分支之间存在着密切的联系和相互交融。这种交融反映了礼仪作为一个综合性学科的本质，其中各分支虽具有独立的特点和应用范围，但它们共同构建了一个完整的礼仪体系。以下是这五大分支之间的关系：

（一）相互依存性

每个分支的礼仪规则虽然针对特定场合或行业，但它们在实际应用中往往需要相互参照和支持。例如，一个涉外商务谈判不仅需要遵循商务礼仪，同时也要遵守涉外礼仪，尤其是在处理跨文化交流时。此外，政务礼仪中的正式性和严谨性往往也会影响商务和社交礼仪的形式。

(二)交叉应用

在多种社会活动中,尤其是那些正式的或有特殊要求的场合,多个礼仪分支可能会同时出现。例如,在官方的国际会议上,可能同时涉及政务礼仪、商务礼仪和涉外礼仪。参与者需要根据活动的性质灵活运用不同分支的礼仪规则以适应不同的互动需求。

(三)影响和完善

各个分支的礼仪规范通过实践不断影响和完善其他分支。例如,服务行业中体验为王的原则逐渐影响到商务礼仪,使得客户服务在商业交易中变得更加重要。社交礼仪中的轻松和个性化原则也逐渐被融入商务和服务礼仪,以促进更有效的沟通和关系建设。

(四)文化融合

随着全球化的加深,不同文化中的礼仪规范逐渐融合。涉外礼仪在这一过程中起到了桥梁的作用,帮助其他礼仪分支更好地适应多元文化的需求。这种文化融合促使每一个礼仪分支都在不断地适应和更新,以更好地服务于全球化的社会和经济环境。

📁 拓展阅读

《国际商务礼仪》(作者:王艳),该书详尽介绍了覆盖多个国家和地区的商务礼仪规范。

《商务宴请礼仪规范》(作者:李世化),该书详细介绍了在中国商务环境中必不可少的商务宴请的详细情况,说明了宴请过程中的礼仪、规则、技巧、注意事项。

第三节 商务礼仪的作用与原则

在会展行业,商务礼仪是连接参展商和观众、促成交易的桥梁。掌握商务礼仪的作用和原则,对于任何商务人士都是基本功。本节将阐述商务礼仪在提升会展效果中的关键作用，以及商务礼仪的基本原则。

一、商务礼仪的概念

商务礼仪是指在商业活动中所应遵循的行为规范和标准，这些规范旨在保持专业形象，促进有效沟通，并构建良好的工作关系。在商务活动中，为了体现相互尊重，需要通过一些行为准则去约束人们在商务活动中的方方面面，其中包括仪表礼仪、言谈举止、书信来往、电话沟通等技巧，从商务活动的场合又可以分为办公礼仪、宴会礼仪、迎宾礼仪等。

（一）商务礼仪的概念

商务礼仪包括一系列旨在促进商业环境中职业行为的准则和规范。它强调在所有商业交往中展示尊重、效率和专业性。商务礼仪的目标是减少误解和冲突，提高商业效率，以及通过建立信任和相互尊重的关系，增强商业合作的机会。

（二）商务礼仪的类别

商务礼仪确实可以根据不同的商业活动场合进行分类，这有助于企业和个人在各种具体情境中展现其专业性。以下是一些基于活动场合划分的常见的商务礼仪类别（如表2-1：常见的商务礼仪类别）。

表2-1 常见的商务礼仪类别

类别	操作要点
拜访礼仪	预约拜访：提前与对方确认拜访日期和时间，避免突然到访。 准时到达：到达前通知对方，确认是否方便。 自报家门：介绍自己和代表的组织。 确认拜访目的：清楚表达拜访的目的和预期成果。 递交名片：递交名片时保持微笑，确保名片方向正确。 记录重要信息：记录对方提供的关键信息和反馈。 道谢并告辞：感谢对方付出时间接待。 等待对方引领离开：不要自行离开，等待对方引导。

续表

类别	操作要点
接待礼仪	迎接来宾：到门口/前台迎接来宾。 自报家门：清晰地介绍自己和所属部门。 确认来访目的：确认来宾的来访目的和需求。 指引至会议室：亲自引导来宾至会议室或休息区。 提供饮料和服务：提供茶水或小食，确保来宾舒适。 记录来宾信息和需求：记录重要的来访信息和任何特殊需求。 感谢来访：对来宾的到来和付出的时间表示感谢。 引领来宾离开：会面结束后，亲自引领来宾离开。
会议礼仪	提前准备会议室：确保会议室整洁并准备好所需设备。 准备资料：准备必要的会议材料，并确保技术设备如投影仪正常运作。 迎接参会者：在会议室门口迎接每位与会者。 介绍与会者：会议开始前介绍所有与会者，尤其是新面孔。 明确会议目的和议程：开始会议时复述目的和议程。 记录会议要点：指定记录员记录会议重点和决策。 确保每位与会者都有发言机会：鼓励开放讨论并确保每个人都能发言。 会议结束感谢参与：结束时感谢大家的参与和贡献。 总结并发送会议记录：会后发送会议记录和后续步骤。
接电话礼仪	铃响三声内接听：尽量在电话铃响三声内接听，显示出对来电者的尊重和效率。 自报家门：接听时首先介绍自己和公司："您好，这里是××公司，有什么可以帮助您的？" 超过六声要致歉：如果电话铃响超过六声才接听，开始对话时应先道歉："对不起，让您久等了。" 使用便笺纸记录：电话沟通时使用便笺纸记录关键信息，以备不时之需（左手持电话，右手记笔记）。 确认来电者身份和需求：确认来电者的姓名和来电目的，确保正确理解并能有效回应。 保持友好的语调和微笑：即使在电话中，微笑也可以通过声音传达，使交流更加友好。 重复确认要点：通话结束前，重复确认讨论的要点和所有待办事项，尤其是数字类、地址类，确保双方理解一致。 结束时道谢：通话结束前感谢对方的来电。 让对方先挂电话：为表现礼貌，等待对方先挂断电话。

续表

类别	操作要点
微信礼仪	适当地打招呼：发消息前用简短的问候语开始对话。如"您好""打扰一下"等。避免以"在吗"开头。 尊重对方时间：避免过早或过晚发送消息，在工作日的正常工作时间内发送消息，避免在夜晚或周末发送非紧急信息。 消息内容简明：保持信息简洁明了，避免过长的文本。一般描述文字不超过三行；尽量使用文字。 谨慎使用表情：在正式的商务沟通中谨慎使用表情符号，避免过度使用可能引起误解的表情。 适当使用语音消息：虽然语音消息可以提高沟通效率，但应询问对方是否方便接收语音消息。 礼貌结束：对话结束时，用适当的结束语礼貌告别。如"感谢您的时间""祝您工作愉快"等。 隐私保护：不通过微信分享敏感或私密信息。 注意信息安全：通过微信分享商务文件时，注意信息安全和数据保护，避免泄露敏感信息。 群聊中的行为：在群聊中保持专业，按需发送相关信息，避免重复大量发送与工作无关的内容。
宴会礼仪	提前通知和确认：提前发送邀请，并请求确认是否参加以便做出相应安排。 适当的着装：根据邀请函上的指示选择适当的着装。 及时到达：努力准时到达，以示对主办方和活动的尊重。 适当的餐桌行为：正确使用餐具，遵循"从外向内"的使用原则。 参与对话：积极参与桌上对话，与左右的宾客进行交流。 感谢主人：餐后向主人表示感谢，赞扬他们的精心安排。 礼貌离开：餐宴结束后，选择适当的时机礼貌告别。 在更为正式的商务宴会中，要注意如何处理自我介绍、座位安排、应对宴会中的多种社交情境等。如餐桌礼仪，在商务宴请或工作午餐等场合中，餐桌礼仪尤为重要。这包括正确使用餐具、适当的餐桌交谈，以及对宴请者和其他客人的尊重。
出差礼仪	详细的行程安排：出发前确认所有行程细节，包括交通和住宿。 准备必要的文件和物品：携带所有必需的工作文件和个人物品。 了解目的地文化：了解目的地的文化习惯，尊重当地的商务和社交礼仪。 保持联系：定期与公司同事和家人保持联系，更新行程和进展。 商务会议准备：准备相关的业务介绍和提案，确保专业性。 记录费用：准确记录所有出差费用，以便报销。 商务旅行中的行为规范，包括在出差期间的专业表现、对待同行人员的礼仪，以及与客户或合作伙伴的互动。

续表

类别	操作要点
公关活动礼仪	活动前的准备：精心策划活动流程，准备相关的公关材料。 迎接宾客：亲自迎接重要宾客，并进行适当介绍。 媒体管理：妥善处理与媒体的关系，提供必要的新闻资料。 注意细节：关注活动的每个细节，确保一切按计划进行。 及时反馈：活动结束后，及时收集反馈，评估活动效果。
庆典礼仪	详细规划庆典：安排庆典活动的每个环节，确保流程顺畅。 邀请嘉宾：发送正式的邀请，并跟进嘉宾的确认。 场地布置：精心布置场地，使其符合庆典的主题和氛围。 主持流程：确保庆典活动有合适的主持人，流程清晰。 嘉宾互动：在庆典中安排与嘉宾互动的环节，增强参与感。 结束与感谢：活动结束时感谢所有参与者，必要时发送感谢信或礼品。

这些分类涵盖了商务人士在不同商业场合可能遇到的情境，了解并掌握这些不同场合的礼仪有助于提升个人及企业的形象，促进商业合作成功。而在这些场合中注重个人的礼仪细节（如图2-4：个人的礼仪细节）又能够帮助商务人士在各种环境下都能保持恰当的行为，确保每一次互动都能体现专业性和尊重。

叩门礼	欠身礼	自我介绍礼仪	握手礼	名片礼仪	入座礼仪
开会礼仪	着装礼仪	筷子使用礼仪	引导礼仪	赞美礼仪	目光礼仪
提问礼仪	道歉礼仪	手机使用礼仪	电梯礼仪	提包礼仪	咖啡礼仪
喝茶礼仪	礼品礼仪	他人介绍礼仪	微笑礼仪	坐姿礼仪	手势礼仪
鼓掌礼仪	倾听礼仪	打招呼礼仪	送别礼仪	上车礼仪	座次礼仪

不同场合下的商务礼仪细节

图2-4 个人的礼仪细节

二、商务礼仪的作用

商务礼仪不仅能够提升个人和企业的形象，还能够促进跨文化交流，提升企业的竞争力。因此，我们应该重视商务礼仪的学习和实践，将其融入商务活动的每一个环节中去。

（一）塑造专业形象

商务礼仪的遵守可以显著提升个人及企业的专业形象。适当的着装、专业的交流方式和恰当的行为举止都能传递出专业和可靠的信号，增加业务伙伴的信任感，有助于开展和维护商业关系。

（二）促进有效沟通

在商务活动中，明确和恰当的沟通是成功的关键。遵循商务礼仪可以减少沟通中的障碍和误解，如确保在会议中轮流发言、避免使用行业术语或简化语言等。这些做法有助于确保信息的准确传达和接收。

（三）增强合作机会

商务礼仪有助于在谈判和会议中创造一种友好而尊重的氛围，从而增加合作的机会。在商业环境中展现出对合作伙伴的尊重和礼貌，可以促进合作关系的建立和深化，有助于达成共识和合作协议。

（四）建立长期商业关系

通过持续的专业交往和遵循商务礼仪，企业和个人能够建立稳定和长久的商业关系。这种关系建立在相互尊重和信任的基础之上，是持续商业成功的关键。

（五）适应国际标准

在全球化的商业环境中，了解和实践国际商务礼仪至关重要。适应不同文化背景下的商务礼仪能够帮助企业更好地进入新市场，避免文化冲突，增加跨国交易的成功率。

（六）提高工作效率和员工士气

在内部，良好的商务礼仪有助于提高工作的效率和员工的士气。例如，明确的会议礼仪可以确保会议按时开始和结束，尊重员工的时间；而适当的称谓和尊重个人贡献可以提升员工的工作满意度和归属感。

（七）管理危机和避免法律风险

在处理客户投诉或企业危机时，良好的商务礼仪可以帮助公司维持其声誉和客户关系。同时，遵循适当的商务行为规范也可以减少因不专业行为带来的法律风险。

三、商务礼仪的基本原则

商务礼仪的基本原则不仅有助于我们在商务场合中树立良好的形象，还能够提升我们的专业素养和竞争力，为事业的成功奠定坚实的基础。商务礼仪有以下六个原则：

（一）尊重原则

尊重是商务礼仪的基石，涉及对个人、文化和商业实践的尊重。这包括对会议时间的尊重（如准时到达）、对他人言论的尊重（倾听、不打断对话）及对不同文化习俗的尊重（适当的问候方式和餐桌礼仪）。

（二）专业性原则

在商务环境中，展示专业性是非常重要的。这涉及适当的着装、专业的语言使用（避免使用俚语或非正式用语），以及在会议或商务文档中保持高标准的表现。

（三）效率原则

商务环境强调效率，因此商务礼仪也应支持快速且有效的交流和决策。这包括准备充分、确保会议有明确的议程和目标及在交流中直接而有礼貌地表达观点。

（四）透明和诚信原则

诚信是商务交往中的关键，涉及诚实地表达意见、透明地处理业务及在商业交易中保持正直。这种原则有助于建立长期的商业关系和客户信任。

（五）适应性和灵活性原则

商务环境是多变的，因此灵活适应不同情况和需求是必要的。这意味着应能够根据不同的商务场合和文化背景调整自己的行为和交流方式，如在国际交往中适当地调整礼仪以适应对方的文化。

(六) 平等原则

在现代商务环境中，推崇平等原则，无论是对待同事还是合作伙伴，都应基于平等和公正的态度进行交往。这包括尊重不同性别、种族、文化和宗教背景的同事和业务伙伴。

四、会展商务礼仪

会展商务礼仪是指在会议、展览、展示及相关活动中所应遵守的专业行为规范。这种礼仪涉及组织者、参展者、访客及所有相关人员。会展商务礼仪旨在确保活动顺利进行，加强参与者之间的交流与合作，提升活动的整体效果和参与者的满意度。

(一) 会展商务礼仪的定义

会展商务礼仪是商务礼仪在会展领域中的特定应用，它包括一系列旨在优化会展体验和商业交流的行为标准和规范。这些礼仪不仅影响个人与团队的专业形象，也直接关系到会展活动的品牌形象和市场表现。

(二) 会展商务礼仪的主要应用范畴

会展商务礼仪的主要应用范畴有：

1. 展位礼仪

涉及展位的设计、布局及工作人员的行为规范。展位工作人员应保持专业姿态，随时准备接待访问者，并提供详尽的产品或服务信息。

2. 参展者行为

包括参展公司和个人在展会期间的着装、交流，以及与其他展商和访客互动的方式。强调的是专业性、礼貌和有效沟通。

3. 接待与服务

指会展活动中对参展者、嘉宾及访客的接待和服务方式。这包括问候、信息提供、问题解答和其他客户服务行为，强调的是响应速度和服务质量。

4. 网络构建与商务交流

会展活动是建立商业联系和网络的重要场所。礼仪在这里发挥关键作用，确保交流和谈判过程中的尊重和效率。

5. 跨文化交流

对于国际会展活动，理解并尊重不同文化背景下的商务礼仪尤为重要。适当的跨文化交流能够消除障碍，促进国际合作。

（三）会展商务礼仪的重要性

会展商务礼仪的重要性有以下几个方面：

1. 提升参与者体验

良好的礼仪能够使会展参与者感到尊重及价值得到认可，从而提高他们对活动的整体满意度。

2. 增强企业形象

企业在会展中展示的礼仪水平直接反映其品牌和职业形象，从而影响潜在客户和合作伙伴的看法。

3. 增加商业机会

在遵循适当礼仪的情况下，会展活动可以更有效地促进商业交流和交易，增加合作和销售机会。

4. 确保活动成功

适当的会展礼仪有助于确保活动流程顺畅，减少可能的误解或冲突，使活动达到预期的效果。

（四）会展商务礼仪的特点

会展商务礼仪隶属于商务礼仪范畴，是商务礼仪中的一种，具有会展行业的特性。

1. 公共性与多样性

公共性：会展活动通常在公共或半公共场合进行，涉及多种行业的参与者。因此，礼仪必须适应公众视野下的行为标准，保证行为的专业性和适当性。

多样性：参展者来自不同的国家和地区，会展商务礼仪需要包容各种文化背景下的礼仪习惯，适应多样化的交流和行为模式。

2. 专业性与细节性

专业性：会展商务礼仪强调行为的专业化，这包括穿着打扮、交流方式、产品介绍等方面的专业标准，以展示参展者和组织的专业形象。

细节性：细节决定成败。在会展活动中，小的礼仪细节如及时回复、恰当的称呼、精确的时间管理等都极为关键，可以显著影响活动的成效和个人的专业形象。

3. 灵活性与适应性

灵活性：会展活动的规模、参与者的多样性及不断变化的会展环境要求礼仪具有高度的灵活性。应对突发事件和即时调整行为方式是会展礼仪中的重要能力。

适应性：随着会展主题和性质的不同，礼仪的具体要求也会变化。有效的适应性意味着能够根据具体情况调整礼仪规则，以符合不同场合的需求。

4. 效率性与功能性

效率性：会展通常有固定的开放时间和紧凑的日程安排，高效的礼仪处理可以节省时间，提高会议和展览的效率。

功能性：会展礼仪不仅是形式上的规范，而且更多地服务于商务交流的功能，如促进交易、扩展网络、增强合作。恰当的礼仪能够有效地推动这些商业目标的实现。

5. 包容性与教育性

包容性：会展是一个展示多元文化和创意的平台，礼仪需体现对不同文化、不同商业习惯的包容和尊重。

教育性：会展活动本身也具有传播知识和信息的功能，礼仪在这一过程中扮演着教育公众、传递正确商业价值观的角色。

📁 拓展阅读

《商务礼仪与职业处世》（作者：王常红），该书通过虚拟人物小白的经历来介绍各种职场场景。书中介绍了职场中不同角色需要掌握的职场礼仪和职场处世原则。

《现代商务礼仪》（作者：胡晓玲），这本书紧密围绕中国国情，突出实践训练。该书可以提高人们对礼仪知识的实际运用。

第四节 跨文化商务礼仪

会展活动往往具有国际性质，涉及多种文化的交融。理解并尊重不同文化背景下的商务礼仪是成功举办国际会展的核心。本节重点讨论东西方的文化差异、东西方的主流文化价值观，以及在跨文化交流中如何展现民族文化自信。

一、跨文化商务礼仪

（一）跨文化商务礼仪的概念

跨文化商务礼仪涉及在不同文化背景之间进行有效的商业交流与互动时所需遵循的行为规范和礼节。跨文化商务礼仪是在跨国、跨地区商品交换的过程中产生的，是基于对全球多样文化特征的理解与尊重，旨在促进国际商务活动中的顺畅沟通和成功交易。跨文化商务礼仪的关键在于调整和适应不同文化中的商务实践，以减少误解和冲突，提高合作的效率和效果。

跨文化商务礼仪的主要概念包括：

1. 文化意识

理解各种文化中固有的价值观、行为习惯和期望。这包括对不同文化的历史、宗教、社会结构和沟通风格进行深入了解，如直接与间接沟通、高语境（Context）与低语境文化等差异。

2. 尊重和适应性

在跨文化环境中展现尊重，意味着不仅要遵守其他文化的商务礼仪，还包括适应他人的工作方式和生活习惯。这涉及对其他文化的开放态度和愿意从他人的视角看待问题的能力。

3. 沟通技巧

有效的跨文化沟通技巧是识别和适应不同文化中沟通方式的关键。这不仅包括语言的使用，还涉及非语言交流方式，如身体语言、面部表情、手势及个人空间的处理。

4. 冲突解决

在跨文化环境中，冲突可能因误解或文化差异而产生。拥有解决跨文化冲突的策略和技巧，如调解和妥协，是维持良好国际商务关系的关键。

5. 灵活性和创新

在跨文化的商务环境中，灵活适应不同情况并采用创新方法来解决问题和适应新环境，是成功的重要因素。这需要商务人士不断学习和适应新文化，同时寻找克服文化障碍的新途径。

跨文化商务礼仪的核心在于建立一个包容、理解和互相尊重的国际商务环境。掌握这些礼仪不仅可以避免文化冲突，还可以促进多元文化背景下的团队合作和项目成功。

（二）跨文化商务礼仪的特征

在国际商务活动中，在进行各种动态的活动出场顺序和静态的空间排位次序安排时，例如会议出场安排、会议与会见的座次安排、宴会座位安排等，一般要遵循职位优先的原则，即职位高的人具有优先权，英文的意思是"The Order of Precedence"。

1. 职位优先原则（The Order of Precedence）

在国际商务活动中，如在会议、正式晚宴及公共活动的组织安排上，通常遵循职位优先原则。此原则确保在出场顺序、座次安排和其他相关活动的组织中，职位或官阶较高的个体享有优先权。这不仅表现了对高职位者的尊重，也反映了对组织层级的认可。具体应用包括：

会议安排：确保高级别的参与者得到核心位置或首位发言的权利。

宴会座位：在正式的商务宴请中，根据职位高低安排座位，通常以主宾为中心。

公共场合的介绍：在介绍时，先介绍职位较高或者资历较深的人员。

2. 守时守信原则（Punctuality and Reliability）

在国际商务中，守时和守信被视为基本的职业道德，是建立信任和尊重的关键。此原则具体体现为：

守时：所有约定的会议和活动均应准时到达，迟到可能被视为不尊重或不专业。

守信：对于任何承诺和协议，需保持高度的责任心，确保兑现。不确定能否完成的承诺不应轻易做出。

失约应道歉：若不可避免地违背了约定，应及时解释原因并做出诚恳的道歉，同时尽可能提供补救措施。

3. 尊重隐私原则（Respect for Privacy）

源自英美文化的尊重隐私原则，强调个人隐私的重要性。在商务交流中，应特别注意：

个人信息保护：对于收集到的个人和公司信息，必须严格保密，除非得到明确授权。

私人空间：尊重他人的个人空间，避免在不适当的时候讨论私人话题。

4. 求同存异原则（Seek Common Ground While Preserving Differences）

在国际商务交流中，寻求共同点是建立合作的基础，而尊重差异则有助于维持长期关系。具体实践包括：

遵循国际惯例：在合作中寻求普遍接受的国际标准和做法。

尊重文化差异：在理解并接受不同文化习俗和做法的同时，寻找合作的可能性。

5. 入乡随俗原则（When in Rome，Do as the Romans Do）

国际商务中，适应当地文化是成功的关键。这包括：

了解并尊重当地习俗：研究和理解目的地的文化和商务习惯。

客随主便：在宴请或社交场合中，遵循主人的安排和风俗。

主随客意：作为东道主，尽可能考虑并适应客人的习惯和需要。

二、东西方文化差异

通过深入了解东西方文化差异，我们可以更好地欣赏和理解不同文化的魅力，促进文化交流与融合，为世界经济与和平发展做出贡献。

东西方文化差异

（一）东西方地理和文化区域划分

西方泛指欧洲与北美洲国家美国、加拿大。从文化系统看西方指以下四种文化的集合：强调古罗马和古希腊文化遗产的地中海文化系统，包括意大利、希腊等国家；西欧文化系统，包括法国、德国、英国等国家，受基督教文化影响深刻，同时也是工业革命发源地；有独特的东正教影响和后社会主义转型的东欧文化系统，包括俄罗斯、波兰等国家；经济发达的北美洲与大洋洲文化系统，包括美国、加拿大和澳大利亚等国，现代化和多元化程度高。

东方通常指的是亚洲和中东地区。从地理与文化区域可细分为：沙特阿拉伯、伊朗等国家，以伊斯兰教为主信仰，具有丰富的石油资源和古老历史，属于中东文化系统；中国、日本、韩国等国家，强调儒家思想，受佛教和其他本土宗教影响，属于远东文化系统；印度、巴基斯坦等国家，拥有独特的印度教和伊斯兰教文化，历史厚重，属于南亚文化系统。

（二）西方礼仪的起源与发展

"礼仪"一词在西方的起源，最早见于法国，法语 Etiquette，原意为"法庭上的通行证"，后来该词进入英语范围，就有了礼仪的含义，成为人们交往中应遵守的规矩和准则，意即"人际交往的通行证"。

在西方，"礼"指上流社会中的行为规范或宫廷礼仪，以及官方生活中公认的准则。平民百姓，则只要求他们遵守统治阶级的法律、供权贵们奴役驱使。古代的法国法庭为了展示司法活动的威严，保持法庭的庄严肃穆，要求所有进入法庭的人员必须严格遵守一些规定，这些规定写在一张长方"etiquette"即通行证上，发给进入法庭的每一个人，列明了其进入法庭后必须遵守的规矩或行为准则。

路易十四时期，在凡尔赛花园的建造过程中，花匠的领头人时常非常痛心，因为他铺的草坪总是被人踩踏。为了保护草坪，他在旁边竖起了警示牌，上面写着"etiquette"，但是大臣们对这个指示牌视而不见，因此这位坚定的英格兰人向国王抱怨，最终说服了国王，他要求宫廷所有的人"不准逾越tiquette"。渐渐地，这个词的含义扩大为宫廷中所有正确行为举止的准则。

为了维持和发展血缘亲情以外的各种人际关系，避免战斗或战争，逐步形成了各种与"格斗""战争"有关的动态礼仪。如脱帽礼含义：在中世纪欧洲，冷兵器时代，战士摘掉头盔，以示友好、服从。

文艺复兴时期，随着人文主义的兴起，礼仪开始强调个人魅力和学识。启蒙时期，则更加注重理性和平等原则，礼仪逐渐从宫廷走向市民阶层。

意大利作家加斯梯良编著《朝臣》，论述了从政的成功之道和礼仪规范及其重要性；尼德兰人文主义者伊拉斯谟撰写的《礼貌》，着重论述了个人礼仪和进餐礼仪等，提醒人们讲道德、卫生和外表美；英国哲学家弗兰西斯·培根指出，"一个人若有好的仪容，那对他的名声大有裨益，并且，正如女王伊莎贝拉所说，那就'好像一封永久的推荐书一样'"。

工业革命后，随着中产阶级的崛起，礼仪被广泛普及和标准化。书籍和指南如《艾米丽·波斯特的礼仪书》开始出版，为大众提供礼仪指导。现代社会中，礼仪继续演化，适应更加快速和全球化的生活方式。

捷克教育家夸美纽斯编撰了《青年行为手册》；英国教育思想家约翰·洛克编写《教育漫话》，论述了礼仪的地位、作用以及礼仪教育的意义和方法；德国学者缅南杰斯编著《论接待权贵和女士的礼仪，兼论女士如何对男士保持雍容态度》。

国家有国家的礼制，民族有民族的礼仪习俗，各行各业有自己的礼仪。规范程式，国际上由各国共同遵守的礼仪惯例等，多国际行为催生了国际礼仪。现代社会国际交往频繁，交往内容丰富，参加人员增多，国际交往中的礼仪活动复杂、敏感，关系到国家、民族之间的关系。

（三）常见礼仪词汇

西方常见的与礼仪相关的词语有如下这些：

1. 礼仪（Etiquette）

指的是社会上各种场合下的行为规范和礼节，包括用餐礼仪、社交礼仪、商务礼仪等各种规范。

2. 谦恭有礼（Courtesy）

表示对他人的尊重和礼貌，以友好和善意的态度对待他人，体现修养和教养。

3. 协议（Protocol）

特定领域内的礼仪规范和程序，如外交场合、军事活动等，确保活动的顺利进行，避免误解和冲突。

4. 仪式（Rite）

具有仪式感、性质庄重的活动或仪式，如宗教仪式、庆典活动、婚礼、葬礼等，对特定社会和文化有重要意义。

5. 生活方式（Manner）

个人的生活习惯、行为方式和处事方法，反映教养和素养，对于维护社会秩序及和谐关系非常重要。

6. 尊重隐私（Respecting Privacy）

尊重他人的个人空间和私人生活。在西方文化中，尊重他人的隐私是一种基本的礼仪准则，不问过分私人的问题，不擅自打开他人的私人信件或物品等。

7. 诚实（Honesty）

诚实和真实地表达自己的想法和感受。在西方文化中，诚实被视为一种重要的品质，人们希望与诚实可靠的人打交道，并且习惯性地对他人保持诚实。

（四）东西方文化与礼仪差异

1. 起源差异

东方（农耕文化）：东方国家，尤其是中国、日本和韩国等国，历史上长期以农耕为主，形成了强调社区和集体的稳定、遵循自然节奏和季节变化的东方文化。

西方（城邦文化）：西方文化，如古希腊和罗马，起源于城邦，强调市民的自治、法律和公共辩论，个体主义和创新精神在这种文化中占有重要地位。

2. 表现差异

表现上的差异可从以下四个维度来理解：

修为与细节：东方注重个人修养和内在修为，强调道德和精神层面的提升；

西方关注具体细节和规则的遵守，倾向于通过明确的指导和标准来确保行为的适当性。

尊卑与平等：东方重视社会层级和尊卑秩序，长幼有序和领导与下属之间的等级感强；西方强调平等和权利，即使在公司和组织中，也倡导开放的交流和扁平化的管理。

含蓄与直白：东方倾向于含蓄、间接的沟通方式，避免直接表达冲突或直接否定；西方倾向于直白和直接的沟通方式，即使在可能引起冲突的情况下也会直接表达意见。

距离与亲密：东方人在公共和私人交往中保持一定的正式和距离感；西方人更加开放和亲密，会在公开场合展示情感和亲密行为。

3. 交流形式差异

东方商务场合中人们更注重建立关系，决策过程往往较为谨慎，重视过程和细节。交流方式更为含蓄，强调非言语的交流方式，如肢体语言和面部表情。

西方商务合作中人们往往交流直接、明确，决策过程倾向于快速和结果导向。讲究时间效率和明确的议程，在商务会议和谈判中直截了当。

4. 注意事项差异

家族为本与个人为本：在与东方人交往时，应理解和尊重家族及集体的重要性；在与西方人交往时，应重视个人选择及尊重个人隐私。

注重人情与讲求务实：在东方文化中，建立人际关系和信任是业务成功的关键；在西方文化中，更强调实用性和效率，以及具体目标的实现。

重视身份与追求平等：在东方，应适当表现出对年长者或地位较高者的尊重；在西方，即使是与高层管理者交流，也应保持平等和开放的态度。

谦恭含蓄与情感外露：东方人可能更倾向于保持情感的内敛及礼貌地表达；西方人可能更自然地表达情感和个人观点，包括在商务环境中。

崇尚礼仪与法律至上：在东方文化中，礼仪和传统习俗在许多交往中占有重要地位；在西方文化中，法律和规则是决定行为准则的主要基础。

5. 文化价值观的差异

（1）西方文化的基本精神。

西方文化的本源是"天人二分"的哲学观念、注重分析和逻辑思维的思维方式，由此生发并形成它的几种基本精神。

科学精神：西方文化的科学精神具体表现为科学探索精神和批判否定的精神。所谓"天人二分"，就是把人与对象世界区分开来，甚至对立起来，致力于征服和支配对象世界，以满足人的生存发展需要。首先，在开拓性的认知探索方面，西方文化从源头上开始，就表现出一种不懈地追求真知和真理、勇于开拓和探索的科学精神。其次，西方文化的科学精神还体现在批判性、否定性的超越拓展方面。在古希腊哲学中，柏拉图勇敢地否定和超越其师苏格拉底的学说，开创了理念论或超验论的哲学传统；而他的思想学说则又被自己的学生亚里士多德所否定超越，由此开创了西方哲学文化批判否定性探索发展的传统。正因此，就使得各门学科的知识谱系始终处于解构与建构、裂变与整合的互动关系之中，使各种既成的科学理论不断得到补充、拓展和深化，这样就带来了西方哲学文化和科学技术的高度发达。

民主精神：这是与西方人的人性与人权观相关联的。钱穆先生曾比较区分过东西方的人之"性"，认为中国人偏于"和合性"，而西方人则偏于"分别性"，这不无道理。早在古希腊时代，希腊社会及其文化中就形成了独特的民主传统。有人认为，西方资本主义的发展本身就是从人的解放和自由竞争开始的，没有个人的解放，就不可能有自由竞争，也就不大可能有资本主义的迅速发展。但西方文化中的民主精神及其人文主义传统具有双重性：一方面，这种民主精神及其人文主义传统构成了西方社会民主体制的基础，标志着西方社会文明发展的方向；另一方面，西方文化的民主精神及其人文主义传统中，也逐渐培植了自我中心主义、极端个人主义，也就是把个人的价值、权利和自由追求强调到极端。这作为一种文化精神和价值观显然也是存在负面作用的。

法治精神：这种法治精神是建立在西方的人权与社会契约论的理论基础之上的。西方文化中的契约观念从古希腊罗马时代即开始形成。古罗马的伊壁鸠鲁派倡导：个人在追求快乐时不应妨碍他人，不做损害国家和社会利益的事情；而国家的目的就是保障公民过幸福生活；这样彼此达成一种契约，既保障个人的自由权力，同时又维护其他人的权力和社会的公共秩序。马克思、恩格斯认为这是一种原始朴素的"社会契约论"。在资产阶级革命和资本主义大发展的时代，法国启蒙主义思想家卢梭一方面提出"天赋人权"思想，大力张扬人的民主、自由、平等权利；而另一方面，则又提出"社会契约论"学说，论证个人自由与社会规范的关系，认为社会权利正是人们从自己的天赋权利中出让一部分所赋予的，社会权利的功能在于通过建立一定的法制规范管理社会，从而使个人的自由权利得到社会的合法保障，当然同时也把个人的自由限定在社会的法制规范之内。这一思想学说奠定了资本主义社会民主与法治的理论基础。

宗教精神：以往人们对此关注不多，但我们认为这也是西方文化精神的一个重要方面。西方文化传统中的一个重要方面和组成部分是宗教文化，其中主要是基督教文化。历史上它曾占据过重要的社会地位，后来虽然西方的科学与民主精神不断发展，但西方人仍然没有抛弃宗教，有关资料显示，现今西方仍有35%的人信仰基督教，并仍呈蔓延之势。在西方文化中，宗教文化不只是一种独立的文化形态，同时它的精神也渗透到了整个西方文化之中。

（2）中国文化的基本精神。

中国文化传统可以分两个阶段讲：中国古代文化传统、中国现代文化传统，二者显然有很大的不同。

中国古代文化传统有诸子百家、三教九流，呈现各种思想观念并存的多元文化格局，影响最大的是儒、道、佛三家。而儒、道两家"天人合一"的观念及"和合"的统一文化精神一般认为最能体现中国古代传统文化精神，由此发展出中国古代传统的基本文化精神的三个方面。

伦理精神：即注重伦理关系，强调各安本分。伦理即人与人的关系，儒家伦理总的原则和前提是"仁"和"礼"。"仁"的本意是二人和合，推而广之就是人与人的关系的和谐，这个关系的实质就是"爱人"，孔子说："仁者爱人。""礼"是人们共同要遵守的社会行为规范和伦理准则。儒家的本意，建立"礼"的目的是要达到"仁"，孔子说"克己复礼为仁"，这里的"为"不管是理解为"为了"还是"就是"，其意思都差不多，即目的在于"仁"，就是要彼此"爱人"。这种伦理性、群体性的文化，一方面比较讲究秩序，重视人与人之间在安于本分的基础上和谐相处，长幼有序，尊老爱幼，家庭和美。但另一方面是比较忽视和压抑个性的，不利于个体人格的成长和发展，不利于民主精神和法治精神的生长。

道德精神：即注重道德修养，通常道德有宗教道德、圣贤道德、世俗道德三个层次。儒家所倡导的圣贤道德被认为是一种具有准宗教道德意义的道德要求。伦理常与道德相提并论。

进取精神：追求建功立业、服务社会的人生进取精神。在人生实践方面，儒家提倡"入世"和积极进取奋发有为的人生态度，倡导以圣贤为目标，追求建立不朽功业，大而言之有所谓"三不朽"，即立德、立功、立言。

中国现代文化精神是在古代文化精神的继承与发展基础之上的人本精神的集中反映，也可以称为"以人为本"精神，在天地之间肯定以人为中心。在人神之间，以人为中心（张岱年、方克立，《中国文化概论》，290页）。人生进取精神也包含着"刚健有为、自强不息"，这是中国人处理天人关系和各种人际关系的总原则。《周易·象传》："天行健，君子以自强不息。"

三、中华民族礼仪文化自信

中国的礼仪文化是其文化的核心组成部分，它体现了深厚的历史传统和精细的社会结构。中国礼仪文化的特点不仅体现在日常生活中的各个方面，还是中华民族思想和道德的直观表现。中华民族礼仪文化的自信不仅体现在我们对自身礼仪文化的珍视和传承，更在于我们对世界文明多样性的贡献和尊重。

（一）礼仪文化源远流长，体系完整而独特

这一体系扎根于古老的文化土壤之中，历经风雨洗礼，是知识和智慧的结晶；又与时俱进，不断地适应着社会的需求，为人类的进步和发展提供了有力的支撑，是值得我们倍加珍惜和传承的宝贵财富。

（二）和谐、尊重、谦逊的价值观追求

和谐、尊重与谦逊是中华民族礼仪文化的三大价值观追求，在我们的日常生活中扮演着至关重要的角色，它们不仅是我们为人处世的基本原则，更是中华各民族得以和谐交融，形成统一的思想、凝聚统一的力量、构建和谐社会的基础。

（三）世界文化宝库中的一颗璀璨明珠

中国有五十六个民族，不同民族的文化得以相互尊重、和谐共存，共同构成了中国文化的绚丽画卷。这种和谐共处的文化氛围促进了中国社会的稳定和发展，也为世界文化的多样性做出了重要贡献。

（四）推进人类命运共同体的重要力量

包容性也使得我们积极借鉴和吸收其他国家的优秀礼仪文化，不断丰富和发展自身的礼仪体系，这种开放包容的态度彰显了我们对人类文明多样性的尊重。中华民族礼仪文化将继续发挥其在社会和谐、文明进步中的重要作用。我们将继续传承和弘扬中华民族的优秀礼仪文化，同时也将积极参与国际文化交流与合作，为推动构建人类命运共同体贡献中国智慧和中国力量。

（五）具有强大的生命力和凝聚力

中华文化从古至今未曾断裂，这在世界文化史上极为罕见。世界七个母文化（埃及文化、苏美尔文化、米诺斯文化、玛雅文化、安第斯文化、哈拉巴文

化、中国文化）中，唯有中国文化延续至今，没有中辍。这种连续性使得古代智慧能够传承并不断演化，形成了一个包容且与时俱进的文化体系。

（六）以家族为本位的宗法集体主义文化

家族和宗族在中国传统社会中的作用非常重要，决定了社会结构和个体行为的许多方面。虽强化了家庭和血缘的重要性，但也促进了社会的整体稳定和祖国统一。

（七）摆脱神学独断的生活信念

中华文化在其发展过程中摆脱了以神学为中心的宗教束缚，更加注重世俗和理性，强调人与人之间的关系，而非神与人的关系。如儒家思想强调人伦道德和社会秩序，倡导通过教育和仁政来治理国家。

因此，作为一名中国人，我对我们的文化遗产感到无比自豪。中华文化不仅是对过去的传承，更是对未来的启示和承诺。它教会我们如何在尊重传统的基础上创新前行，如何在全球化的大潮中保持独特性，以及如何以文化的力量增进国与国之间的理解和尊重。中华文化是我们共同的根和魂，它让每一位中华儿女无论身处何地都能感受到从五千年历史深处传来的那份坚定与自信。

拓展阅读

《跨文化交际》（作者：孟亚娟），该书总结了跨文化交际的关键概念，并归纳了涉及5大洲25个国家的交际礼仪和节日文化等内容。

《中西文化比较》（作者：徐行言），该书从多种视角对比分析了中西文化中礼仪的异同。

思考与练习

一、思考题

1. 在现代社会中，为什么理解不同文化的礼仪依然重要？
2. 在多元文化的工作环境中，应如何处理不同礼仪规范的冲突？
3. 商务礼仪对于建立职业形象有何作用？
4. 在跨文化交流中，如何有效地表达和维护自己的文化自信？

5. 了解东西方礼仪差异对构建人类命运共同体的重要作用。

二、练习题

1. 礼仪展示活动，要求每位学生研究一个特定国家的传统礼仪并进行展示。

2. 学生分组，模拟国际商务会议，应用并展示不同国家的商务礼仪。

第三章

会展商务谈判基础

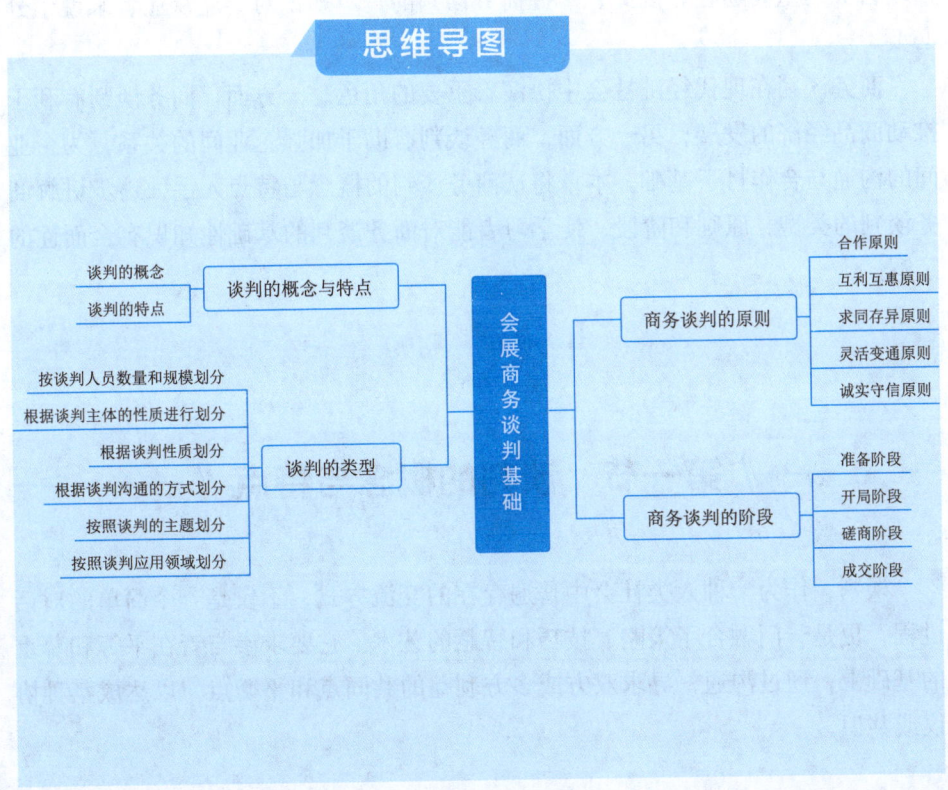

> 🎯 **学习目标**
>
> ● 知识层面：了解、掌握谈判的基本概念、原则和过程；了解会展商务谈判的基础知识；掌握商务谈判的概念和特点；掌握商务谈判的原则；掌握商务谈判各阶段所实施的事务要点。
>
> ● 技能层面：正确运用各类谈判规则取得积极的谈判结果；提升对商务谈判过程的管理能力。
>
> ● 素养层面：提升对会展职业道德的认识。

会展活动为商务贸易与合作搭建了广泛的交流平台，通过会展活动，参展商和观众之间进行信息交流，达成交易协定。而谈判是促成合作、达成会展活动目标的重要途径。因此，掌握商务谈判的基本知识对会展从业者来说十分必要。

商务谈判在现代经济社会中扮演着重要的角色。一方面，商务谈判有利于推动商品经济的发展；另一方面，商务谈判有助于加强企业间的关系，为企业间的沟通与合作打下基础。本章将从商务谈判的概念与特点入手，逐步讲解商务谈判的类型、原则和阶段，使学习者能对商务谈判的基础性知识有全面性的了解。

第一节　谈判的概念与特点

谈判，作为一种人类社会中普遍存在的交流方式，不仅是一个简单的对话过程，更是一门融合了策略、技巧和智慧的艺术。它要求参与者在平等和尊重的基础上，通过沟通，寻求双方或多方利益的共同点和平衡点，以达成某种协议或共识。

一、谈判的概念

（一）谈判的概念

在会展商务合作中，谈判是非常重要也是必不可少的环节之一。但在各类研究中，对谈判概念的界定一直存在诸多争议。目前比较主流的说法是，谈判有狭义和广义之分。狭义的谈判主要指正式场合下，双方为了满足各自需求而进行的交流、磋商、协调、争取达成一致性意见的行为与活动。广义的谈判则指任何场合中的交流、协商活动[1]。无论是在狭义还是广义的概念范畴中，谈判的本质都是为了达到一致性的目的而进行的沟通活动。因此，本书将谈判定义为"为了协调彼此之间的关系，满足各自需要，通过协商而争取达到意见一致的行为和过程"。

（二）谈判的要素

谈判是策略性的交流过程，它涉及双方或多方之间的对话和互动，旨在达成共识或解决分歧。在谈判中有以下四个关键的要素。

谈判的目标：指在谈判之前必须清晰地界定自己的期望和底线。它确保在交流过程中能够坚守立场并追求最有利的结果。明确目标有助于保持谈判的焦点和方向，避免偏离主题或陷入无意义的争执。

谈判的结果：指通过谈判中的协商和让步寻找双方都能接受的共同点和解决方案。谈判的目的和谈判结果不一定一致，需在谈判目标中寻找共同点来进行。

谈判的主体：指参与谈判的当事人，他们在谈判过程中扮演着至关重要的角色。他们是谈判活动的核心，负责主导谈判的进程，决定谈判的决策、应变、沟通和礼仪的方式选择，并最终影响谈判的结果。

谈判的客体：指谈判的议题及内容，是谈判过程中的核心要素。一个明确的谈判客体，能够帮助双方清晰地界定谈判的边界和范围，从而避免在谈判过程中出现误解或偏离主题的情况。在谈判前，双方需要充分了解谈判的客体，并制定出合理的谈判策略。

---

[1] 王军旗，等.商务谈判：理论、技巧与案例[M].6版.北京：中国人民大学出版社，2021.

二、谈判的特点

谈判是语言、智力、心理相互作用的复杂系统过程，人们目前对谈判中涉及的信息博弈仍无法确切掌握，但我们还是可以从各类实践中总结出谈判所具有的一般特点。

（一）谈判以满足某种利益为目标

需求，是谈判产生的动机和原因。美国著名谈判学家杰勒德·尼伦伯格（Gerard I. Nierenberg）指出，当人们想要交换意见、改变关系或寻求同意时，人们开始谈判。这里，交换意见、改变关系、寻求同意即人们的需求。对需求的满足是一切谈判的共同基础。这些需求可以是物质的、精神的，也可以是个人的、集体的。当需求的满足要借助另一方的帮助才能完成时，谈判就产生了。谈判的前提是参与各方都被自己的需求所策动，都期望通过谈判得到某种利益。例如在商务谈判中，买方希望以最低廉的条件换取货物或服务，来满足自己的消费需求。而卖方则希望以最理想的条件出售货物或服务，来满足自己对货币的需求。谈判双方都有通过谈判满足自己需要的愿望。

（二）谈判是两方以上的交际活动

只有当两方或两方以上的需要都必须依赖其他人或组织的协助才能实现时，谈判才能成立。如果只有一方有需要，则无法进行谈判。比如，在商品交换时，买卖双方进行谈判，当卖方根本无法提供买方想要的产品或者当买方对卖方的产品根本不感兴趣时，谈判就不成立。因此，有两方或两方以上参与是谈判的先决条件。

（三）谈判是建立或改善社会关系的行为

本质上，谈判是人与人之间产生相互作用、建立连接的活动，因此，谈判实际上具有社会性。而通过谈判满足各自需要、争取达成一致意见的过程就是建立社会联系的过程。从这个层面上讲，商品交易中，通过谈判，买方和卖方所达成的关于商品交换行为的一致性意见，可以看成是货币持有者和商品持有者所建立的一种新型社会关系或者对已有社会关系的巩固性行为。但是，并非所有的谈判都能取得积极的社会效果，失败的谈判可能会破坏良好的社会关系，这可能会激起人们改善社会关系的欲望，从而产生新一轮的谈判。

（四）谈判是一种协调性行为

某种需求要得到满足是谈判开始的基础。但是，由于谈判各方的利益诉求、表达方式、思维惯性、理解能力等方面存在差异，在谈判中矛盾和冲突在所难免。因此，谈判实际上是一个减少分歧、解决矛盾、追求共赢的协调性过程。在这个过程中，参与各方不是敌对者，而是合作者，双方通过协商的形式实现共同利益。但是，需要指出的是，这种协商的过程可能不是一蹴而就的，而是需要根据新问题、新矛盾的不断产生而不断调整协商策略的。

（五）谈判的进行需要依托合适的人、时间和地点

人、时间、地点是组成谈判活动的三个要素。谈判人的个人能力、经验及对谈判技巧的掌握情况都可以成为决定谈判成功与否的关键性因素。而谈判的时间和地点是区分狭义的谈判和广义的谈判的一个重要依据。谈判时间和地点的选择实际上已经成为谈判的一个重要组成部分，对谈判的进行和结果都有着重要影响。尤其是对涉及重要利益的企业间、团体间、国家间的谈判，如购销谈判、项目谈判、外贸谈判、军事谈判等，其时间和地点的选择往往都是经过前期协调精心安排的。对于谈判地点来说，一般普遍认为，东道主会具有某种"主场"优势，因此许多谈判会选择在"第三方"举行或采用参与谈判的各方轮流成为东道主的方式以确保谈判的公平性。如美越战争中，双方选择在法国巴黎进行和谈；朝鲜战争中，中美双方在朝鲜"三八线"上的板门店举行谈判，谈判桌的放置，一半在"三八线"的左侧，另一半在"三八线"的右侧；20世纪60年代的中苏会谈，在各自代表的国家轮流进行。由上述例证可见谈判双方对地点选择的重视。而对于谈判时间的选择，一是要符合谈判事件发生进程的规律，如针对紧急事件或迫切需要解决的问题，其时间的安排可以较为紧凑；二是要符合人的生理规律。一般而言，上午9点至下午5点间人的精神、体力较好，是进行谈判的比较合适的时间。

第二节　谈判的类型

谈判是为了促成交易或解决争端而进行的活动，其应用广泛，故谈判种类繁多。按不同的标准谈判可分为不同的类型，在实践应用中又有不同类型的谈

判特点和性质。不同类型的谈判，其准备工作、运作、应采用的策略是不尽相同的，了解谈判的类型，有助于谈判获得成功，否则，谈判将会是盲目、无效益的。通常可以将谈判划分为以下几种类型。

一、按谈判人员数量和规模划分

按谈判人员数量和规模划分，可分为个人谈判、小组谈判和大型谈判。

（一）个人谈判

指在项目较小或次要的谈判中，谈判双方只派出一位谈判代表，进行"一对一"形式的谈判。能够出席这类谈判的代表，大多有主见、善于分析和思考，具有决断力，善于单兵作战，同时又具有一定的决策权。有时根据需要，在一些谈判成员多、规模大的谈判中，也会安排双方的首席代表针对一些关键和要害的问题进行"一对一"式的谈判。

（二）小组谈判

指在一些规模较大、情况比较复杂的谈判中，为了提高谈判效率，由各方选择两名以上的成员组成小组进行谈判。对于组内成员的构成，一般可遵循取长补短、各尽其能的原则进行搭配，保证组内成员各有分工、各尽其责。比如，中国在进入世贸组织的谈判过程中，就是组织的谈判小组，经过长期协同作战，终于使我国成功加入世界贸易组织。

（三）大型谈判

指能够影响国家声望、关系国计民生、决定国家或地方经济发展的重大谈判。这类谈判的历时比较长，程序严谨，大多会分成若干层次和阶段进行谈判。

二、根据谈判主体的性质进行划分

根据谈判主体的性质进行划分可分为企业间谈判、政府间谈判和民间谈判。

（一）企业间谈判

指企业与企业之间为了寻求合作或共谋利益而举行的谈判，常见的购销谈判、外贸谈判等大多数属于企业间的谈判。

（二）政府间谈判

指各国政府之间或者是国内各政府部门之间的谈判。国内政府部门之间的谈判主要是为了协调各部门之间的工作关系、理顺工作任务、明确权责划分等，目的是提高政府各部门的工作效率，保障各项工作的顺利进行，提升国家治理能力。各国政府之间的谈判是为某种具体的事项的协调统一而进行的，并最终达到促进世界和平、稳定与发展的目的。

（三）民间谈判

为了调解家庭内部矛盾，处理家庭之间的纠纷或者是协调个人之间的关系而进行的谈判。这种谈判既可以是随意的、非正式的，也可以是正式的。

三、根据谈判性质划分

根据谈判性质划分可分为一般性谈判、专门性谈判和外交性谈判。

（一）一般性谈判

指生活中最常见的随意性比较强的、非正式的谈判。这类谈判无须做过多的准备，比如，一对夫妻在买电脑的过程中，为了说服对方同意购买自己满意的品牌所进行的非正式谈判。

（二）专门性谈判

指专门针对某一领域的内容或事件而进行的谈判，如经济谈判、教育谈判、文化问题谈判，这类谈判通常内容比较单一，需要对某领域或某问题有深入了解的人员参与。

（三）外交性谈判

指国与国之间进行的各种内容的谈判。这类谈判通常会对谈判各国产生较大的影响，谈判的过程比较正规和严谨，因此在谈判前对人员、资料、各类信息等都要有非常充分的准备。并且由于外交谈判会受到诸多因素的干扰，具有很多不确定性，因此要求谈判人员有应对各类突发状况的能力。

四、根据谈判沟通的方式划分

根据谈判沟通的方式划分，可分为口头谈判、书面谈判、面对面谈判、通信谈判等。

（一）口头谈判

指以口头表达为主要形式的谈判。这是谈判最常见的形式，既可以是面对面的口头交流，也可以是通过电话或其他可以进行现场交流的通信设备来完成。口头谈判的优点是灵活性比较大，信息反馈迅速，可以随时掌握谈判进程，根据谈判现场信息调整策略，谈判对象广、谈判内容丰富、谈判效率高。其缺点是主观性比较强，容易在谈判的过程中出现遗漏，从而在谈判过后产生纠纷。

（二）书面谈判

指双方在谈判过程以书面材料为主进行协商，书面材料可以是文字的也可以是图表的。由于书面材料是在谈判前就准备好的，所以书面谈判涉及的内容会比较具体、全面，谈判结果明确，不容易在谈判结束后产生争议。但这种谈判要在谈判中阅读较多的资料，效率较低，且由于不存在过多的人员交流，谈判过程比较生硬，不易于联络感情，灵活性较差。

（三）面对面谈判

谈判双方直接面对面用言语、表情和肢体语言来传达各自的观点和立场。这种谈判方式古老又经典，其优势在于能够更直接地观察到对方的反应，更深入地理解对方的思考逻辑。但这种方式对谈判者的综合能力要求较高，谈判者不仅需要具备良好的传递沟通能力，同时也要能够有效倾听对方，还需要具备一定的心理承受能力和应变力。谈判者还需要注意谈判的礼仪和风度，尊重对方，保持礼貌和谦逊，以建立良好的谈判氛围。

（四）通信谈判

通信谈判是指借助通信工具或设备，以跨越地理界限谈判的方式。在当今这个数字化时代，通信技术不仅提供了快速、便捷的交流方式，还极大地丰富了谈判手段。如电子邮件、即时通信软件、视频会议等工具成为谈判的助手。

通信谈判能够节省大量的时间和成本，又不受地理位置的限制，无须担心时差或交通问题。在未来的谈判中，应该充分利用通信技术的优势，不断创新谈判方式，以适应不断变化的市场环境。

五、按照谈判的主题划分

按照谈判的主题划分，可以分为单一型谈判和统筹型谈判。

（一）单一型谈判

指围绕单一主题进行的谈判。这种谈判，双方围绕的主题应是某个有共同调节可能性的"变量值"。例如，买卖双方只针对价格进行谈判，这个价格应是双方均可调节的变量，如果该变量不可调节，谈判将难以进行下去。因为卖方期望这个值高，而且越高越好。而买方则期望这个值低，且越低越好。这种差异只能通过谈判来调节，以取得双方都能接受的水平。通常的做法是双方都会内定自己所能接受的"临界值"，尽量争取向临界值靠拢，如果突破这一"临界值"，谈判将很难成功。因此，单一型谈判具有较高的冲突性。

（二）统筹型谈判

指谈判围绕多个主题进行。这种谈判，谈判各方不再针对某个单一的主题进行讨论，而是围绕各自利益的诉求点进行协商，通过妥协、合作的形式达到尽可能获得更多利益的目的。例如，甲乙双方正在进行谈判，一个是关于价格问题，甲方要求至少3万元才能成交，而乙方则坚持最多只能考虑2万元，双方不存在达成协议的可能；另一个是交货时间问题，甲方提出最早6个月才能交货，而乙方则要求最晚不超过4个月交货，双方同样不存在达成协议的可能。在很难找到双方都可以接受的妥协方案时，用统筹型谈判，协议就有可能达成。即如果乙方愿意在价格上接受3万元的成交价，那么甲方也愿意在交货时间上接受乙方不超过4个月的时间要求，双方彼此接受这个折中方案，就可达成协议。

统筹型谈判是把双方所存在的所有分歧组合起来，使双方能够充分利用这些差异。这种谈判艺术的关键是，为了得到某项利益，通过统筹考虑而甘愿放弃另一项利益去换取它。因此，在谈判时许多谈判者往往在一个问题上坚持自己的利益而在另一个问题上则接受对方的意见，因而使双方的冲突性随之减低。

六、按照谈判应用领域划分

谈判应用领域非常广泛，所以此种分类方法既实用又复杂。常见的有商务谈判、政治谈判、军事谈判、民事谈判等。

（一）商务谈判

商务谈判是买卖双方为了促成交易而进行的活动，或是为了解决买卖双方的争端并获得各自的经济利益的一种方法和手段。在商务谈判中，双方往往代表着各自公司的利益，寻求的是双赢的结果。而在这背后，是无数次的策略调整、信息收集和数据分析。商务谈判在谈判类型中应用最为广泛。

（二）政治谈判

政治谈判往往涉及国家与国家之间的重大政治利益的谈判，其不仅影响国与国之间的利益，甚至可能影响到世界的格局。因此政治谈判往往更加复杂、更加微妙。谈判者不仅要考虑自己的利益，还要考虑到国际关系、国际舆论等多方面因素。

（三）军事谈判

军事谈判是伴随着紧张的军事对峙而进行的谈判。军事谈判的成败，直接关系到国家的安全和人民的福祉。谈判双方都在寻找和平解决问题的途径，因此谈判者必须具备高度的责任感和使命感，才能在这场没有硝烟的战争中取得胜利。

（四）民事谈判

谈判的类型

民事谈判是解决各类民事纠纷或矛盾的谈判。如家庭纠纷、民事矛盾、合同纠纷、房产纠纷等议题。谈判者需要耐心倾听对方的诉求，理解对方的立场，寻找双方都能接受的解决方案。民事谈判虽然看似简单，但同样需要谈判者具备高超的沟通技巧和解决问题的能力。

第三节 商务谈判的原则

虽然商务谈判的核心是为己方争取利益，但在商务谈判时也应遵守一定的原则，如此，才能保证谈判的顺利进行，有利于取得积极的谈判效果。商务谈判的原则是指导谈判过程的准则，遵循原则能帮助参与谈判的各方更好地选择谈判策略、使用谈判技巧，使谈判取得更好的结果。商务谈判的原则可以体现在以下几个方面。

一、合作原则

合作是一切谈判的基础。在谈判中，参与谈判的各方都应明白，谈判的最终目的是寻求合作。因此，参与谈判活动的各方之间应是合作者的关系，而非竞争者，更不是敌对者。在谈判过程中，各方通过协商寻找各自利益或诉求的均衡点。如果在谈判中抱有竞争甚至敌对的心态，最终只能造成谈判的破裂，其结果是各方利益或诉求都不能得到满足，也就违背了谈判的初衷。因此，谈判实际上是合作关系的建立过程，谈判参与者都应秉承合作的态度参与其中，通过友好协商的方式解决谈判中存在的各种分歧、出现的各类问题，最终形成一致性意见，达成谈判的目的。

坚持合作原则，主要应从以下两个方面着手。

第一，以实际利益为出发点，寻找改善关系、建立合作的途径。谈判双方应充分意识到谈判的目的不是全方位满足自身诉求，而是寻求双方利益关系的平衡点，只有这样，谈判才有可能成功。

第二，坚持诚挚与坦率的态度。诚挚与坦率是做人的根本，也是谈判活动的准则。无论是哪一方缺少诚意，都难以达到谈判的效果。在互利互惠的基础上，双方坦诚相见，将己方的观点、要求明确地摆在桌面上，求同存异，相互理解，这样会大大提高工作效率、增加互信[1]。

---

[1] 王军旗，等.商务谈判：理论、技巧与案例[M].6版.北京：中国人民大学出版社，2021.

二、互利互惠原则

互利互惠原则是谈判取得成功的关键。互利互惠原则是指谈判的结果对各方都是有利的或是对各方来说都是可以减少损失的。对利益的需求是谈判产生的源头。不可否认，在谈判过程中，各方参与者都会想尽办法使自己的利益尽可能最大化，尽可能使自身的所有诉求得到满足。但现实情况是，只关注己方而忽视对方的利益往往会使谈判陷入困境。事实上，即便是对于同一事物，谈判各方的利益诉求点也可能不同。例如，在一场关于某商品交易的贸易谈判中，买方可能更关注产品的质量，卖方可能更关心付款周期。因此，在谈判中一定要秉持尊重对方的态度，充分考虑对方的利益诉求，重视双方的共同利益，在优势互补中实现自身利益的最大化。在谈判中，可使用以下策略实现互惠互利。

首先，扩大选择的范围。思路闭塞、可替代选择少是造成谈判失败的重要原因之一。因此，在谈判中可使用发散性的思维方式，以创造性的方法提供多种能够兼顾双方利益的组合型方案，扩大谈判中各方的选择范围。这样，在一种方案的实施存在难以协调的困难时，谈判当事人还可以选择其他方案，从而大大提高谈判成功的概率。

其次，聚焦共同利益。在谈判过程中，当各方为了自身利益的最大化而极力争取时，往往会忽略共同利益的存在。即便是各方都明白只有谈判成功才会获得共同利益，但因谈判的焦点总是集中于对分歧的解决上面，而使共同利益的取得受到冷落。如果各方都能从共同的利益出发，认识到双方的利益是互补的，就会形成"努力把整个馅饼变大，这样我就能多分"的共识。尽管每一次合作都存在共同利益。但共同利益大部分是潜在的，需要谈判者去挖掘，最好能用明确的语言和文字表达出来，以便谈判双方充分了解和掌握。

最后，淡化分歧。利益、观念、时间上的分歧都可以成为协调分歧的基础。比如，一方主要关心问题解决的形式、名望与声誉、近期的影响；另一方则主要关心问题解决的实质、结果、长期的影响。此时，只有找到能够兼顾双方利益、淡化分歧主要争执点的方案才有可能使谈判获得成功。为了能够更有效地解决分歧，通常谈判方需要在谈判之前设计几种方案，在谈判中让对方就自己提出的方案做出选择，判断哪种方案更受欢迎，并在最可能的方案上不断做"文章"，从而找到使己方付出最小同时又能让对方满意的方案，使谈判获得积极的效果。而且，当你寻求的方案不被对方接受时，要努力使对方意识到，所确定的方案是双方参与的结果，包含双方的利益和努力，客观地指出履行方案会给双方带来的结果，重点指出对双方的利益和关系的积极意义，促使对方回心转意，做出决策。要牢记谈判者的格言："在分歧中求生存！"

三、求同存异原则

谈判中分歧的出现是在所难免的，没有分歧就没有谈判的必要。谈判，实际上是通过协商的方式弥合各方存在的分歧，使各方利益目标区域一致最终达成协议。但如果争执升级，互不相让，则容易造成谈判的破裂。而如果想各方意见皆求得一致，在谈判上既无可能性也无必要性，因此，在谈判中应遵循求大同、存小异的原则。在谈判过程中，谈判人员应明确己方的主要诉求及次要诉求，把握谈判的主要方向，对双方存在争议的但不影响己方核心利益的问题，允许各方保持不同意见。

四、灵活变通原则

灵活变通原则是指谈判者在把握己方最低利益目标的根底上，为了使谈判协议得以签署，用多种途径、多种方法、多种方式灵活地加以处理。

商务谈判具有很强的随机性，因为它受到多种因素的制约，其变数很多，所以，只有在谈判中随机应变，灵活应对，加以变通，才能提高谈判成功的概率。这就要求谈判者具有全局、长远的眼光和敏捷的思维，能灵活地进行运筹，善于针对谈判内容的轻重、对象的层次和事先决定的"兵力"部署和方案设计，随时做出必要的改变，以适应谈判场上的变化。谈判者在维护自己一方利益的前提下，只要有利于双方达成协议，没有什么不能放弃的，也没有什么不可更改的，在谈判中，往往是在冲突利益之中表达着共同利益。例如，产品的交易谈判，双方的利益冲突是卖方要抬高价格，买方要降低售价，卖方要延长交货期，买方要缩短交货期；但双方的共同利益却是双方都有要成交的强烈愿望，双方都有长期合作的打算，也可能是双方对产品的质量、性能都很满意。由此可见，双方共同利益还是存在的。为此，谈判者可以采取一定方法灵活地调和双方的利益分歧，使不同的利益变为共同的利益，这样谈判就会胜利在望。

五、诚实守信原则

诚实守信是谈判效果的保障。谈判实际上是利用信息博弈的过程，但信息的不对称性可能会导致出现完全信息掌握者的不正当竞争行为。中国自古就有"货真价实，童叟无欺"的八字经典。虽然在商务谈判中各方想尽办法为己方争取最大利益无可厚非，但也应秉持诚实守信的原则，提供真实可靠的信息，并按照要求完成谈判中承诺的各事项。谈判主体应清晰地认识到，谈判的目的不仅是完成一次交易，而是要建立更为长久的合作关系，因此，谈判中的博弈也是一个不断抑制和排斥非诚信行为的过程。

在这一原则的指导下，各谈判主体应做到：

以诚相待：谈判中应向对方提供真实的信息、数据，做到不谎报、瞒报、故意错报。

讲信用：谈判中各方约定的承诺一定要认真履行。

不轻易承诺：这是守信的重要保障。轻诺寡言，必将失信于人。

第四节　商务谈判的阶段

根据商务谈判的进程，以及过程中不同的特征，可将商务谈判划分为准备阶段、开局阶段、磋商阶段、成交阶段（如图 3-1：商务谈判的阶段）。

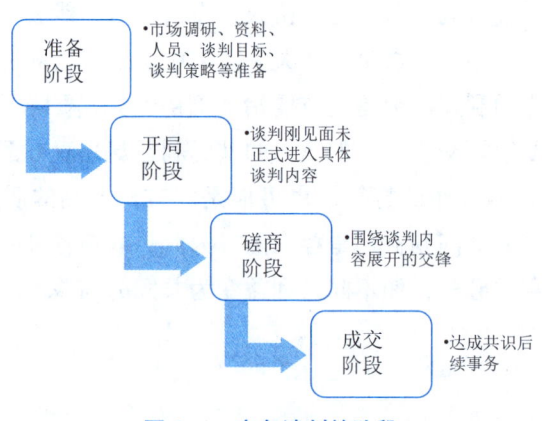

图 3-1　商务谈判的阶段

一、准备阶段

指谈判前的准备阶段。它是一个系统性、综合性的过程，需要充分调动团队的智慧和力量，做好充分的调研和分析，制定详细的策略和方案，以确保在谈判中取得更好的结果。所以策划阶段要做好以下工作。

（一）做好充分的调研和分析，深入了解对方的背景、需求、实力

这包括收集相关信息，研究市场趋势，分析竞争对手的优劣势，以及评估自身的资源和能力。同时，我们还需明确自身的谈判目标和底线，以便在谈判过程中能够坚守立场，不被对方轻易动摇。在准备阶段，我们还需制定详细的谈判策略和方案。这包括确定谈判的切入点、谈判的先后顺序、如何引导话题等。此外，我们还应考虑到可能出现的意外情况，提前准备好应对策略，以确保谈判的顺利进行。

（二）确定参与谈判的专业人员，保持信息通畅，加强谈判技能培训及指导

在明确了参与谈判的专业人员名单后，必须确保整个谈判过程中信息的畅通无阻。建立有效的沟通机制至关重要，这包括定期召开会议，分享谈判进展、分析对方策略、探讨可能遇到的难题，并共同研究应对策略。此外，可以组织内部培训，邀请经验丰富的谈判专家为团队成员传授谈判技巧和经验，拓宽视野、提高谈判能力。

（三）针对谈判中的重点、难点进行分析，并提出谈判应对技巧的多方案准备

在谈判过程中，针对谈判中的重点和难点进行深入分析并制定相应的应对技巧和多方案准备是取得谈判成功的关键所在。对于重点和难点的准确分析需要深入剖析谈判的各个方面，从对方的立场、利益诉求到可能的谈判策略，都要进行细致入微的研究。只有多方案准备才可能在谈判中灵活应变。

（四）准备充分的物资和谈判资料，保障谈判的顺利进行

针对此次谈判的核心议题进行深入的研究，收集大量相关数据和信息，并进行详尽的分析和整理。这些资料不仅帮助我们更全面地了解谈判背景和现状，还为我们提供了有力的谈判依据和支撑。在物资准备方面，无论是用于展示和介绍的演示文稿、产品样品，还是用于记录谈判过程和结果的笔记本、录

音设备，都要进行精心挑选和准备。这些物资的充分准备，不仅能提升谈判的专业性和效率，也能展示对谈判的重视和诚意。

（五）谈判议题、谈判目标确定，制定议程

在谈判过程中，始终遵循谈判的原则，尊重对方，寻求双方都能接受的解决方案。围绕已经确定的谈判议题和目标，制定详尽而周密的谈判议程。这一议程将作为双方沟通的框架，确保谈判的效率和效果，使双方能够充分表达意见并达成共识。还将预留一定的时间用于处理可能出现的突发情况或争议点，确保谈判的顺利进行。

（六）特殊情况和不可预测应对方案

各个领域都有特殊情况和不可预测事件发生，常常打乱我们原有的计划和安排。需要建立一套快速响应机制，在最短的时间内做出反应，并调动所有可用的资源来应对。培养谈判人员的应变能力和协作精神，使他们在面对不可预测事件时能够保持冷静、迅速做出反应。此外，还需要制定一套灵活的调整方案，以适应各种可能的变化。

二、开局阶段

商务谈判的开局阶段是在谈判正式开始之初，这是可以通过双方人员相互介绍的形式彼此熟悉、联络感情的阶段。

开局阶段尤为重视商务礼仪，营造一种自然轻松、礼貌尊重、友好合作、积极进取的适宜谈判氛围，以利于后续谈判内容的开展。自我介绍或由他人介绍、握手、交换名片、服装、饰品、化妆、谈判环境布置等都要注意符合礼仪，以利于谈判的目标实现。

开局阶段一般可细分为三个过程，即营造适宜氛围、开场陈述和议题说明（如图3-2：谈判开局阶段三过程）。

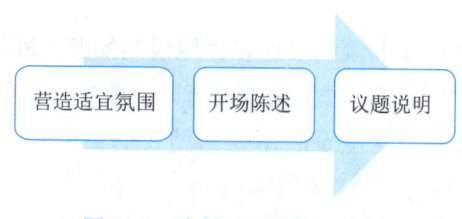

图3-2 谈判开局阶段三过程

（一）营造适宜氛围

商务谈判中，由于双方利益诉求的差异，可能会导致氛围紧张。谈判本来就是一场利益的较量，更是一场心灵的对话。营造适宜的谈判氛围是建立在双方情感交流、彼此尊重的基础上，要建立信任和谐融洽的氛围。需要合理运用沟通技巧和规范商务礼仪，逐步化解矛盾，营造和谐的谈判氛围，并在不断尝试和调整中化解紧张的气氛，增进彼此的理解与信任，创造一个和谐、积极的交流环境，推动谈判取得圆满成功。

在此过程中有两种不同的情景：一种是谈判双方势均力敌并奔着同一目标的情况，可用比较和缓的问候、致敬的语言沟通方式营造和谐气氛。另一种是谈判双方落差比较大，见面前一方已经造势形成了不和谐的氛围，这时一般应先化解尴尬氛围，又称"破冰"。

（二）开场陈述

开场陈述是对此次谈判的基础条件的阐述，接下来就进入实质性的谈判阶段。所以开场陈述应简明扼要，但不失商务礼仪，用相互尊重、友好合作、积极进取的态度简单地表明自己的目标、立场和条件以及对对方的一些建议等。这个过程的主要目的是投石问路、相互摸底，双方都希望能从对方的谈论中尽可能多地捕捉信息，探寻对手的真实意图，因此，不利于己方的信息应尽量回避，多谈优势和可能的收益。

一方陈述结束，还需对方回应陈述，并表示对对方的合作意愿表示认可，并补充一些自己的想法。若遇到了一些分歧和难点，暂且可以回避，等后续过程中去解决。总之，开场陈述需始终保持着礼貌、相互尊重和友好合作的态度，积极寻求双方都能接受的共同点展开，为未来的合作奠定坚实的基础。

（三）议题说明

谈判中，议题说明是指双方各自陈述观点、立场及其建议的解释和说明。在此过程中会明确暴露己方的观点、立场和建议，双方不一致的要素和内容将成为后续阶段中谈判要重点围绕的对象，所以这是磋商阶段的过渡，是谈判"交锋"的开始。

进入议题说明，气氛逐渐转为正式和凝重。在遇到分歧时，双方应保持冷静和理性，避免情绪化的冲突和对抗导致谈判终止。双方应理解对方的关切和诉求，明确对方的主张和底线，保持开放的心态，勇于接受对方的合理意见，寻找共同点和利益交汇点，为后续的谈判奠定坚实基础。

三、磋商阶段

商务谈判的磋商阶段是围绕合作项目的细节展开深入的探讨,这是谈判过程中重点和难点集中的过程。有可能是因为价格,也有可能是因为产品质量、交货期、生产能力、支付方式、售后服务等未来合作中的各类细节问题展开。随着谈判逐渐深入,双方代表会谨慎地权衡利弊,做出明智的让步决策,最终达成合作。

商务谈判中,往往因为价格是谈判的重中之重,故磋商阶段又可以分为报价、讨价还价、让步三个过程(如图3-3:谈判磋商阶段三过程)。

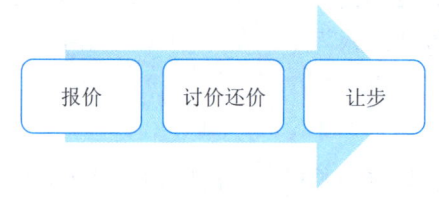

图3-3 谈判磋商阶段三过程

(一)报价

报价是围绕双方议题说明中的重点问题阐述己方观点,也称为阐明意图,在商务谈判中直接称为"报价"。报价都是经过仔细研究,并综合考虑了市场情况、成本因素以及客户需求等诸多因素,制定出的有利于己方的报价方案。

对于报价的合理性及市场竞争力,需要大量资料来证实己方的报价的合理性,寻找保持报价竞争力又能确保对方接受的平衡点,尊重对方的需求和期望,为双方的合作奠定坚实的基础。

(二)讨价还价

讨价还价过程是商务谈判中双方真正的较量,是谈判的主体和核心。讨价还价并非单纯的价格拉锯战,而是一种策略性的沟通艺术,在坚持谈判原则和商业道德的基础上,以理性和诚信为指引,寻找双方都能接受的平衡点。

讨价还价还需充分掌握市场需求、产品价值以及竞争对手的客观信息,从而制定出合理的价格策略。要保持灵活性和开放性心态,尝试提出新的解决方案或寻求第三方的协助。也要善于倾听和观察对方,尊重对方,避免过于强势或咄咄逼人。

（三）让步

让步使谈判双方能够在利益博弈中达成妥协，进而推动谈判结果的诞生。让步是一种必要的策略和智慧，既守住自己的底线和核心利益，也要显示诚意和合作意愿。让步应是有目的、有限度、有条件的，让步应遵循谈判的原则。

同时，还要密切关注对方的反应和需求，以便在谈判过程中灵活调整让步的幅度和方式。让步并不意味着失去主导权，相反，通过巧妙的让步，可以更好地掌握谈判的主动权，引导对方逐步接受我们的观点和条件。让步并非万能的，有时即使做出了让步，对方仍可能坚持己见，导致谈判陷入僵局。此时需要冷静分析形势，及时调整谈判策略，寻找新的突破口和解决方案，为双方建立长期稳定的合作关系奠定坚实的基础。

四、成交阶段

商务谈判中的成交阶段是经历了磋商或多次谈判，双方达成共识并签订合同或协议，这标志着商务谈判进入尾声。但并不意味着谈判的结束，相反标志着双方合作的开始，这是一个新的起点。

成交阶段双方需要继续以开放、诚信和合作的态度，共同推进实现共赢与发展。问题与挑战可能随时出现，双方仍然应建立起有效的沟通机制，及时交流信息、解决问题，确保合作能够顺利进行。双方需严格遵守合同条款，确保各自的权益得到保障。任何违反合同规定的行为都可能对合作关系造成损害，甚至导致合作关系的破裂。

拓展案例

有效的开场陈述：小王如何为自己加薪？

小王是 A 会展公司的成本核算人员，已经工作 5 年了，薪资却一直没有变动过。但小王工作兢兢业业，好几次他的核算方案都为公司降低了不少成本，受到了领导的表扬。于是，小王决定和领导来一场"谈判"，希望能调整工资，增加收入。以下是小王的开场陈述：

X 经理，来咱们公司做了 5 年了，还记得刚来时您带着我实习的情景。这些年跟着您学了不少本事，也让您操了不少心，真的很感谢您对我的培养，也很感谢公司给我们年轻人提供的平台。这份工作我真的很喜欢，也觉得很适合我，现在也做得越来越顺手了。但是，您也知道，做了那么长时间，我一直想通过自己的努力给家人也给自己提供一个更好的生活环境，大家都是出来工作，在个人方面为的也是这个，再加上我马上要有小孩了，开销也越来越大，相信您也能理解我们员工的难处。我想的是公司能不能在我的工资这一块儿提升一些，当然我会一直努力把工作做好，而且也更愿意为了公司在自己的位置上做得更好。希望您考虑一下！

领导听了小王的陈述后，觉得合情合理，立刻向公司申请为小王加薪。

思考与练习

一、简答题

1. 什么是谈判？如何认识谈判的基本概念？
2. 简述谈判的分类方法及种类。
3. 什么是商务谈判？商务谈判有哪些特点？
4. 商务谈判的原则有哪些？
5. 商务谈判的过程有哪些阶段？
6. 在商务谈判的开局阶段应注意哪些要点？
7. 分析商务谈判中沟通与礼仪的作用与意义。

二、练习题

1. 找一个商务谈判案例，分析其成败与商务谈判的基本原则的关系。
2. 运用谈判的基本知识，处理同学之间的矛盾。

下篇 实务篇

第四章

会展活动前期沟通与礼仪

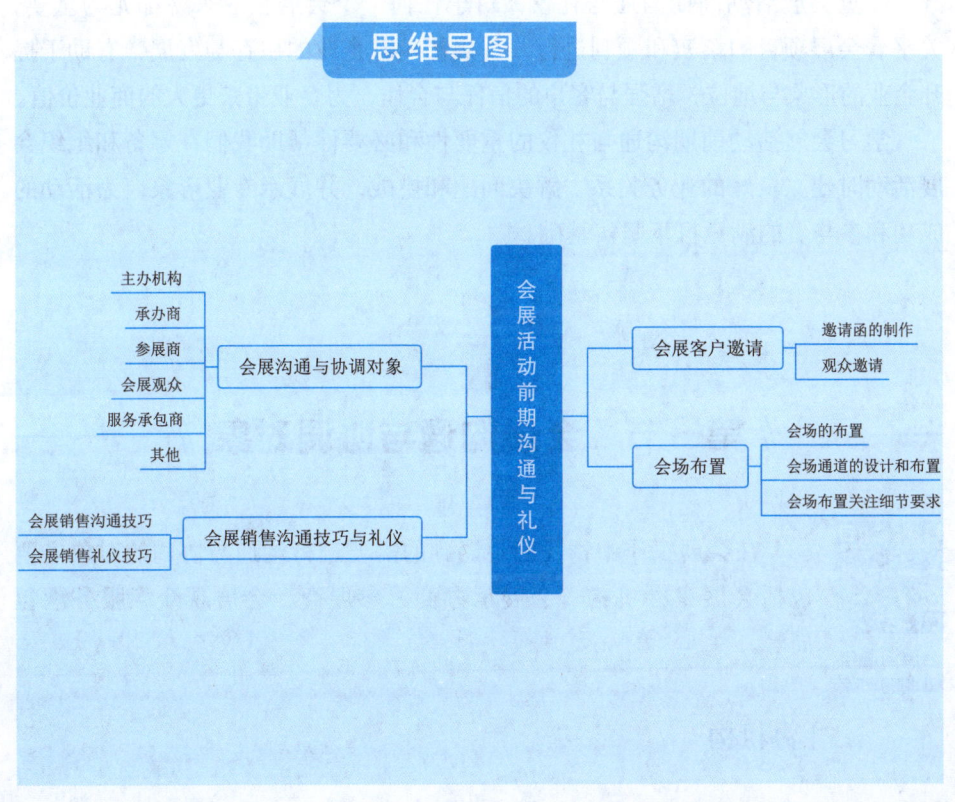

> 🎯 **学习目标**
>
> ● 知识层面：了解在会展活动前期沟通的对象，掌握沟通与礼仪基本知识与技能在会展行业的应用；学会会展活动前期销售、客户邀请、布置工作中的沟通与礼仪，掌握会展活动前期销售、客户邀请、布置工作中的沟通与礼仪的原则。
>
> ● 技能层面：学会会展活动前期销售、客户邀请、布置工作中对客服务的沟通与礼仪的方法与实践；具备在会展活动前期有效沟通和呈现良好礼仪的工作能力。
>
> ● 素养层面：培养会展职业经理人的职业素养，提高沟通能力。

注重会展活动前期沟通与礼仪，对于任何一个会展企业来说都尤为重要，关乎着会展项目的落实和顺利进行，直接影响着企业的生存与发展，有助于提升企业的形象与地位，增强与客户的信任与合作，为企业带来更大的商业价值。

学习会展活动前期沟通与礼仪的重要性和必要性帮助我们在筹备和组织会展活动时建立良好的业务关系、解决问题和挑战，并展示专业形象，为活动的成功和参与者的满意打下坚实基础。

第一节 会展沟通与协调对象

会展沟通与协调的对象

在会展工作中，我们会遇到的需要进行沟通与协调的对象主要包括会展主办机构、会展承办商、参展商、会展观众、服务承包商等。

一、主办机构

（一）政府部门

政府部门在会展活动中具有十分重要的作用，常以主办者的身份出现，代表国家和地方利益。例如2023年大规模、高规格的中国国际服务贸易交易会，助力全球经济发展，为海外投资者提供发展机遇，共享中国服务业扩大开放发展红利，助力全球经济复苏；同时，能给我国创造巨大的经济效益和社会效益，提升我国的知名度，促进社会的繁荣和进步。因而，历届中国国际服务贸易交易会由商务部和北京市人民政府共同主办，对中国国际服务贸易交易会的全程进行运作。例如，2023年中国国际服务贸易交易会的组织架构中，主办单位是中华人民共和国商务部、北京市人民政府，支持单位是世界贸易组织、联合国贸发会议、经济合作与发展组织，国际合作机构由世界知识产权组织、国际贸易中心、全球服务贸易联盟、世界贸易网点联盟组成。

又如，历届中国国际数码互动娱乐展览会（简称ChinaJoy）是由国家新闻出版署和上海市人民政府共同指导，中国音像与数字出版协会和上海汉威信恒展览有限公司主办，上海市新闻出版局和浦东新区人民政府协办的综合性国际数字娱乐产业盛会。

（二）行业协会、专业学会与商会

协会、学会和商会是现代社会社团组织中的核心构成部分，无论是学会、协会还是商会，都是以共同目的为纽带结成的社团组织。会展行业协会、专业学会与商会作为非营利的行业组织，主要功能是按照市场经济的要求开展行业服务、行业协调、行业规划、行业统计、行业研究、行业培训和国内外行业交流和合作等工作，通过会员的自律行为和行业的协调措施，建立起会展业的正常秩序，使之走上健康的发展道路。会展行业协会、专业学会与商会作为政府和会展企业以外的"第三部门"，是维护行业秩序、促进行业健康发展的重要力量。以下是部分行业协会、专业学会与商会的介绍。

深圳市会议展览业协会（简称"会展协"）成立于1989年，是由深圳市从事会议、展览业及相关行业的企事业单位发起自愿组成的具有法人资格的行业性、非营利性社会团体。现有会员350家，遍及海内外，业务范围涵盖整个会展产业链的各个环节。会展协已成为全球展览业协会（UFI）、国际展览与项目协会（IAEE）的会员，中国展览馆协会副理事长单位。其主要业务范围：一是政府服务。承接政府购买服务，完成政府交办的各项工作。二是共享信息。为行业提供信息服务，实现资源共享。三是制定标准。制定行业标准、行业规范，规范企业经营行为。四是产业研究。开展行业调查研究，发布行业发展白皮书等。五是组织活动。组织行业论坛、培训、沙龙等活动。六是资格认证。开展展览展示工程企业资质认证。

武汉市教育学会是武汉市教育局领导下的研究教育科学的群众性教育学术

团体，并接受市政局领导和管理。属于中国教育学会团体会员，接受中国教育学会指导。在地方属于武汉市社会科学界联合会团体会员，接受其指导。会员由基础教育系统和服务于基础教育有关单位的教师、干部、教育科研人员、教研人员和教育行政干部自愿组成。配合教育行政部门和有关业务单位开展基础教育范围内的群众性教育科学研究和教育改革实验；举办各种学术会议和学术报告，交流教育科研成果和教育经验，组织优秀教育科研成果的评审评奖活动；介绍国内外教育科研动态，开展教育咨询服务，普及教育科学知识；编印会刊资料，为教育科研提供信息；与各兄弟学会、有关高等院校、科研单位开展学术交流活动。

上海市商业联合会成立于1992年，是由市、区两级商贸服务行业团体、商业流通企业及专家学者自愿组成的联合性枢纽型社团组织。联合会设立党委，开展枢纽式党建工作。现有市级协会会员60家，区级商业联合会会员15家，各类企业会员400余家。多年来，上海市商业联合会秉承"联合、服务、自律、创新"宗旨，积极搭建资源共享、信息共通、合作共赢的平台，向政府建言献策，为会员排忧解难，维护行业和企业的合法权益。强化自身建设，提升服务功能，适应经济发展新常态。上海市商业联合会积极促进区域、行业、企业间的经济活动。拓展跨区域经济交流沟通，活跃企业与境内外商务机构和商业实体的业务合作，促进资源整合，融合互通。积极创新行业自律机制，建立消费维权联络站、进出口公平贸易（综合服务）工作站，指导行业会员制定行规行约、行业标准、服务规范，组织商业诚信建设和创先争优活动，引导良性竞争，优化行业治理。

（三）专业性展览公司

专业性展览公司是指专门从事展览业务的公司，公司业务包括商贸展览、海外出展、线上业务、会议活动、搭建服务、有效参展等。我国知名大型专业性展览公司有上海博华国际展览有限公司、上海励展展览设计工程有限公司、上海万耀企龙展览有限公司、欧马腾北京会展公司、北京远大国际展览有限公司、北京北辰会展集团有限公司、浙江米奥兰特商务会展股份有限公司、海南智海王潮会议展览有限公司等。

（四）会展中心（场馆）

会展中心是人们进行物质交流和文化、学术等方面信息交流活动的场所。作为一种相对年轻的建筑类型，其概念系由博览建筑演进而来，通常包含会议、展览和相关附属建筑。会展中心的特性可以概括为三点：功能复合性、文化地域性和地标性。由于会展业长足进步，对功能的需求越发明显。会展中心集展览、会议、商住于一身，同时又属文化范畴，在形态上颇为讲求文化性和地域特色，有时更被作为代表一个城市经济、文化的地标性建筑。

例如国家会展中心，如图 4-1 国家会展中心（上海）所示，是由中华人民共和国商务部和上海市人民政府于 2011 年共同决定合作共建的大型会展综合体项目，总投资约 160 亿元，由国家会展中心（上海）有限责任公司投资建设并运营。国家会展中心（上海）总建筑面积超 150 万平方米，集展览、会议、活动、商业、办公、酒店等多种业态为一体，是目前世界上最大的会展综合体。主体建筑以伸展柔美的四叶幸运草为造型，采用轴线对称设计理念，设计中体现了诸多中国元素，是上海市的标志性建筑之一。国家会展中心（上海）2020 年荣获国家绿色建筑运行三星标识认证，达成设计、运行三星双认证，成为国内首家大型会展类三星级绿色建筑，同时也是国内体量最大的绿色建筑。国家会展中心（上海）地处长三角核心腹地，坐落在上海虹桥商务区核心区西部，与虹桥交通枢纽直线距离仅 1.5 千米，通过空中连廊、地下通道及地铁 2 号线与上海虹桥火车站、虹桥机场紧密相连，周边高速路网四通八达，1~2 小时可到达长三角各主要城市，航空 2~3 小时可直达亚太主要经济城市。国家会展中心（上海）以突破性的设计和完善的功能，立足长三角，服务全中国，面向全世界，全力做好中国国际进口博览会的筹办工作，努力成为服务对外开放基本国策和"一带一路"合作倡议、服务国家商务事业发展、服务上海市国际会展之都建设的重要平台。

图 4-1　国家会展中心（上海）

（五）大型企业

一些大型企业自己主办展览，主要目的是提升公司形象、发布新产品信息、进行科技交流、增加企业效益等，企业的主要功能是按照政府制定的行业规则，通过提供产品和服务占有会展市场并获取利润。

如 CIE 中国工业博览会，从创办到世界共享，从一展汇世界到一展惠全球，以中国新发展为世界创造新机遇，正穿起双向奔赴的发展合力、奏响合作共赢的华彩乐章。这里是中国与世界共谋发展机遇的舞台，工业、制造业行业新产品、企业、资源在这里汇聚，出口和进口、生产和消费、投资和招商在这里展开。CIE 中国工业博览会由三大国企——中国机械工业集团有限公司、中国机械国际合作股份有限公司、中国机床总公司主办；由中国机械工业集团有限公司的全资子公司中国如意技贸有限公司（央企）承办；由知名公司群益投资（广州）股份有限公司联合举办。

（六）媒体

会展媒体在会展活动中充当着重要的角色，会展媒体与一般的媒体并无本质区别，主要是将会展活动信息、参展商信息、观众信息、展馆信息和一切与会展活动相关的信息传递给广大受众群体。会展媒体按照内容主要分为大众传播媒体、会展专业媒体。大众传播媒体又主要分为印刷媒体、电视媒体、广播媒体和网络媒体。会展专业媒体指专业会展杂志、专业会展网站和专业会展频道。

以 2024（第十八届）北京国际汽车展览会为例，其大众传播媒体为新华网、《人民日报》、中国中央电视台、《中国日报》、《中国文化报》、《中国青年报》、《北京晚报》等；会展专业媒体为《汽车之友》、《车王》、《中国汽车报》、《汽车杂志》、《名车志》、《汽车导购》、汽车之家、新浪汽车、搜狐汽车、爱卡汽车网、易车网、腾讯汽车等。其传统媒体为《中国日报》、《中国文化报》、《中国青年报》、《北京晚报》、《汽车之友》、《车王》、《中国汽车报》、《汽车杂志》、《名车志》、《汽车导购》；新媒体为新华网、中国中央电视台、汽车之家、新浪汽车、搜狐汽车、爱卡汽车网、易车网、腾讯汽车等。

当然，在会展活动中我们经常会接触到会展类专业杂志，较有代表性的有《中国会展》《中外会展》等，报纸有《会展快报》，网站有全球展览业协会、国际展览与项目协会、中国旅游网、新华会展网、中国会展服务网、中国会展网、中国会展在线网等。大众媒体包括电视、广播、报刊、户外媒体、网站等，这些传媒普及性强、接触面广，既面向目标参展商与专业观众，也面向会展的普通观众。

媒体在会展中的作用涉及会展宣传推广、会展营销、参与举办展中相关活动。因此，在实践中，媒体可能成为主办方的合作者，也可能直接参与会展活动（尤其是文化类会展）的组办。

例如，由中国环境报社主办的2020生态环境产业论坛在北京举办。论坛上，中国环境报社中国环保产业研究院发布了《2019年生态环境产业上市公司排行榜及分析报告》和《2019年生态环境产业创新工程报告》。又如第六届中国教师报课堂教学创新成果博览会是由《中国教师报》和保定市教育科学研究所联合主办，本届博览会共计有来自25个省、自治区、直辖市的教研部门负责人、中小学校长、教研组长、名师工作室成员和学科教师等1500人参会，是一次聚焦课堂教学创新成果的学习盛宴，是一个会集不同风格好课样态，名师和教师新秀同台献课的展示平台。再如2023年首届"新国潮·新文创·新消费"文化展览会于8月18日—20日在深圳会展中心（福田）举办，本届展会由深圳报业集团《深圳特区报》联合国家对外文化贸易基地（深圳）、深圳华荟国际文化传播有限公司、新疆丝绸路粤贸行数字经济研究院、粤贸行·广东华昊文化科技集团有限公司共同主办。《深圳特区报》属深圳市委机关报，是以政治、经济、文化报道为主的大型综合性日报，创刊于1982年5月24日，被誉为"中国改革开放第一报"，是深圳经济特区权威媒体和第一大报。先后入选"中国十大创新传媒""中国十大领军报业""全国城市党报十强""传媒中国年度十大党报""影响中国党报优秀品牌"等。《深圳特区报》作为深圳报业旗舰，是机关部门、主流企业的长期订阅纸媒，发行范围覆盖全国所有大中城市和98%以上县级城市，在深圳、珠三角经济发达地区以及港澳地区拥有超过百万的读者群体。据悉展览会期间"新国潮"文展会小程序点击量超过630万次，每天参观人数达2万余人。近年来，在新媒体参与举办的相关活动中，因可以实现线上和线下相结合从而丰富了活动的参与度、增强了活动的吸引力。媒体主办的展会具有媒体资源丰富、专业性与行业性强、网络和社交媒体优势明显，以及组织和规模专业等特点，因而具有较强的吸引力。这些因素使得参展商和观众更愿意选择参与媒体主办的展会，以获得更好的商业机会和行业交流。

二、承办商

会展承办商是负责组织、策划和执行会展活动的专业机构。这些机构提供各种服务，包括场地选择、展台设计搭建、活动策划、参展商招募、观众招募、物流管理等。会展承办机构可以是专门从事会展业务的公司，也可以是国际、国内的会展组织协会。此外，一些大型的会展中心、会议中心和展览馆也可以承办会展活动。这些机构通常拥有丰富的经验和资源，能够根据客户的需求和要求，提供全方位的服务和支持。他们与各个行业的公司、协会和政府机构保持合作关系，能够为展商和观众提供广泛的商业机会和行业交流平台。会展承办机构在筹备和执行会展活动时，会考虑诸多因素，如场地选择、安全管理、展馆布局、展台设计、物流协调、参展商服务、观众招募等，旨在确保会展活动的顺利进行，并为参展商和观众提供最佳的展示和交流环境。

如中国国际进口博览会，由组委会统一领导筹备工作，研究协调筹办工作中的重大事项。博览会主办单位为中华人民共和国商务部、上海市人民政府，承办单位为中国国际进口博览局、国家会展中心（上海）有限责任公司。

三、参展商

参展商是受会展主办方邀请，通过订立参展协议书（或会展合同），在特定时间，向主办者租借展位并展示产品或者服务的主体。《商品展销会管理办法》第七条规定：参展经营者必须具有合法的经营资格，其经营活动应当符合国家法律、法规、规章的规定。可见，对于参展商的主体资格要求，其只要具备合法的经营资格即可。这就意味着公司、企业、合伙组织、个体经营者等所有市场竞争主体，只要在工商管理机关进行了营业资格的登记，都可以作为参展商参与会展。参展商类型有以下两种：按性质分，可分为政府机关、企事业单位、非营利组织、权利人；按所属身份分，可分为成员单位、非成员单位。

四、会展观众

会展观众是指进入展览场所参观展品的自然人、企业以及其他相关的市场主体。会展业根据观众身份的不同，将观众分为专业观众和普通观众。

（一）专业观众

专业观众一般指与展会相关的行业从业人员及行业级别的专家、学术研究人员等。他们参加展会的目的一般是了解行业发展动态、观察国内外同行的最新产品、设备和技术并与业内人士进行交流等。

（二）普通观众

普通观众一般指一些非专业人士，即不属于展会相关行业的从业人员或行业专家。他们参加展会的目的一般是购买或了解自己感兴趣的产品、项目或活动，并且希望通过展会观察和了解行业发展潮流和市场趋势等。

专业观众对展品的关注度要比普通观众更高。在展会现场，专业观众会重点关注同行业内的新技术、新产品和新的科研成果，而普通观众则主要关注自身感兴趣的产品、服务等。专业观众购买意向较强，通过对于展品的交流、了解展示内容，能够明确自己的需求，给出自己的方案；而普通观众往往对产品的了解程度有限，参观时并不会针对某个产品进行深入的询问和沟通。

五、服务承包商

会展服务承包商是指为会展组展方和参展商提供产品或服务的公司或个人，会展活动的成功举办依赖于这些承包商所提供的强有力的产品或服务。可将其分成三类：承建服务承包商、物流服务承包商、旅游服务代理商。

（一）会展承建服务承包商

会展承建服务承包商即主场搭建商，是指由会展组展方指定的负责整场展览的展台搭建、展具租赁、大会制作、水电气等动力设备的预订及安装或提供其他相关现场服务的企业。

（二）会展物流服务承包商

会展物流服务承包商简称物流承包商，是指由会展组展方指定，为满足参展商展品展览的特殊需要，将展品等特殊商品及时准确地从参展商所在国转移到参展目的地，展览结束后再将展品从展览地运回的服务商。包括负责展览前后的仓储、包装、国内运输、进出口报关和清关国际运输、展览中的装卸、搬运等的企业，以及在此过程中提供信息流动的企业。

（三）会展旅游服务代理商

会展旅游服务代理商是指由会展组展方指定，在会展活动过程中负责对客户的食、住、行、游、购、娱、商务考察等各方面进行会展接待和旅游业务活动的旅游企业。会展旅游服务代理商可提供专业化、高质量的服务。

举办一次会展活动需要各个相关行业的配合和支持。会展服务承包商和会展组展方应相互促进，共同发展，一方面会展服务承包商可以提供方便、快捷的专业服务，减少会展成本，提高服务质量；另一方面可以节省组展方的人力、物力、财力，提高管理效率。而会展旅游服务代理商，为展览会提供专业服务，一方面提升展览会品牌，另一方面为打造专业展览会做出贡献。

六、其他

除了以上沟通对象，场馆周围的社区、交通以及医疗资源等也是影响会展活动的不可或缺的社会资源。这些资源的完善与便捷，对于提升会展综合服务能力和吸引力有着至关重要的作用。

社区居民和环境对会展活动会造成一定的影响，同时也承担着为参展商、观众群体提供部分会展活动服务功能。因而与周边社区居民的沟通协调也是非常重要的。

交通的便利性是评价会展项目综合服务质量的重要指标。为了方便参展、组展人员的出行，场馆周边一边配备完善的交通设施，包括公交、地铁等公共交通工具以及充足的停车位。同时，还会通过优化交通流线、设置指示牌等方式，确保人们在前往场馆的途中能够顺畅无阻。

医疗资源也是场馆周边不可或缺的一部分资源。在大型会展活动期间，医疗保障工作尤为重要。因此，场馆周边通常配备有专业的医疗机构和救护车辆，以应对可能出现的突发状况。这些医疗机构不仅具备处理常见伤病的能力，还能在必要时提供紧急救援服务，确保人们的生命安全。

第二节　会展销售沟通技巧与礼仪

在会展活动前期，销售沟通技巧与礼仪是非常重要的，因为它们直接关系到与潜在客户和现有客户之间的业务关系和合作机会。

一、会展销售沟通技巧

(一)有效沟通的重要性

1. 建立良好客户关系

有效的沟通有助于在商务展览会上与潜在客户建立良好的关系,提高客户满意度和忠诚度。

2. 传递准确信息

通过有效的沟通,参展商可以准确地向客户传递产品、服务和品牌信息,提高客户认知度和品牌形象。

3. 促进业务合作

有效的沟通有助于参展商与潜在客户建立互信,促进业务合作和商业机会的转化。

(二)沟通方式

1. 面对面交流

参展商需要与潜在客户、媒体记者和其他参展商进行面对面的交流,传递信息、建立关系和促进合作。

2. 社交媒体互动

参展商可以利用社交媒体平台(如微博、微信等)与潜在客户和关注者进行互动,扩大品牌影响力、提高曝光率。

(三)沟通技巧

1. 互动

客户希望能和供应商有良性、深入的互动,有互动才有相互了解,这是达成交易的前提。业务员们完全不需要拘谨,可放开思路,大胆交流,尽量和客户们进行适度的互动沟通。参展商需要主动与潜在客户和其他参展商进行交流,寻找共同话题和合作机会,提高自身知名度和影响力。

2. 倾听和回应

参展商需要认真倾听潜在客户、媒体记者和其他参展商的需求和问题,给予积极的回应和解决方案。倾听放在第一位,让客户多说,客户会或多或少地透露一些基本的价值信息。最起码应该了解客户需要找什么样的供应商,然后再介绍你自己。

3. 简洁明了地表达

参展商需要用简洁明了的语言表达产品和服务的特点和优势，避免使用过于专业或复杂的术语。

4. 沟通时间

沟通开始时，可以直接问客户："您可以给我多少时间？"这样可以体现你对客户行程的尊重，也可以让你自己根据时间来掌握沟通的内容。

5. 展示专业形象

参展商需要以专业、自信的形象出现在展会现场，注意言行举止和着装打扮。

6. 了解必要的市场战略

在某些情况下会碰到一些客户，需要谈论一些战略话题以引起共鸣。他们有可能是来找战略性伙伴的，非常需要有质量地完成和这些专家型客户的首次沟通。可以主动邀请客户访问你的公司，和这些客户谈论的话题，应该围绕一些专有名词来展开。

7. 抓住捡漏机会

在展会临近结束的一两天，你可以询问客户："您如何看待展会？您找到您需要的一切了吗？"如果得到客户的肯定回答，就可从客户那里得到此次展会上整个行业的情况，这个信息的价值很高。如果客户否定，则可追问客户哪些需求没有得到满足，若恰好你能供应客户所需的产品，则可捡漏般获得一个订单。

二、会展销售礼仪技巧

（一）会展销售礼仪的重要性

1. 塑造专业形象

得体的礼仪能够展现出企业的专业形象，提升参展企业在展会中的竞争力。

2. 促进有效沟通

良好的礼仪有助于参展人员与潜在客户建立良好的沟通，增加业务拓展机会。

3. 维护企业声誉

规范的礼仪能够体现企业的文化素养，维护企业声誉。

（二）会展销售礼仪规范

1. 着装要求

参展人员应穿着得体、整洁，以展现企业的专业形象。

2. 言谈举止

保持礼貌、友善的言谈举止，避免使用不当语言或做出不雅动作。

3. 接待客户

主动、热情地接待客户，耐心解答客户的问题，保持微笑和友好态度。

（三）会展销售礼仪细节

1. 提前准备

提前了解展会信息、参展产品及目标客户，制订参展计划。

2. 保持整洁

保持展位整洁，有序、及时地清理垃圾和杂物。

3. 尊重他人

尊重其他参展商和参观者，避免影响他人。

4. 收集信息

主动与其他参展商和参观者交流，收集市场和行业信息，为业务拓展提供支持。

第三节 会展客户邀请

会展活动的成功与否很大程度上取决于参与的客户和观众数量。因此，邀请客户参加会展活动是非常重要的一步。

一、邀请函的制作

专业观众邀请函是一种邀请特定的组织或个人参观展会、进行业务洽谈的文案，是招商的主要方式。

（一）专业观众邀请函的主要内容

1. 展会概况

主要包括展会名称、举办时间和地点、办展单位的名称和标志展品范围、参加展出的新产品和展会招展情况，一般还会对一些行业知名企业的参展情况进行重点通报。

2. 回顾上一届展会所取得的成绩

例如，上一届展会的参展商数量和质量、专业观众的数量和质量、成交金额和社会影响等。

3. 本届展会的亮点

主要介绍本届展会的特点和优势等。

4. 展会相关活动

列举展会期间举办的相关活动的时间、地点和主题。

5. 参观回执

包括参观申请的联系办法和联系人等，以方便观众预先登记。

制作专业观众邀请函的目的在于吸引观众到会参观，而最吸引专业观众的是参展商的知名度、展品的创新程度以及行业的发展信息等。因此，专业观众邀请函一定要突出参展商的数量、层次，展会期间有什么样的配套活动，如论坛、新产品发布会、招商交流会等，这些都是专业观众感兴趣的内容。

（二）相关案例

邀请函 | 第二十一届中国（漯河）食品博览会邀请函

以食为媒，相聚沙澧；食全食美，漯在其中；创新引领，共享未来。第二十一届中国（漯河）食品博览会主会场65 000平方米，设2500个国际标准展位，众多国内食品百强企业和知名品牌企业参展，包括路易达孚、正大、益海嘉里、双汇4家世界500强企业，三得利、上好佳、三全、加多宝等161家知名品牌企业，南街村集团、微康生物、中大恒源等60多家本土企业，特装面积77%以上。

开展时间

2024年5月16日—18日

展会地址

主会场：漯河市国际会展中心

分会场：中原食品实验室、沙澧河风景区等旅游景区

展区介绍

1. 综合食品展区：各省、自治区、直辖市具有代表性的特色食品、餐饮食材等。

2. 未来食品展区：主要展示中原实验室科研成果以及微康益生菌、中大恒源天然色素等前沿科技产品。

3. 品牌企业展区：主要展示国内百强食品企业、农业产业化国家重点龙头企业、省内百强食品企业及名优食品企业。

4. 国际食品展区：主要展示国际休闲食品、酒水及乳制品等。内设主宾国专区，集中展示主宾国特色产品。

5. 预制菜食品展区：主要展示预制菜产品及原辅料、相关制品。

6. 休闲食品展区：主要展示膨化食品、饼干、蜜饯、烘焙食品、烘焙原料、蛋糕奶油、烘焙辅料、坚果产品、特许加盟等。

7. 食药同源展区：主要展示功能食品、营养食品、保健食品系列。

8. 美食体验品鉴：主要展示参展精品、漯河代表性产品，现场制作特色预制菜及加热即食产品，供嘉宾品鉴。

9. 酒水饮料展区：主要展示国产白酒、葡萄酒、啤酒、功能酒、进口酒、碳酸饮料、水、茶饮、果汁、常温奶品、功能饮料、咖啡饮料、乳制品等。

10. 食品辅料展区：主要展示食品辅料、调料、添加剂等。

11. 油脂油料食品展区：主要展示芝麻油、花生油、菜籽油、大豆油、玉米油、调和油、棕榈油、椰子油、葵花籽油、橄榄油、山茶油、富硒油、山苍子核仁油、翅果油、核桃仁油、杏仁油等各类高端粮油。

12. 云上食博会暨电商直播区：在展馆搭建电商直播专区，邀请知名网红直播带货。

分会场

1. 中原食品实验室分会场

活动地点：中原食品实验室

举办时间：5月15日—17日

活动内容：展示中原食品实验室研发创新能力，举办营养与健康产业发展论坛、食药同源产业发展论坛、中原食品实验室研究成果发布会以及中原食品实验室学术交流活动。邀请重点参会嘉宾在实验室参观考察。

2.沙澧河风光带分会场

展览位置：沙澧河沿岸重点区域

展览展示时间：5月1日—20日

活动内容：举办美食品鉴展和丰富多彩的文艺活动，组织美食小吃品鉴展销活动。

报名通道

预注册报名参观的采购商请扫描采购商报名二维码，5月16日—17日开展期间，凭注册成功后的二维码到漯河国际会展中心现场换证处（岷江路与黄山路东南角换证点或岷江路与祁山路东北角换证点）换证入场。

采购商报名于2024年5月15日17点截止。

二、观众邀请

观众邀请的方式

观众的定向邀请是提升展会观众有效性的重要方式。在阐述观众邀请的具体渠道前，需要对观众的分类有所认识。

（一）观众分类

一般而言，展会观众可分为专业观众及普通观众两类。

专业观众指从事与展会主题相关行业的产品及服务的开发、设计、生产、销售的专业人士，含有B2B性质。普通观众则指专业观众以外的其他观众，含有B2C性质。在行业实际当中，不同展会根据自身特点选择观众。部分展会仅对专业观众开放，例如中国国际进口博览会、CRE广州酒店餐饮业博览会暨大湾区预制菜产业展等，仅对专业观众开放。部分对专业观众及普通观众分时段开放，例如第五届中阿博览会，展期为8月19日—8月22日，其中，8月19日—20日为专业观众日，8月21日—22日为普通观众日；又如2023年服贸会，展期为9月2日—6日，其中9月2日—3日为专业观众日，9月4日—6日为普通观众日。部分展会则对所有观众完全开放，此类展会以消费类展会居多，如中国国际消费品博览会、中国国际名酒展等。

值得一提的是，"专业观众"与"普通观众"的概念并不等同于"有效观众"及"无效观众"。有效观众指符合展会参展商所期望的、能够有效参与展会现场商务洽谈或交流的、具有现场成交潜力的观众；无效观众则指参展商所不期待的，对现场成交或商务洽谈没有促进作用的观众。可见，普通观众并不等同于无效观众，对于某些消费性展览会，具有消费能力的观众是参展商高度重视的"有效观众"。

（二）专业观众邀请

随着通信科技特别是新媒体的发展，专业观众邀请渠道日益多样化，展会策划人员常用的邀请渠道包括互联网发送邀请函。组展方可在展览会开幕前一个月以邮件形式向观众发送电子版展会邀请函，一般每隔一周发送一次。运用该方式发送邀请函，成本低、时效性高、覆盖面广，是进行招商邀请的常用方法。除此之外，还有以下几种邀请方式。

1. 电话邀请

电话邀请一般在展览会开幕前的 50~60 天开始实施，由于邀请持续时间短，所以一般电话邀请需要经历发动、回访和确认等阶段，需要沟通 2~3 次。通过电话邀请，招商人员能够与目标客户直接沟通，了解客户反馈，是较有效的邀请方式之一。

2. 邮寄邀请函

在展览会开幕前 20 天左右，组展方还可向目标客户邮寄纸质版邀请函。此方式成本相对较高，但精准度高，能够将邀请函精准投放到目标客户处，是传统而高效的邀请方式。

3. 手机短信邀请

在展览会开幕前 10 天左右及展会开展期间，组展方可向目标客户发送短信邀请。邀请多以提示性质的通知呈现，内容应简洁明了，以便目标客户快速把握展会信息。

4. 媒体发布展会信息

在展览会开幕前 50~60 天，组展方可通过举办新闻发布会或相关专业媒体发布展会信息。该渠道信息容量较大，信息存留时间长，可以对展会进行深度宣传，能够有效提高展会的行业影响力。

5. 通过参展商邀请其客户

组展方还可通过参展商自有渠道，进行观众邀请。这一方式能够充分发挥参展商的能动性，邀请对象精准有效，组展方花费成本低，观众质量显著提高。

6. 新媒体邀请

新媒体的兴起为组展方提供了一个更高效、方便的观众邀请渠道。组展方可通过微信电子邀请函等形式，更加生动、活泼地向目标客户展示展会形象及特点，传播成本低、速度快、覆盖面广，是当前展会常用的邀请方式。

专业观众邀请案例：

邀请函｜欢迎组织专业观众参加首届中国国际供应链促进博览会

各会员单位：

2023年11月28日至12月2日，由中国贸促会（中国国际贸易促进委员会）主办，中展集团承办的首届中国国际供应链促进博览会（以下简称首届链博会）将在北京中国国际展览中心（顺义馆）举办。

举办链博会是中国贸促会贯彻落实党的二十大精神和习近平总书记关于维护全球产业链供应链稳定畅通重要讲话精神的具体实践，是推进高水平对外开放、服务构建新发展格局的创新之举。首届链博会主题为"链接世界，共创未来"，是全球首创以供应链为主题的国家级博览会，是上中下游融通、大中小企业链接、产学研用协同、中外企业互动的国际化高端平台。

首届链博会展览总面积10万平方米，设置智能汽车链、绿色农业链、清洁能源链、数字科技链和健康生活链5大产业链条以及供应链服务展区，将有来自50余个国家和地区的数百家全球知名企业参展参会，纵向展示各链条上中下游先进技术和产品，横向展示金融、物流和平台企业等服务生态。展会期间，还将举办开幕式暨全球供应链创新发展峰会，同时围绕5大链条举办5个专题论坛，以及供需对接会、行业研讨会、新品发布会等一系列配套活动，发布《全球供应链促进报告》，邀请相关政府有关部门、国际组织、世界500强企业负责人以及专家学者围绕产业链供应链共谋发展、共话未来。预计将有至少10万人参观参会。

目前全球招展工作进展顺利，已有来自20多个国家和地区的近300家世界500强、行业头部企业和隐形冠军企业提交参展意向，报名参展企业数量还在快速增加。

为深化产业交流，促进合作共赢，推动开放型经济高质量发展，诚挚邀请贵司届时组织专业观众参加首届链博会。

我们将竭诚做好贵司接待、洽谈合作等服务工作。衷心感谢贵司对首届链博会的大力支持！

附件：首届链博会宣传手册
中国国际商会专属观众中文注册链接
中国国际商会专属观众英文注册链接

中文注册页面二维码　　　　　　英文注册页面二维码

中国国际商会
2023 年 8 月 1 日

邀请函下方为邀请方联系人、联系电话及邮箱。
（信息来源：中国国际商会）

（三）普通观众邀请

对于普通观众的邀请，更加强调宣传渠道的覆盖面和社会影响力，主要包括以下方式。

1. 公众媒体宣传

组展方可运用各类平面媒体，包括报纸、杂志、户外广告，如车站广告、户外广告牌等，还有电视、广播广告等公众媒体发布展会信息，以吸引观众参展。

由于此类广告成本一般相对较高，所以组展方需要做好相关宣传时间节点、内容以及各渠道的组合方式的规划，使各类宣传能够充分发挥自身优势，促进展会招商工作的顺利开展。

2. 发放展会门票

在开幕前一周，组展方可将展会门票或邀请券通过夹报发放、邮政投递、委托相关招商合作机构及社会团体赠予等形式进行派发。

3. 网络信函邀请

组展方可与部分招商代理合作，在展览会开幕前 20 天向目标观众发送电子版邀请函，使展会能够引起公众关注。

第四节　会场布置

会议是企业、组织等各种机构进行交流、协商、决策的重要方式，会议的成功与否不仅取决于会议的组织者和参与者的素质，还与会议会场的布置有着密切的关系。会议会场布置是会议成功的重要保障，下面介绍会议会场布置的基本要求和一些技巧，帮助大家打造出独具魅力的会议场所。

一、会场的布置

会议场地是与会者交流、沟通的空间，是会议活动的基本环境。会议场地的布置要体现出与会议目标、主题、内容相协调、相适应的气氛，场内各种标志要显著、明确。

（一）主席台布置

主席台布置

主席台是会议场所的焦点，观众的目光和新闻的镜头全部都集中在这里。因此会议室布置的重中之重就是主席台。一个好的主席台布置不仅能吸引观众的目光，同时能很好地烘托会议气氛。

1. 主席台背景布置

主席台的背景是指会议听众正向面对的那面墙板。主席台背景布置最主要的是要突出会议的主题，暗示会议的类型和目的。主席台背景板上可以悬挂人像、旗帜、徽铭、会标、标语等。背景板上所悬挂人像一般是领袖像或者此次会议需要纪念的知名人士像。在国内的政治性会议上，常常会在背景板的左右两面分别斜插4~5面红旗，以显示会议的庄严神圣。徽铭和会标一般悬挂于背景板的正中；标语点出会议的主题，置于背景板的正上方。

有些会议场馆为了利用主席台的背景板凸显主题，会将投影屏幕分别设置在背景板的两旁，这样既不影响背景板的装饰，又可使会场的所有听众都能近距离观看投影资料。除了背景板的版面设计，主席台背景的灯光和色彩应用也相当重要。

就色彩方面来看，主席台的色彩应与活动的主题密切相关，同时也要考虑到与悬挂物如会徽、旗帜、会标等的色彩相协调。一般来说，红、黄、橙等暖色系列代表着热烈、辉煌、兴奋，因而用来装饰或隆重或喜庆或轻松的会议；青、绿、蓝等冷色系列代表着清爽、娴静，常用来装饰如专业性学术会议等较为严肃的会议。当然，色彩的应用千变万化，不同色彩相互搭配可以得到意想不到的效果。至今在欧美国家极为盛行的黑白晚宴是西方档次最高的几种社交宴会之一，其环境布置要求非常严格，宴会使用的道具及现场装饰全部为黑、白两种颜色。由黑白两色装饰的晚宴现场，配以爵士乐、拉丁舞等表演，使来宾享受纯正西式的宴会形式，体验高品位的西方文化。

2. 主席台花饰布置

花卉传情，不同的花卉所代表的意蕴不同，如在中国，月季、菊花、香石竹、唐菖蒲代表友谊长青，柳枝代表依依不舍，红石竹、香石竹（康乃馨）代表母爱，清一色的白色或黄色花束一般用于祭扫先人。装饰会场桌面或台面所用的鲜花也须慎重选择，不仅要考虑到美观，还需要考虑到参会人员的偏好和忌讳。如在欧洲，菊花代表着不吉祥，因此有欧洲人出席的会议上不要用菊花来装饰。

会场花饰的布置要根据会议的规模、性质等来布置。用于主席台的花饰分为盆花和插花。盆花通常置于背景板前或主席台边缘，一般以中、高档花草和观叶植物为主。如果只用植物作为背景，可用1.5~2米高观叶植物为主，如散尾葵、南洋杉、金山棕等。如果植物用来装饰背景板或置于主席台前，则可摆放四季花草、观叶植物，一般采用不超过20厘米、色彩分明的种类，常用的有一品红、红掌、仙客来、杜鹃等。同时还要考虑四周和会场的总体色调，使之整体呼应，以显示会议隆重和热烈的气氛。

蝴蝶兰、非洲菊、花烛、仙客来、百合、玫瑰等色彩艳丽的花卉通常用来布置讲台或会议桌，以表示隆重、喜庆。在各类的礼仪花卉形式中，配叶是相当重要的。市场上主要应用的配叶有铁叶、针葵、鱼尾葵、武竹、天门冬、大叶黄杨、肾蕨、文竹等。各类绿色的叶子象征了长青、长寿、长久、永恒之意。桌面或讲台的插花形状应根据台面的形状进行设计，如圆形桌面，插花的俯视图应呈圆形，而长形桌面的插花应呈椭圆形。插花的最高点一般距桌面20厘米左右，不超过30厘米，否则会挡住演讲嘉宾的视线。

3. 讲台的布置

由于会议的布置形式多种多样，讲台安放的位置也不同。一些大型会议，如全国人民代表大会，由于参会的代表和嘉宾较多，主席台上需要设置国家领导人座位以示隆重，这时讲台一般放置于主席台最前方的正中。如有需要，领导人也可以坐在座位上作长篇发言。环形会议室布置，如圆形、董事会型、U形等，每一位参会者可以平等地参与讨论和发言，因此讲台可以放在会议桌前方。当会议室摆放成课堂式或剧院式时，往往会在面向主席台靠左的地方专门设置一个讲台，演讲嘉宾将资料投影到正面的幕墙上，不会挡住听众的视线；若投影幕墙置于主席台的两边，则可将讲台置于主席台的正中央。

讲台所需配备的设施一般包括计算机、扩音设备等。计算机需要与投影设备相连，有时还需要连接互联网。扩音设备可以采用内藏式扩音设备，也可以用坐式话筒或者无线话筒，其音量与音质可通过视听设备控制室来控制。如有必要，还可在讲台上配台灯，以便演讲嘉宾能更清楚地看清讲话稿。在讲台上还需为演讲嘉宾提供茶水（或饮料）以及湿毛巾。

4. 主席台的布置

主席台的布置根据不同会议的需要会有所不同，但最常用的形式还是在主席台的中央摆放长条桌，桌子的长度根据就座主席台的人数而定。长条桌上通常要摆放鲜花、茶杯或矿泉水、桌签、纸和笔、话筒等。会议主持人一般坐在长条桌的一侧，面前摆放话筒。桌签上标有就座主席台的人员的姓名，国内会议使用中文标注，国际会议还需要使用英文标注，也可以同时使用中英文标注，中文在上、英文在下。主台右侧摆放讲台一个，有时候两侧均有讲台，讲台上也应摆放鲜花和话筒，供主持人或翻译人员及发言人使用。

（二）会场座位的布置

会议内容及参加人数不同，会场座位的布置也不同。会场座位的布置布局主要有以下几种类型。

1. 剧院式布局

剧院式布局（如图 4-2：剧院式布局）是在有限场地内使容纳人数达到最多的摆台形式，像电影院一样，参会者每人一把座椅，参会者座位前一般不设桌子，中间留有较宽的过道。

特点：在留有过道的情况下，最大限度地摆放座椅，最大限度地利用有限空间容纳更多人数，是最经济型的摆台形式。但参会者没有地方放资料也没有桌子可用来记笔记，最好每排不超过 7 人，第一排距讲台至少要 1.8 米，中央过道 1.05 米以上。最常见的剧院式排列是在座位中间设立通道，但是许多有经验的会议策划者会避免在座位中间设立通道，避免让演讲者面对一个没有座位的空通道。

适用：剧院式布局适合于例会和大型会议、演讲、分论坛或分组讨论前的集中会议等不需要书写和记录的会议类型。

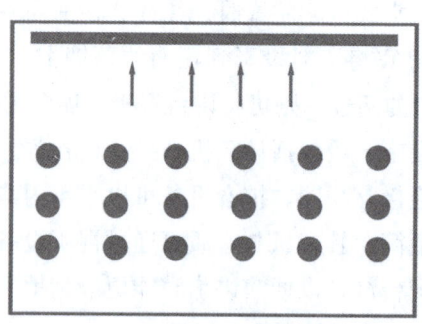

图 4-2　剧院式布局

另一种剧院式布局称为前排式（如图4-3：前排剧院式布局）：将主席台设置在会场的正中央，前面排列着一排椅子，供主席或嘉宾使用，后面的座位则向左右两侧延伸，形成一定的梯度，使得观众能够更好地看到主席台。将桌椅排成一排，面向讲台或舞台。适合小型会议或座谈会。

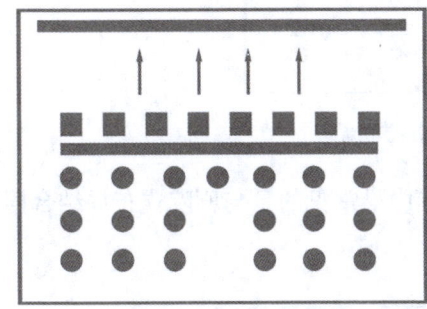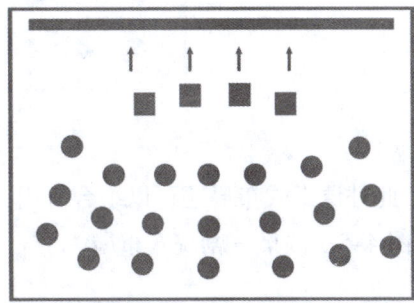

图4-3　前排剧院式布局

2. 课桌式布局

课桌式布局（如图4-4：课桌式布局）与剧院式布局相似，不同的是课桌式布局的座位前方均会摆放桌子，以方便参会人员做记录。也有一些会议厅是在座椅一边安装隐蔽式或折叠式写字台，这种布局形式也可归为课桌式。课桌式布局适用于专业学术机构举办的学术会议或具有培训性质的会议。

特点：此种类型布置可针对会议室面积和观众人数而定，在安排布置上有一定的灵活性；较剧院式会议摆台形式，参会者可以有放置资料及记笔记的桌子，还可以最大限度容纳人数。

桌子一般宽46厘米、长76厘米（有大量文字工作时）；主席台用宽76厘米的，长可选择1.2米、1.5米、1.8米。每排最好不超过6~7人，第一排桌子距讲台建议1.8米以上，中央过道宽度在1.05米以上。常用宽46厘米、长182厘米的长桌，可以坐3人。

最常见的课桌式布局是在座位中间设立通道，但与剧院式布局相同，要尽量避免正对主席台留通道，避免让演讲者面对一个没有座位的空通道。

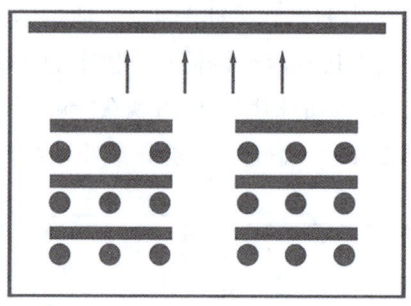

图 4-4　课桌式布局

此外课桌式布局还可以组合应用，其中最常见的是与剧院式布局结合摆放（如图 4-5：课桌+剧院式布局）。

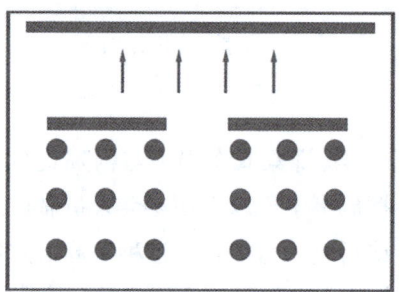

图 4-5　课桌+剧院式布局

3. 指挥式布局

指挥式布局（如图 4-6：指挥式布局）是课桌式布局的延展，前方有主席台、有监控 LED 屏幕，全体面对大屏幕，通常适用于指挥中心、电视电话分会场等。

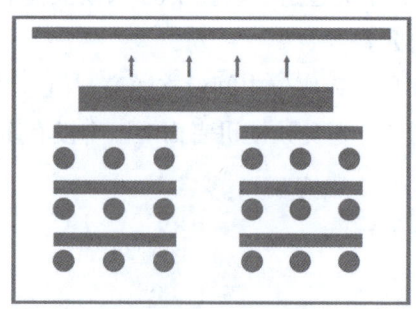

图 4-6　指挥式布局

4. 宴会式布局

宴会式（圆桌式）布局［如图4-7:（宴会）圆桌式布局］，是将桌椅排成圆桌形，通常用中式圆桌居多，常用于宴会的摆台，桌与桌之间留有过道。

特点：一桌最多可容纳5~12人。宴会式布局一般用于中餐宴会或培训性会议。在培训性会议中，每桌安排6人左右就座，这样有利于同桌参会人员的互动和交流。除了主桌之外，其他圆桌没有摆台方向的区分，一般用直径1.8米的10人桌。主桌则用更大的12人桌。该布局的优势为能够突出主桌的地位和作用，使会议气氛轻松和谐，方便与会者谈话和交流，但同时要求会议主持人具有较强的组织能力和控制会议的能力。

适用：适合小型会议或小型商务宴请、用餐以及年会场合。更多用于年会、晚宴、聚餐类台型。

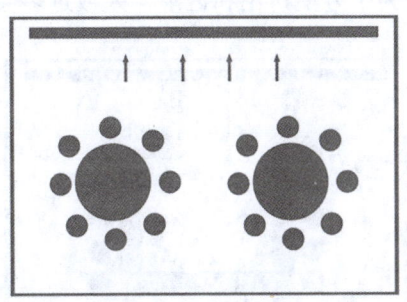

图4-7　（宴会）圆桌式布局

5. 方桌式布局

方桌式布局（如图4-8：方桌式布局）被视为圆桌式布局的延展，在会场设置多个方桌，围绕每个方桌放置一定数量的座椅，适合于小型会议或圆桌会议。

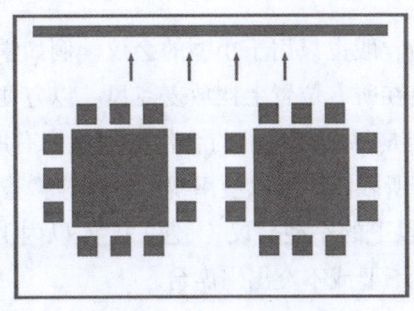

图4-8　方桌式布局

6. U 字形布局

U 字形布局又称马蹄式布局（如图 4-9：U 字形布局），U 字形布局是将座位设置成一个 U 形，中间留出空地。如需设置投影，投影机可以放在 U 形的开口处。相对于同一面积的会议室而言，这种布局方式能容纳的人数最少。

特点：U 字形布局中间通常会放置绿色植物；不设会议主持人的位置以营造比较轻松的氛围；建议多摆设几个麦克风以便自由发言。

桌子有 46 厘米宽（用于单侧坐人）、76 厘米宽（用于两侧坐人）等。有的在外侧增设座位。桌边距墙至少 1.35 米，最好 1.5 米。

适用：U 字形布局一般适合 40 人以下中小型会议或座谈会，方便面对面交流、记录，领导坐在短边，投影机放在开口中央。不过也有大型会议室设置 U 形会议桌的案例，主要取决于会议目的和性质，但常规会议不建议人数太多，此类会议本质上是为了方便讨论和记录，人数过多会比较混乱。

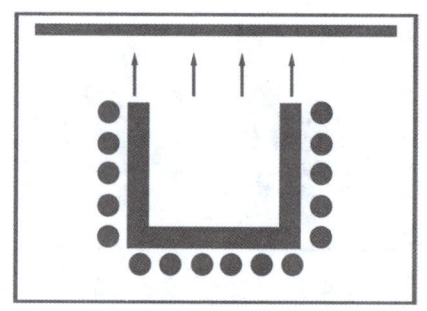

图 4-9　U 字形布局

7. 回字形布局

回字形布局又叫四方桌布局（如图 4-10：回字形布局），也称中空形布局，是指将会议桌摆成一个封闭的"回"字形，并把椅子放置在会议桌外围的会场布置方式。

特点：回字形布局一般也只用于小型的会议。例如学术研讨会，前方设置主持人的位置，可能会在所有位置上摆放麦克风，以方便不同位置的参会者发言。因此该布局的优势是易形成融洽与合作的气氛，有助于相互交流与沟通，但也存在对会议人数有所限制，难以使用视听设备等劣势。

适用：适合 40 人以下的小型会议（最好 25 人以内）。此类会议更加注重交流，不宜人数过多，不要或不突出主席台。

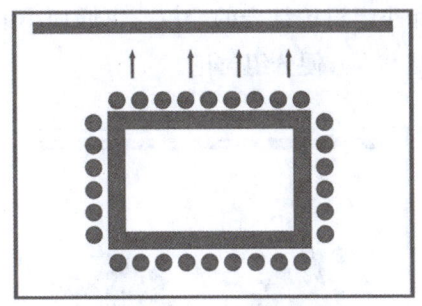

图 4-10　回字形布局

8. 董事会式布局

董事会式布局（如图 4-11：董事会式布局），是在圆形或椭圆形大会议桌周围摆放座椅，按照主次落座。这种会场布局常用于双边会谈或会见。

特点：一般 10~20 人，两排 1 米宽的桌子并排或使用椭圆形会议桌，两侧对面坐人。更常见的是永久性会议室布局。每座宽至少 60 厘米，最好 75 厘米，桌边墙距至少 1.5 米，桌宽（拼桌）最好 1.5 米。

适用：适合人数较少、档次较高的会议要求，如正式会客、接待重要来宾、委员会会议等，便于营造专业和严肃的企业形象，距离较近，容易产生近距离的交流感。

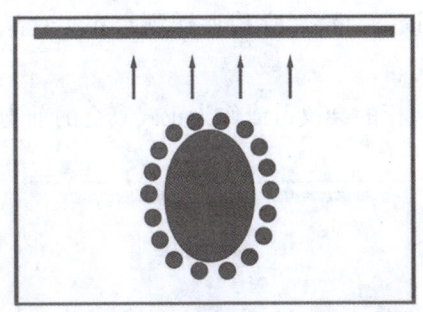

图 4-11　董事会式布局

9. 鱼骨式布局

鱼骨式布局（如图 4-12：鱼骨式布局）是将会议室的桌子按照鱼骨架即八字形依次摆开，在桌子的周围摆放座椅，组与组之间留出走路的间隔，使整体样式显现出一种鱼骨的形状。

特点：背对舞台方向不放置座椅，有 1.2 米（6 人）、1.5 米（8 人）、1.8 米（10 人）的桌子，少坐人可更舒适。

适用：适合研讨和小组讨论结合的会议，可增加小组间的交流，同时，还可以听会议主持人的发言，方便分组讨论。

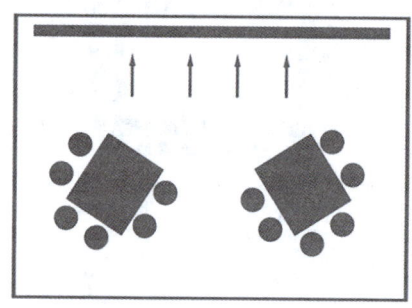

图 4-12　鱼骨式布局

10. 酒会式布局

酒会式（鸡尾酒会）布局（如图 4-13：酒会式布局）一般只摆放供应酒水、饮料及餐点的桌子，不摆设椅子，是以交流为主的一种会议摆桌形式，源于西方的酒会形式。布置比较灵活，一般不安排或仅安排少量座位，大家拿取食物后可自由走动交流。鸡尾酒式布局所能容纳的人数仅次于剧院式布局。

特点：自由的活动空间可以让参会者自由交流，构筑轻松自由的氛围，经常与其他摆台形式结合使用。可配少量的高圆桌（直径 38~76 厘米）、沙发椅等，客人主要站立交谈，有侍者穿梭递送酒水和小食品，或放于小的布菲台上，可设现场的服务吧台。

适用：适合较为轻松的会议，或作为正式宴会的前奏。

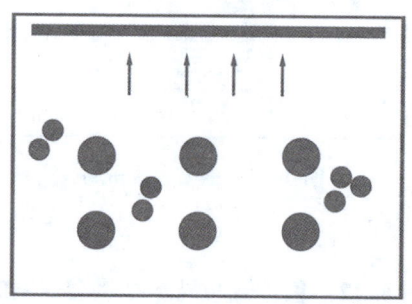

图 4-13　酒会式布局

11. 会见式布局

会见式布局（如图 4-14：会见式布局）一般用于高端会见或外事会见，或者大会前的短时间休息、洽谈，此类会议布置一般时间较短，级别较高，对接待规格要求也会很高。

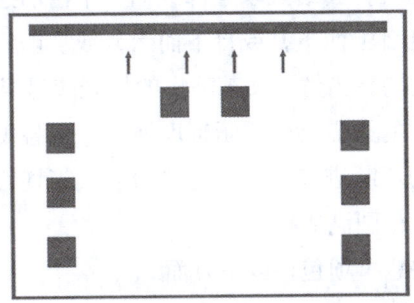

图 4-14 会见式布局

12. 西式宴会式布局

西式宴会式布局（如图 4-15：西式宴会式布局）与宴会式布局类似，但偏向于西方的布置风格，同样适用于宴请、宴会等，通常会在长条桌两侧设置座椅，让与会者能近距离交流。

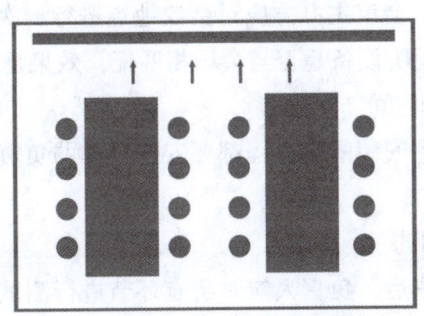

图 4-15 西式宴会式布局

除了以上常见的会场布局方式，会场布局还有 T 形、E 形、多 U 形等多种方式。不管采用何种形式，会场布局的目的都是为会议服务，或方便进出，或增强沟通，或高效传递信息。因此，会场座位布置应根据会议的规模和性质以及需要营造的会议气氛来安排，既要符合会议组织者的要求，又要做到合理使用会议场所。

（三）会场视听设备布置

视觉和听觉是会议过程中最重要的感官，而视觉的好坏则来自灯光的应用，尤其是主席台上灯光的使用。主席台的照明强度通常较台下的要高，其目的是将听众的目光聚集到演讲者身上。灯光投射的角度也很有讲究，灯光一般从前上方投向演讲嘉宾，灯光颜色以明亮柔和的白色为主。如果灯光从下往上或者从背后投向演讲嘉宾，会给人以恐怖或面容不清的感觉。彩色的灯光可以用来烘托背景板，灯光自上而下，或自下而上，或从前方直射均可，但要求射向背景板的灯光左右均匀。当然，文艺演出的灯光应另当别论。

视听设备是会议中的必需品，用于辅助演讲、代替现场发言、进行娱乐活动等。随着技术手段的不断进步，富有经验的会议策划者都会充分利用先进的视听设备，以使会议取得圆满成功。

视听设备布置的注意事项包括以下方面。

1. 确认视听设备来源

一般而言，会议中心都有视听设备供客户使用，这是会议中心作为专业的会议场所必备的服务条件。如果会议中心没有视听设备，则会议主办方可以找一家会议服务公司，通过租赁的方式，由其提供专业的同步翻译和视听设备，从而为会议服务。

2. 实地考察

在会议筹备期间，会议主办方应对会议地点进行一次实地考察，其中重要的一项内容就是检查视听设备是否与会场相匹配，效果是否处于最佳状态。

3. 确认安装完毕的时间

视听设备从租赁到安装的全过程都要安排具体的负责人，并明确安装完毕的时间。

4. 视听设备使用测试

视听设备安装完毕后，负责人应对所有环节进行测试，各操作人员应熟悉操作过程，会议召开前还要安排大会主持人熟悉会场和使用视听设备。通过使用测试，会议主办方可以及早发现问题，以便在会前加以纠正。

二、会场通道的设计和布置

会场通道的设计与布置应根据会场整体布局、会议的规模、主席台的方位、入口位置以及消防需要等实际情况而定。国际上一般规定，400人以上的会场，其过道宽度为1.8米左右，小型会议则为1.2~1.5米。如果会议要方便台下提问或需要传递麦克风，最好有两条以上通道。最前排的椅子与主席台或讲台应有1.2米以上距离。最广泛使用的礼堂式或半圆形会场中央有一条过道，宽度在1.8米左右，与主席台或讲台的距离至少要2.4米。较大的会议厅里，在前后和中央都要各安排一条横穿的通道以符合消防需要。

会场通道设计和布置主要有以下几种模式。

1. "田"字形模式

纵向横向各有一条通道，将整个会场划分成 4 个部分，形成"田"字形模式。

2. "丁"字形模式

会场通道将整个会场划分成两个部分，一种是入口开在主席台正对面，一种是入口开在主席台的左右两侧，形成"丁"字形模式。

3. "而"字形模式

会场通道将整个会场划分成 3 个部分，中间两条和边上两条共 4 条纵向通道和主席台前一条横向通道形成"而"字形模式。

4. "0"字形模式

扇形座席安排，形成"0"字形模式。

5. "川"字形模式

中间有 3 条纵向通道，将整个会场划分成 4 个部分，形成"川"字形模式。

三、会场布置关注细节要求

（一）椅子摆放质量标准或要求

搬运时轻拿轻放，椅子干净，摆放整齐美观；课桌式横看、竖看、斜看成一条直线；准备若干把备用椅子，以备不时之需。

会场布置细节

（二）悬挂会议横幅质量标准或要求

会场布置时不仅要求横幅文字正确无误，同时要求印制的会标字迹美观大方，内容清晰明了。

（三）摆放席位卡质量标准或要求

会场布置的席位卡应庄重大方，摆放整齐；席位卡信息需反复核对，确保无误。

（四）摆放信笺纸、笔质量标准或要求

信笺中心线在一条直线上，笔尖朝前呈 45 度摆放在信笺上，笔尾靠信笺下端，标志朝上。

（五）矿泉水或水杯要求

摆放整齐、统一，且横看、竖看、侧看都呈一条直线。

（六）摆放指示牌质量标准或要求

指示牌庄重大方，文字表述清楚，诠释的信息清晰、指引性强。

（七）会场设备质量标准或要求

音质好，无噪声，音量适中，所有座位均能听清。

思考与练习

一、思考题

1. 在会展活动前期，会展工作人员沟通与协调对象有哪些？
2. 对待不同类型的参展商，会展工作人员该如何进行沟通与礼仪表达？
3. 对待专业观众与普通观众，该如何进行有效邀请？
4. 如何针对不同类型的会议布置恰当的会场座位？

二、练习题

1. 会展销售模拟演练，要求学生分组进行展位销售模拟训练，要求关注沟通技巧与销售礼仪的正确运用。
2. 利用所学知识和"易企秀"APP平台，制作一份学校大型活动的观众邀请函。

第五章

会展活动现场沟通与礼仪

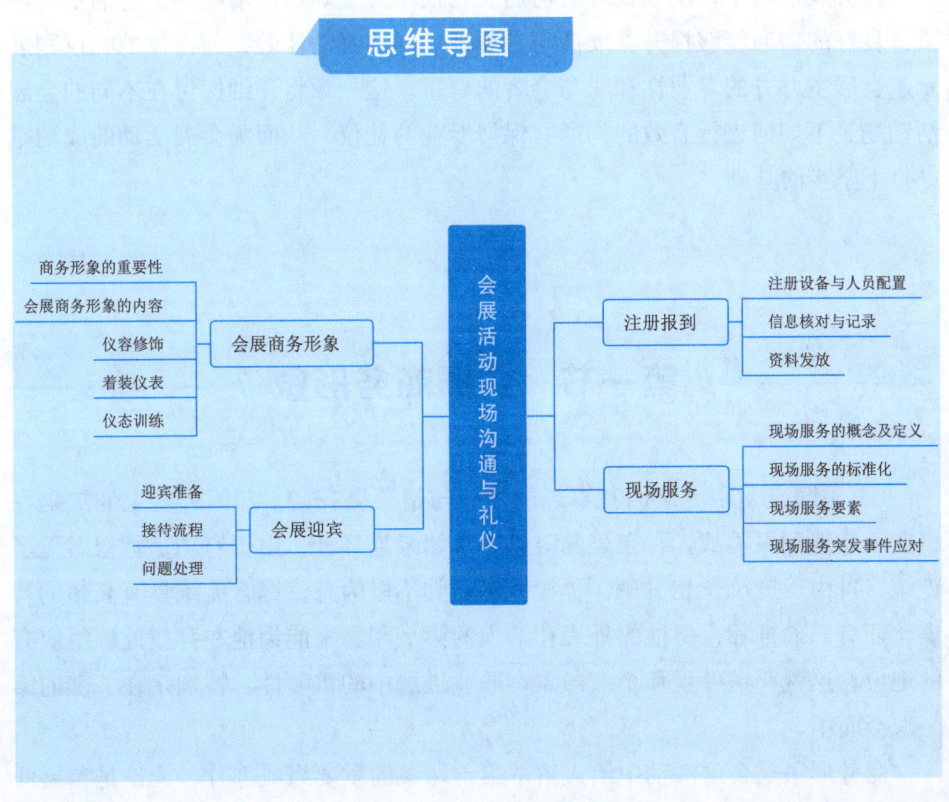

> 📌 **学习目标**
>
> ● **知识层面**：了解会展活动中的商务形象和礼仪规范；理解在会展中展示专业形象的重要性，以及迎宾、注册报到、现场服务中的礼仪标准。
>
> ● **技能层面**：掌握会展商务形象的打造和注意点，学会如何在会展中建立和维护专业形象；掌握会展活动中的沟通技巧，包括迎宾、注册报到、现场服务各环节中的有效沟通方法和礼仪操作。
>
> ● **素养层面**：提升会展活动中的沟通和礼仪能力，培养在会展现场展示得体行为并有效沟通的能力，增强在专业环境中的自信和表现力。

在会展活动中，现场良好的沟通及礼仪呈现是确保活动顺利进行的重要因素。良好的沟通能够提升参展商与参观者之间的互动体验，而得体的礼仪则展示了会展主办方的专业性和对与会者的尊重。这一章将详细探讨在不同的会展活动场景下如何进行有效的沟通并保持专业的礼仪，从而为会展活动的成功举办打下坚实的基础。

第一节　会展商务形象

《三国演义》中庞统因其卓越的才智与诸葛亮齐名，却因外貌上的缺陷在事业上遭遇重重挑战。在东吴的时候庞统始献连环计，由于有功，孙权召见了庞统，可由于庞统长相丑陋，孙权竟然对其不以为意。尽管庞统具有高超的智谋，还有周瑜推荐，但他的外表和给人的第一印象未能为他在孙权处赢得应有的地位。这说明了外观和个人形象在职业进展中的重要性，特别是在关键的第一次会面中。

商务形象是会展活动中给人留下第一印象的重要组成部分。无论是参展商还是会展工作人员，整洁的仪容、得体的仪表和自信的仪态都能传递出专业和可信赖的信息。本节将介绍如何在会展活动中保持良好的商务形象，帮助参展者以最佳的状态展示自己和企业。

商务礼仪形象涉及的是个人在商业环境中展示的外在形象和行为举止，它对个人的职业发展、企业形象以及商业关系的建立和维护具有重要影响。商务礼仪形象不仅包括穿着打扮、仪容仪表，还包括专业的行为标准、交流技巧和社交礼仪。在会展活动中，参与者的商务形象是建立信任与专业印象的关键。

一、商务形象的重要性

庞统的故事说明了形象在职场的重要性。在会展商务领域，注重商务形象的重要性不容忽视。一个出色的商务形象，不仅能展现出个人的专业素养，更能为企业带来无限的商机和发展潜力。

（一）商务形象是个人能力和品质的直观体现

人们常说，"先敬罗衣后敬人"；《孔子集语·劝学》中说，"君子不可以不学，见人不可以不饰"，这些都强调与人相见时适当的打扮是对别人的尊重，只有自己尊重别人了，别人才会尊重自己。这些观念至今仍对现代商务礼仪产生影响，强调了在公共与专业场合中保持良好仪容的必要性。

一个穿着得体、举止优雅、言谈有礼的商务人士，无疑会在商务谈判中占据有利地位。他们的形象传递出自信、专业和可靠的信息，使对方更愿意与他们合作。

（二）商务形象是企业形象的延伸

在商务场合，个人的形象往往代表着企业的形象。一个具有良好商务形象的员工，能够为企业赢得更多的信任和尊重，从而为企业带来更多的商业机会。

（三）注重商务形象有助于提升个人的职业竞争力

西方科学家的55387定律是指在面对面交流中，55%的影响来自肢体语言，如面部表情和姿态；38%来自语调；只有7%来自所说的话。这个定律凸显了整体形象在人际交往中的重要性，其中仪容和仪表占据了非常重要的位置。因此，整洁的外观和得体的行为可以极大地提升交流效果。

在竞争激烈的商业环境中，拥有优秀的商务形象无疑能够让自己在众多竞争对手中脱颖而出。通过精心打造个人商务形象，我们能够更好地展现自己的实力和特点，进而在职业道路上取得更好的成绩。

（四）第一印象具有重要作用

第一印象，也称为"首轮效应"，是指一个人在初次接触或第一次遇见某人时所形成的看法和评价。第一印象是一个短时间评价的综合体，不仅涉及仪容仪表的礼仪要素，还涉及沟通能力。这种印象通常在几秒钟内形成，但对后续的感知和评价却具有长远的影响。

研究表明，在会见新人的最初几秒钟内，人们就会基于外观和行为做出快速判断。尤其是现在人都比较忙碌，往往没有时间及时了解一个人的能力，而更加依赖第一印象的判断。虽然第一印象会造成一些偏误，但第一印象一旦形成，就可能对个体的长期看法产生影响，即使后来有相反的证据出现，改变这种印象也相对困难。

在2019年国际汽车展览会上，某企业的展台接待人员因专业的形象和热情的服务，获得了参展商的特别表彰。展员们服装统一，仪表得体，仪态亲切而专业，有效地吸引了大量参观者并促成了多笔交易。

二、会展商务形象的内容

商务形象的建立是专业人士在职场上成功的关键因素之一。它不仅影响个人职业发展，还影响企业文化和业务关系。良好的商务形象可以提高个人信誉，增强团队和企业的整体形象。商务形象是职场和商务环境中非常重要的一个方面，它直接影响到个人如何被同事、客户和其他业务联系人所看待。良好的商务形象不仅表现在语言方面，更为重要的是展现在个人的仪容、仪表和仪态上。

（一）仪容

仪容主要指一个人的容貌外观。容貌和外观主要取决于基因，但外表和整体的干净、整洁状态是人为的，可通过清洁、修饰、化妆等改变形象。在商务环境中，良好的仪容不仅反映了个人的职业态度，也是尊重他人的表现。

如一名销售代表前去拜访一个潜在的重要客户。这位销售代表在出发前没有注意自己的个人卫生：他穿着的衣物虽然整齐，但由于未洗涤，带有明显的汗渍和不愉快的气味；他的头发也显得油腻，并且没有使用任何香水或除臭剂来改善自身的体味。在与客户会面时，尽管他提供了优质的产品信息并进行了充分的准备，但客户很快就因他身上的气味和不整洁的外观而分心，无法专心听取他的陈述。客户敷衍地听了几句后就以有事为由结束了此次会面。这不仅影响了销售代表给客户留下的第一印象，也降低了成交的可能性，因为客户会认为这种不注重个人形象的表现反映了其专业性差和对业务的不认真态度。苹果公司的创始人史蒂夫·乔布斯，虽然他通常穿着简单的黑色高领衫和牛仔裤，但他总是确保衣物干净整洁，这成为他的标志性形象之一，反映了他对产品设计简洁性的追求。

（二）仪表

仪表通常指人除了仪容外的外表形象。可通过着装、饰品等方面修饰得到良好的形象。良好的仪表可以给他人留下积极的印象，展现出个人的修养和气质。在商务社交中，良好的仪表礼仪能够增强个人形象的专业度和亲和力，提升沟通和交流的效果，有助于建立良好的人际关系和商务合作。

"仪表之于人，犹箭之于猎者，虽精而有失其的，惜乎！"杨慎《燕京岁时记》中的这句话强调了仪表在个人形象中的重要性，就像猎人精心选择箭矢一样，仪表也需精益求精，方能完美呈现。

（三）仪态

仪态指的是人在行为举止中的姿态、行为和行动方式，包含站姿、坐姿、走姿、手势、面部表情等。正确的仪态可以传达自信、修养和对人的尊重态度。仪态是可以通过文化修养、训练学习得到的良好的形象。

《礼记·玉藻》中谈到君子"九容"："足容重，手容恭，目容端，口容止，声容静，头容直，气容肃，立容德，色容庄。"这"九容"是儒家思想中对君子举止风度的要求，体现了内在品德和外在举止的统一，旨在塑造君子高尚的品格和端庄的形象。

三、仪容修饰

所谓细节看修养，良好的仪容仪表在日常生活和工作中不仅反映出一个人的精神状态和素养，也是形成"第一印象"的关键因素。虽然天生丽质的人较为少见，但每个人都可以通过维持个人整洁、适当的化妆等方式来改善自己的外观。这样的努力可以让我们在不同场合中展现更佳的形象，从而获得积极的评价和更多的机会。

(一)仪容修饰的基本要求

1. 干净

保持身体、衣物和鞋袜的清洁是基本要求。这包括洗手、修剪指甲、清洗头发等。干净的外表会让人感到舒适和愉悦。

2. 整洁

衣着整洁是商务场合的基本要求。确保衣服无皱褶、无污渍,并且合身得体。同时,也要保持个人物品的整洁,如包包、文件夹等。

3. 卫生

保持口气清新,牙齿洁白,这是与他人交流时的基本礼貌。另外,合理使用香水或淡香水,不要过度使用,以免影响他人。

4. 简约

在服装和化妆上不要过分浓重或花哨,保持简约大方的风格。选择经典的款式和颜色,避免过于张扬或个性化的装扮。

5. 端庄

保持姿态端正,行为举止得体。注意言谈举止,保持礼貌和谦虚的态度。端庄的形象会让人觉得稳重和可信赖。

(二)仪容美化层次

仪容美化是一门艺术,可以使个人在社会交往中呈现最佳的形象,不仅使人看起来更吸引人,也能够提升自我感觉和社会评价。这种全方位的美化方法,使得仪容不仅限于表面的装扮,而是成为一个人全面素质的体现。仪容美化包括了自然美、修饰美和内在美三个层次。

1. 自然美

这是指人的天然特征和外貌,如肤质、面部特征、身体形态等。自然美强调的是个体的自然状态和天赋的外观,以及如何通过健康的生活方式(例如适当的饮食、足够的睡眠和规律的运动)来维护和提升这些天然特质。

2. 修饰美

这涉及使用化妆品、发型设计、服饰搭配等外在因素来优化或改变一个人的外观。通过修饰美,人们可以突出自己的优点、掩饰不足之处,以此来适应不同的社交场合和个人喜好。它是对自然美的一种补充和强化。

3. 内在美

内在美是指一个人的气质、教养、自信、善良和智慧等内在品质。这些品质通过个人的行为和言谈表达出来,对他人产生深刻的影响。内在美是持久的，并且可以通过自我修养、持续学习和心理成长等方式不断提升。

（三）仪容美化的主要部位

1. 面部整体

保持面部皮肤清洁，使用适合肤质的洁面产品，并定期去角质。使用保湿霜或面霜，保持肌肤柔软和水分充足。如果有需要，可以考虑使用防晒霜以保护皮肤免受紫外线伤害。

2. 眉毛

修剪眉毛，保持整洁的眉形，避免太浓或太细。使用眉笔或眉粉填补眉毛间的空隙，让眉毛看起来更饱满自然。

3. 眼睛

确保眼部周围皮肤保持充足的水分，避免出现眼袋和黑眼圈。使用眼霜轻拍眼部肌肤，保持其弹性和光泽。注意眼睛的清澈和神采，保持充满活力的眼神。

4. 耳朵

定期清洁耳朵，特别注意外耳道，避免耳垢积聚。耳朵周围的毛发也需要注意修剪，保持整洁的外观。

5. 鼻子

定期清洁鼻孔，防止鼻屎的产生，并保持鼻部肌肤的清洁和舒适。如果有鼻毛过长的情况，可以考虑修剪以保持整洁。

6. 嘴部

使用唇膏或润唇膏保持嘴唇的湿润和柔软。定期去除嘴唇周围的死皮，保持嘴唇肌肤的健康状态。

7. 手部

定期清洁双手，尤其是指缝和指甲间的污垢。使用护手霜保持手部皮肤的水分和柔软度。

8. 指甲

保持指甲的适度修剪，使其与指尖长度相符，避免过长或过短。使用指甲锉修整指甲边缘，使其光滑均匀。涂抹适当的指甲油或者保护指甲的产品，保持指甲的健康和美观。定期进行指甲保养，使用护甲油滋润指甲及指甲周围的皮肤。

9. 胡须（男士适用）

定期修剪胡须，保持整洁的外观。使用适当的胡须护理产品，如须油或者须膏，使胡须柔软并且容易打理。

10. 脖颈

保持脖子周围皮肤的清洁和舒适感。使用适当的护肤品滋润脖颈肌肤，防止干燥和皱纹的产生。

11. 体味管理

避免身体有异味产生，使用香体露或除臭剂，特别是在炎热或需要密切接触他人的环境中。

12. 发型

人们常说"远看头、近看脚"，可见头部对一个人的影响力。商务人士的头发要求通常旨在传达专业和整洁的形象。以下是一些常见的建议。

（1）保持清洁和整齐：无论是男性还是女性，头发应保持清洁并且整齐。这不仅显得专业，也有助于留下良好的第一印象。

（2）传统发型：传统的商务发型通常比较保守。男性可能会选择短发，边缘整齐；女性则可能选择将长发盘起或扎成简单的马尾辫。

（3）避免过于前卫的发型和颜色：在大多数传统行业中，过于前卫或非传统的发色（如粉红色、蓝色等）和发型可能不被认为是专业的。

（4）适应行业标准：不同的行业可能有不同的标准和期望。例如，创意行业可能容许更多样化的发型和发色。

（5）定期修剪：定期修剪头发可以维持发型的形状和整洁度，对于保持专业形象非常重要。在商务环境中，男士的头发长度通常要遵循以下更加具体的规范，以确保保持整洁和专业的形象。

前不遮眉：头发应该被修剪得不会遮挡眉毛。这有助于保持面部清晰可见，显得更加整洁和专业。

侧不掩耳：侧边的头发不应该覆盖耳朵。保持耳朵露出可以增加整体的整洁感，同时也符合传统的商务装束标准。

后不及领：头发的后部不应该超过衬衫的领口。这样可以避免头发在穿着西装外套时显得不规整或杂乱。

（四）女士妆容修饰

女士在商务场合中化妆，可以增强自信心、展现专业形象、提升整体外表的整洁度和精致感。以下是女士在商务场合化妆的要点、步骤以及具体操作要领。

1. 女士化妆的要点

（1）自然简约：商务场合化妆应以自然简约为原则，避免过于浓重或艳丽的妆容，突出素雅和专业感。

（2）修饰肤色：均匀肤色、遮盖瑕疵，但同时保持自然质感，不要过分浓妆艳抹。

（3）突出眼神：注重眼部妆容，适度加强眼部轮廓和眼影，提亮眼神，增强自信和专注度。

（4）唇部自然：选择自然色调的唇彩或唇膏，塑造淡雅唇色，增添气质。

（5）持久性：使用持久性良好的化妆品，确保整个工作日的妆容持久、不脱妆。

2. 化妆的步骤

（1）准备工作：清洁面部，使用洁面产品彻底清洁皮肤。使用化妆水或爽肤水调理肌肤，收缩毛孔，为后续步骤做好准备。通常还会使用眼霜、乳液、精华、面霜等。

（2）打底（隔离＋防晒）：使用适合肤质的保湿霜或隔离霜/防晒霜，均匀涂抹在面部，为妆容打好底子。

（3）遮瑕：使用遮瑕膏或遮瑕笔，涂抹在需要遮盖的瑕疵或色斑上，轻轻拍匀。

（4）上妆：使用粉底液或粉饼，均匀涂抹在整个面部，注意颈部过渡自然。如果需要，可以使用散粉定妆，提升妆容持久度。

（5）眼妆：使用眼部打底产品，增加眼部妆容的持久性。使用淡雅的眼影色系，轻柔地晕染在眼窝处。使用眼线笔或眼线液勾勒出自然眼线，不要画得过粗或过长。刷上适量睫毛膏，突出眼睛轮廓，增加神采。

（6）唇妆：使用唇部打底产品，使唇色更加均匀。选择适合场合的自然唇色，涂抹唇膏或唇彩，轻轻一抹即可。

（7）修容：使用修容产品，打造面部立体感，突出五官轮廓。使用腮红增加面部气色，打造健康肌肤效果。

（8）定妆：使用定妆喷雾或定妆粉，固定整个妆容，增加持久性。

3. 具体操作要领

（1）涂抹产品：使用海绵或化妆刷，将产品均匀地涂抹在面部，避免留下明显的边界。

（2）晕染眼影：使用眼影刷晕染眼影，使色彩过渡自然，避免出现硬性边界。

（3）画眼线：从眼角开始，轻轻地将眼线笔或眼线液沿着睫毛根部画出眼线，注意线条流畅自然。

（4）涂抹唇色：使用唇刷或直接涂抹唇膏，轻轻晕染唇部边缘，使唇色均匀自然。

（五）个人仪容自我检查

仪容美化后，可根据表 5-1 中项目进行自我检查，查看仪容是否符合要求。

表 5-1 个人仪容自我检查表

个人仪容自我检查表

日期：_____   姓名：_____

检查部位：面部
□面部皮肤干净整洁，无油光
□妆容自然，无脱妆或花妆现象
□口红颜色适合，无残留或晕染
□脸部表情自然，不生硬或夸张

检查部位：眉毛
□眉毛整齐，无杂乱或过度修剪
□眉形对称，与面部轮廓协调

检查部位：眼睛
□眼睛明亮有神，无红血丝或浮肿
□睫毛干净整齐，无结块或脱落

检查部位：耳朵
□耳朵干净，无明显污垢或异物

检查部位：鼻子
□鼻子无明显黑头或油脂分泌
□鼻孔干净，无明显分泌物
□鼻毛是否露出

检查部位：嘴部
□嘴唇湿润，无干燥或裂纹
□牙齿洁白整齐，无食物残渣

续表

检查部位：手部
□手部皮肤干净整洁，无明显污垢
□手指甲修剪整齐，无残留物
检查部位：胡须
□胡须修剪整齐，无散乱或蓬松
检查部位：脖颈
□脖颈皮肤干净整洁，无颈部皱纹或污垢
检查部位：头发
□头发整洁，无散乱或油腻
□发型造型得当，与个人形象协调
□头发长度是否合适：前不遮眉、侧不掩耳、后不及领
检查部位：妆容
□妆容整体协调，无明显瑕疵或不协调现象
备注：_____

四、着装仪表

自古以来均言"人靠衣装马靠鞍"，讲究衣着得体，仪表端正。今日之世，虽时尚潮流更迭，但着装仪表之重要，仍不可忽视。在职场之上，着装更是关乎个人形象与职业素养。着装仪表应因人而异，同时应尊重自己的个性与风格。

（一）着装 TPO 原则

着装 TPO 原则是对着装起指导作用的原则。是英文 Time、Place、Occasion 的首个字母的组合，即着装选择应考虑适时、适地和适宜场合，以确保尊重相关的社会和文化规范。

（1）Time（时间）：可以指一天中的不同时间（如白天或晚上），也可以指年度中的不同季节。例如，夏季可能更适合穿着轻薄的衬衫和裤子，而冬季则需穿着更多保暖的衣物；白天的活动可能更适合业务休闲装，而晚上的正式活动如晚宴则可能需要黑色礼服或晚礼服。

（2）Place（地点）：可以指不同地点选择不同着装，可以是室内和室外相区别，也可以是根据不同地理位置做差异化选择。例如，室外活动可能需要

更加休闲和适应天气的服装；在较为保守的国家或地区，应选择更为保守的服装。

商务场合中，不同的公司和行业之间也有差异，科技初创公司可能接受更休闲的着装，而律师事务所或金融机构可能需要更正式的商务装。

（3）Occasion（场合）：是指根据不同场合或活动的性质选择不同着装，商务活动、正式晚宴、休闲聚会等，每种场合都有相应的着装标准。例如，参加婚礼通常需要正式的礼服；参加家庭聚会着装可以更加休闲；参加商务活动通常需要穿着职业装，但也要根据会议的正式程度来决定是否需要穿西装还是可以休闲一些。

应用TPO原则（如图5-1：TPO原则），不仅能帮助个人选择合适的服装，避免穿着不恰当，还能展现对他人的尊重和对场合的敏感性。这一原则特别适用于全球化的工作环境和社交场合，因为它强调了对多样化文化背景的考虑和尊重。正确地应用TPO原则，可以在不同的社交和职业场合中给人留下良好的印象。

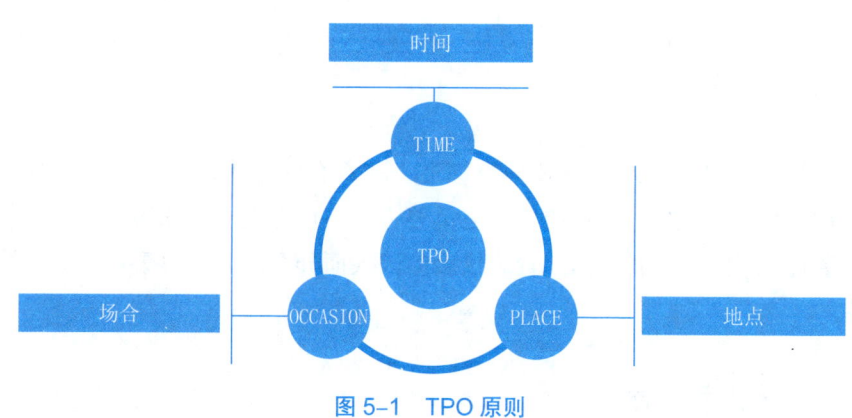

图5-1 TPO原则

（二）着装分类

着装的分类通常根据其穿着场合的不同进行划分，以适应不同的活动和环境需求。以下是对常见的几种着装类型——商务着装、职业装、休闲装、运动装、工作服、礼服或晚礼服的介绍。

1. 商务着装

商务着装通常指在正式商业环境中穿着的服装，它强调的是专业性和正式感。商务着装可进一步细分为正装和休闲装。

商务正装：适用于重要的商务会议、客户见面等场合，包括男士的西装、衬衫、领带及正装鞋；女士则为套装裙或套装裤，搭配合适的高跟鞋。

商务休闲装：相对较为放松，适用于日常办公环境，但仍保持专业外观。男士可能穿着无领带的衬衫和裤子，女士可能穿着非正式的套装或连衣裙配以平底鞋。

2. 职业装

职业装是指为特定职业设计的服装，如医生、护士、律师和教师的专用装，用于体现职业身份或满足工作要求。常见的类型包括：

医疗职业：医生和护士的白大褂。

法律职业：律师的黑袍。

教育职业：教师在某些国家或学校可能有规定的着装。

3. 休闲装

休闲装是指在非正式场合穿着的舒适服装，适用于日常生活或休闲活动。它的特点是舒适、轻松和个性化。常见的休闲装包括：

日常休闲类：T恤、牛仔裤、休闲鞋等。

周末聚会类：风格较休闲的衬衫和休闲裤，或是休闲连衣裙。

4. 运动装

运动装是为了体育活动而设计的服装，强调功能性、舒适性和支持性。运动装能帮助提升运动表现，同时保护穿着者不受伤害。主要包括：

基本运动装：运动鞋、运动短裤、运动上衣。

专业运动装备：如游泳的泳衣、踢足球时穿的球衣等。

5. 工作服

工作服是指在特定行业或职位中为了安全和便于识别而穿着的专用服装。工作服的设计通常考虑到了保护性、耐用性和实用性。例如：

防护服：用于建筑或化工行业。如工厂工人的防护服。

特殊服装：如警察、消防员的制服。如消防员的防火服、警察和安保人员的制服。

6. 礼服或晚礼服

对于一些特殊场合如正式晚宴、婚礼或葬礼，可能还需要考虑更为特殊的礼服类别。例如：适用于正式的社交场合，男士穿燕尾服，女士穿晚礼服。

每种类型的着装都针对其特定的穿着场合和目的设计，穿着合适的服装能够提升个人形象，提高职业效率，同时也体现出对场合的尊重和专业态度。

(三)会展男士商务着装

在会展或重要商务活动中,选择合适的商务正装对于塑造专业形象至关重要。商务正装应该精心选择,以展示专业性和优雅风度。

1. 会展男士商务着装选择

表 5-2 是男士商务正装选择的详细标准和建议。

西装礼仪

表 5-2 男士商务正装选择

项目	款式/颜色/材质	备注
西装套装	经典款式,修身剪裁,单排扣	灰色或深蓝色为首选,面料选择优质羊毛
马甲	与西装套装同色系,可选配	颜色、面料与西装套装一致
衬衫	白色或浅蓝色,纯棉	具有一定质感,可选择法兰绒或提花织物
领带	丝质,颜色与衬衫和西装套装搭配	颜色不宜过于突出,花纹应简洁
皮带	皮质,颜色与皮鞋搭配	颜色与鞋带保持一致
袜子	与西装套装或皮鞋搭配	长度适中,颜色与西装或鞋子协调
皮鞋	经典款式,黑色或棕色,优质皮革	可选牛津鞋或德比鞋,细节设计简洁
皮包	皮革,与鞋子颜色相近	选择容量适中的公文包或手提包
手表	皮革表带,简约设计	避免过于复杂的功能和设计

(1)上装(西装外套):经典颜色包括深蓝、灰色和黑色。这些颜色通常在商务场合中被视为最为专业和传统。西装的剪裁应合身,不宜过紧或过松。

建议选择与穿着以下上装。

单开衩西装:开衩位于后部中央,提供较好的活动自由度,适合多数体型。

双开衩西装:两个开衩位于后部两侧,增加了复杂性和正式感,适合更为正式的场合和需要更多活动自由度的人群。

无开衩西装:后部无开衩,线条更为简洁,但活动自由度较低,适合较瘦或喜欢极简风格的人。

西装纽扣的扣法:对于单排扣西装(通常有两到三个扣子),传统扣法是只扣中间的纽扣或两个纽扣中最上的一个。坐下时应解开所有扣子，以避免西装被拉扯变形。双排扣西装通常扣上所有纽扣，除了最下面一个纽扣，以保持更佳的外观和舒适度（如图5-2：西装的纽扣扣法）。

西装口袋的规则：一般来说，西装上的口袋（除胸口外的其他口袋）最好保持未使用的状态，这有助于保持外套的线条流畅和整体的形状。尽量避免在西装外套的口袋中放置厚重物品，以免破坏西装的轮廓。

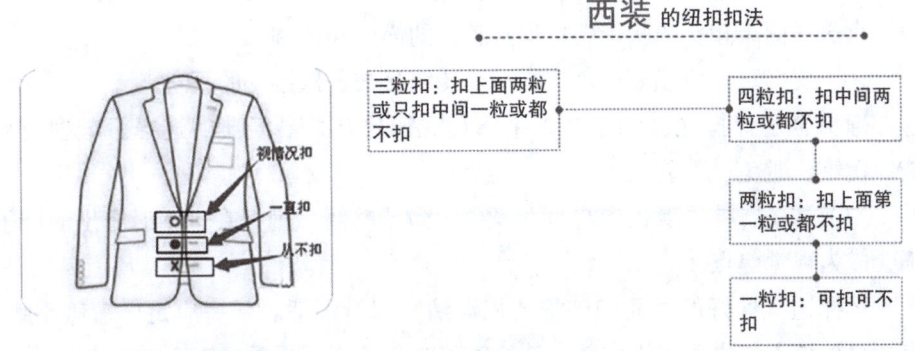

图5-2　西装的纽扣扣法

（2）裤装。裤装的颜色应与上装相匹配，确保整体统一。

裤装常用面料包括羊毛和羊毛混纺，这些材质不易皱且透气。

建议选择合适的裤脚长度，裤脚应轻触或略悬于鞋面之上，通常标准是穿上皮鞋后距地面2厘米的长度。裤腰应适中，既不勒也不松垮。

（3）衬衫。白色或浅蓝色衬衫为商务正装的经典选择，这些颜色与各种西装颜色均搭配得体。优选全棉或棉混纺材质，因其透气性好且易于打理。确保衬衫领型与领带宽度相匹配，常见的衬衫领型包括点领和扩散领。

建议选择适宜尺寸，确保衬衫合身但不紧绷。领子的大小应当为在扣上领扣后，颈部与领子之间仍有一指的空间。袖长和身长选择：袖口应当在手腕骨处稍下一点，当穿着西装外套时，衬衫袖口应比外套袖口露出约一厘米；衬衫的下摆长度足以塞进裤子内。

（4）领带。选择深色或中性色调的领带，如深蓝、灰色或简单的条纹、小点图案。避免过于花哨或亮眼的颜色和图案，以维持专业形象。材质以丝质领带为最佳选择，因为其质地和光泽感都能增添正装的精致感。

领带打法分类：

四手结（简单结）：适用于几乎所有领型，尤其是较窄的领型，是最基本且易于学习的领带结。

温莎结（双重结）：较为复杂，适用于带有较宽展领的衬衫，创建一个大而对称的三角形结。

半温莎结：比温莎结小，对称性好，适用于多数类型的衬衫。

长度要求：领带的长度应当使打好结后的领带尖端恰好触及或略微覆盖腰带扣。

（5）腰带。腰带颜色选择应与皮鞋颜色一致，常用的材质为皮质。

宜选择简单扣头的腰带，以保持整体的简洁和协调。

（6）皮鞋。黑色或深棕色皮鞋是最传统且被普遍接受的。

确保鞋子保持光亮和干净。牛津鞋或德比鞋是最经典的选择。鞋型应简洁、优雅，避免过多装饰。

（7）袜子。袜子颜色应与裤子颜色一致或略暗，确保在坐下时露出的袜子不会成为视觉焦点。

选择透气性好的材质如纯棉或棉混纺，保持舒适。长短应足以覆盖小腿，坐下时裤脚上移也不露出皮肤。选择时可跷起二郎腿看看是否会露出皮肤。

（8）西装配饰的选择：公文包、领带夹、手表。

公文包是商务人士不可或缺的配饰之一，它不仅用于携带文件和必需品，也是职业形象的一部分。黑色、深棕色或深灰色最为常见和专业。要确保公文包的颜色与鞋子和腰带的颜色相协调。材质选择高质量的皮革，如牛皮或羊皮，这些材料耐用且随时间呈现更佳的质感。简洁、传统的款式最为合适。避免过多的外部口袋和装饰，以保持整洁和专业的外观。

领带夹不仅是一个实用的配饰，用于固定领带，防止其摆动，还可以作为一个细微的时尚点缀。领带夹通常应该位于领带的中间到下部，大约在第四个或第五个纽扣之间。选择简约的银色或金色领带夹，避免过于花哨的设计。领带夹宽度不应超过领带宽度的 3/4。

手表功能以显示时间为主，日历功能是加分项。它是展现个人品位和风格的另一种方式，对于商务人士来说，它也是时间管理的重要工具。选择经典的机械表或石英表，避免过于运动型的智能手表。表盘不宜过大，以免显得突兀。不锈钢、金属或皮革材质的表带是最常见的选择。皮革表带更加正式，颜色可以与皮鞋和腰带相配。避免复杂的多功能表盘，保持简洁和专业。

口袋巾不需要完全匹配领带或衬衫，但应在色调上呼应，以增加层次感。多彩的图案或明亮的颜色可以作为点缀，增添个性。常见的材质包括丝绸、亚麻、棉和羊毛。丝绸和亚麻是最受欢迎的选择，因为它们易于折叠且有良好的形状保持性。丝绸口袋巾通常更适合正式场合，而亚麻和棉则略显休闲。选择口袋巾时应考虑与西装、衬衫或领带的颜色和图案相协调。

眼镜：如果你需要佩戴眼镜，选择框架简洁、色彩保守的眼镜，以增强整体的专业形象。

2. 会展男士商务着装原则

在着装和配饰方面，有几个常见的"三原则"被广泛提及，以帮助打造和谐且吸引人的外观。下面是对这些原则的详细解释。

（1）三色原则。

三色原则是指在着装时使用的颜色数量最好不超过三种，以保持整体的协调和优雅。这一原则有助于避免色彩上的冲突和视觉上的混乱，使着装看起来更加精致和有条理。

应用：例如，如果你的西装是深灰色，衬衫是白色，那么可以选择深蓝色的领带，这样的组合在颜色上既有层次感又不过分复杂。

（2）三一定律。

三一定律在时尚中指的是一个关于着装配件的简单规则，即在穿着中主要的或显眼的配件不要超过三件。这有助于保持着装的简洁性和精致感。

应用：选择佩戴一只显眼的手表、简约的领带夹和一对低调的袖扣，这样的组合可以增添个性但不会显得过于杂乱。

（3）露三白。

露三白是一个传统的着装审美原则，特别是在男士西装着装中。所谓的"三白"通常指的是：衬衫的袖口白边、衬衫领白边和口袋巾（如果使用）。

应用：在穿着西装时，确保衬衫的袖口比外套袖子稍长一些，约露出一厘米的白边；衬衫领白边也应略露出于西装外套领口之外；口袋巾（如果佩戴）应适当露出，通常是口袋的上方有少许可见。

（4）三件套原则。

这个原则指的是传统的三件套西装，包括西装外套、背心和裤子。这种组合为商务或正式场合提供了非常正式和统一的外观。

应用：三件套的颜色和材质应保持一致，以展现专业和高度协调的形象。背心可以为着装增加一层深度和复杂性，同时提供额外的温暖。

（5）三个纽扣的应用原则。

对于西装外套的纽扣，尤其是拥有三个纽扣的西装外套，存在一个经典的"从上到下：有时、总是、绝不"的规则。

应用：顶部的纽扣可以选择扣上或不扣；中间的纽扣应始终扣上，以保持西装的形状和整洁；底部的纽扣则应始终保持解开，以防止西装拉扯和失去美观的轮廓。

（6）露三分之一原则。

这是指在西装的袖口处，应露出约三分之一的衬衫袖口。这个细节是衡量西装外套和衬衫搭配得当与否的一个关键视觉点。

应用：当西装外套袖子的长度适中时，露出的衬衫袖口应为大约一厘米，这样的比例看起来既有细节感又不过分突兀。

3. 会展男士商务着装注意事项

确保服装适合自己的尺寸：西装、裤子和衬衫都应该合身，不应过紧或过松。不当的尺寸会影响整体的专业形象。

（1）保持干净整洁：确保衣物干净无褶皱，定期干洗西装，保持衬衫和裤子熨烫平整。

（2）佩饰简约：避免佩戴过多或过于张扬的饰物。男士一般限于手表、结婚戒指等小件饰品。

（3）颜色搭配和谐：保持颜色的和谐统一，通常推荐的是深色系的西装配浅色系的衬衫。

4. 会展男士商务着装禁忌

避免非传统颜色和图案：商务正装通常不应选择过于鲜艳或非传统的颜色（如鲜红色、绿色等）。图案也应保持低调，避免大面积的花哨图样。

不适宜的鞋袜搭配：避免穿运动鞋或其他休闲鞋款与正装搭配。袜子颜色应与裤子相同或相近，避免穿白袜或有显眼图案的袜子。

领带和衬衫的不当搭配：领带宽窄和颜色应适当，与衬衫领型和颜色协调。领带打结的方法应与衬衫领型和场合相适应。

男士正装是展现专业形象、细节考究和个人品位的经典着装选择。

（四）会展女士商务着装

美国设计师和商界人物多莉·帕顿（Dolly Parton）曾经说过一句关于着装的名言，尽管她的风格通常较为多彩和独特，但她的这句话同样适用于女性在商务环境中的着装选择："The way I see it, if you want the rainbow, you gotta put up with the rain."在商务环境中，这句话可以被理解为：如果你想要实现职业上的辉煌和成功，你需要在日常工作中展示专业和适当的形象。正确的商务装不仅能够体现专业性，还能增强自信并适应不同的商务环境。以下是女士商务装选择的详细指南。

1. 选择要求和原则

(1) 合身优先：确保所有服装合身，不应过紧或过松。合身的服装能更好地展示职业形象，让人显得更加精干和自信。

(2) 专业与得体：商务环境中，着装应保持专业且适度保守，避免过于张扬的设计。

(3) 适应场合：根据不同的商务场合（如日常办公、客户会面、正式晚宴）选择合适的装扮。

2. 款式与色彩

女士职业装可以分为套裙和套裤两种，裙装正式性优于裤装。国际商务礼仪中要求女士要着裙装（如图5-3：女士商务套装）。

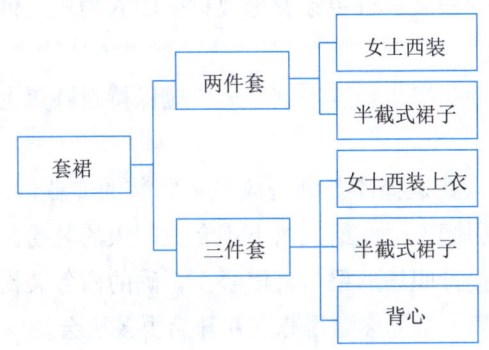

图 5-3　女士商务套装

(1) 西装套装：选择经典的西装套装，包括西装外套和配套的裤子或裙子。西装套装是最保险的选择，适用于几乎所有的商务场合。衬衫与上衣方面，选择款式简单的衬衫或职业上衣，颜色宜选择白色、淡蓝色或其他浅色调。避免过于花哨的图案。

(2) 商务裙装：笔直的裙装或稍带A字形的裙子，长度宜至膝盖或略过膝盖。

(3) 色彩选择：应当以冷色调为主，借以体现着装者的典雅、端庄与稳重。职业装的最佳颜色有藏青、炭黑、灰褐色、烟灰、雪青、茶褐、紫红和暗红色等。优先考虑深蓝色、黑色、灰色、深绿色等专业色调。这些颜色既显得专业，也容易搭配。精致的方格、印花的条纹也可以接受。但须与正在风行一时的各种流行色保持一定距离。一身套裙的全部色彩不要超过三种，不然就会显得杂乱无章。

(4) 鞋类选择：推荐穿着封闭式的低跟鞋或中跟鞋，颜色宜与服装相协调。黑色船鞋最为妥当，穿着舒适，美观大方。建议鞋跟高度3~4厘米。正式场合不宜穿凉鞋、后跟用带系住的女鞋或露脚趾的鞋。鞋的颜色应当和西服一致或再深一些。衣服从下摆开始到鞋的颜色应保持一致。

3. 女士商务着装禁忌

（1）避免过亮的色彩：如鲜艳的粉色、天蓝色等可能会显得过于休闲或不够专业。

（2）避免过于休闲的装扮：如牛仔裤、T恤、运动鞋等通常不适合作为商务装。

（3）避免过多装饰：如大量的珠宝饰品、明显的妆容或过于花哨的配件可能会分散他人的注意力，显得不够专业。

（4）透视与低领服装：避免穿着透视材质的衣物或过低领口的衣物，保持着装的保守和专业。

（5）过短的裙装：裙子长度不宜过短，应保持至膝盖上方或更长，以保持专业形象。

总的来说，女士在选择商务装时应注重服装的专业性、适宜性与合身度，同时避免任何可能引起不适或给人留下不专业印象的装扮。通过恰当的商务装搭配，可以有效地提升职场形象与自信心。正确的商务装扮是对自己职业形象的投资，能够在职场上帮助你赢得尊重并开启更多机会。

仪态礼仪

五、仪态训练

仪态训练具体的可操作规范如下。

（一）站姿

站姿是一切仪态的基础，站如松，体现一个人的精神面貌。在商务场合中选择合适的姿势，展现出专业和自信的形象，有助于建立良好的商务关系。

1. 站姿基本要求

挺胸、抬头、收腹、目视前方，形成一种端正、挺拔、优美、典雅的气质美。

2. 标准站姿

在基本要求的基础上双手手臂自然下垂，商务交流场合使用（图5-4：标准站姿）。

第五章　会展活动现场沟通与礼仪　137

图 5-4　标准站姿

3. 端手站姿

一种正式、端庄的姿势，常用于正式场合或特殊仪式（如图 5-5：端手站姿）。

图 5-5　端手站姿

女士左手在下，右手在上，交叠着放在小腹部。

男士右手在下，半握拳，左手在上握住右手手腕，交叠放在小腹部。

脚部的姿势在站姿礼仪中也是非常重要的一部分。丁字步是一种常见的脚部变换姿势，适用于女士需要保持长时间站立姿势的情况，可以减轻脚部疲劳并增加稳定性。

丁字步的操作要求：

将一只脚的脚尖轻轻向外转动，使其与另一只脚形成一个小角度，就像写字时的丁字形状一样。

另一只脚继续保持正常站立的姿势，脚尖直指前方。

重心均匀地分布在两只脚之间，保持身体挺直，双脚平稳着地。

（二）坐姿

正坐时：要保持三个 90°，即，小腿与地面成 90°，小腿和大腿成 90°，大腿与上半身成 90°。保持身体挺直，女士的膝盖一定要并起来。男士膝盖可稍微分开，但不宜超过肩宽，不要呈懒散状或者前倾后仰，也不要倚靠在椅背上。双手可以轻放在腿上或者放在桌面上。与人交流时应保持适当的眼神交流，表现出尊重和关注（如图 5-6：正坐）。

1. 脚部变化

根据实际情况，有时可以稍作调整以增加舒适度。

2. 前后脚

可以稍微调整脚的位置，将一只脚稍微向前或向后移动，以减轻腿部的压力和增加舒适度。

3. 侧放

将一只脚放在另一只脚的侧面，形成一个较小的角度。这种方式可以改变腿部的姿势，减轻压力。

4. 跷起

有时可以将一只脚跷起，使脚跟悬空或者放在椅子下面。这种方式可以改变腿部的位置，增加舒适度。跷腿时，要注意收紧上面的腿，脚尖下压，绝不能以脚尖指向别人。

图 5-6　正坐

（三）蹲姿

将一只脚向前迈出一步，另一只脚向后伸直，保持身体平衡。下蹲时保持腰背挺直，不要弯腰过度。将重心放在蹲下的脚上，保持稳定（如图5-7：蹲姿）。

女士在采用蹲姿时要抚平裙子，使之整齐，避免不慎露出身体。

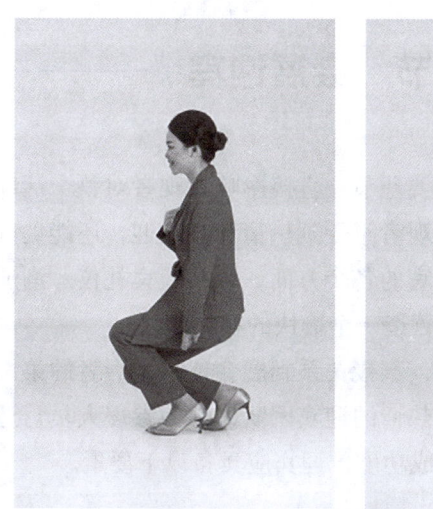
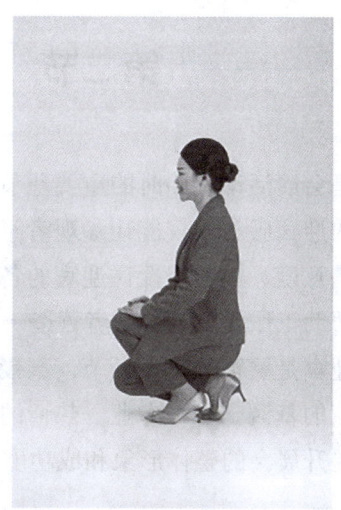

图5-7　蹲姿

（四）走姿

男士要稳定、矫健，女士要轻盈、优雅。两眼平视前方，步履轻捷不要拖拉（脚后跟不要拖地）。两臂在身体两侧自然摆动，有节奏感。身体应当保持挺直，不要过分摇摆。

通过合适的仪容、仪表和仪态，一个人可以有效地提升自己的商务形象，不仅在视觉上给人留下良好的印象，也通过非语言的方式传达出职业能力和个人魅力。在职场中，这些元素协同作用，帮助个体在竞争激烈的商业环境中脱颖而出。

拓展阅读

《个人整体形象塑造》（作者：韩雪飞），这本书从理论层面介绍个人整体形象塑造的概念、作用、意义及构成要素，并具体分析在个人整体形象塑造中，型、色、款三个方面运用于人体、妆面、发型等一些方面的特征要素和搭配要点。

《优雅绅士服饰丛书》（作者：刘瑞璞），该书从国际着装惯例视角出发，系统讲述男士着装的原则，可以作为男士职场穿搭的参考书和工具书。

第二节　会展迎宾

迎宾是会展活动开始时的重要环节，直接影响参观者对整个活动的第一印象。良好的迎宾服务不仅能让参观者感受到热情和被欢迎，还能提升会展的整体形象和满意度。本节将探讨迎宾的各个方面，包括迎宾礼仪、沟通技巧和注意事项，帮助工作人员为参观者营造一个愉快的初体验。

会展迎宾是展览的第一环节，直接关系到展会留给参展者的第一印象和展会后续交流的基调。一个专业、热情的迎宾团队能够为参展人员营造良好的参展体验，提升展会的整体形象和成功度。迎宾应具备以下要素。

一、迎宾准备

（一）人员选择

1. 具备沟通技巧

迎宾人员应具备良好的沟通技巧，包括倾听、表达和解决问题能力。他们应该能够准确理解参展人员的需求，并给予专业的回答和建议。

2. 具有亲和力

选择具有亲和力和友善笑容的员工，他们能够营造愉快的氛围。微笑是最好的礼仪，可以传递出热情和友好。

3. 具备外语能力

考虑到参展人员的多样性，具备一定外语能力的迎宾人员会更具优势。如果有外国参展人员，能够用他们熟悉的语言进行沟通，会增加他们的舒适感和满意度。

（二）培训安排

1. 了解展会背景信息

迎宾人员应详细了解展会的背景、目的、主题等信息，以便向参展人员提供准确的信息。同时，他们还应该了解主要展品的特点和亮点。

2. 熟悉展馆布局

熟悉展馆的布局，能够快速指引参展人员到达目的地。迎宾人员应该知道各个展区的位置和展品分布，能够为参展人员提供有效的导览。

（三）位置布置

1. 迎宾台设置

设置迎宾台或迎宾点时应考虑方便参展人员及视觉效果，使其易于被找到。迎宾台应该明显标识，避免混淆。

2. 布置风格

根据展会主题和风格选择合适的布置风格，营造出热情、专业的氛围。布置中可以加入展会的 logo、主题色等元素，突出展会的品牌形象。

二、接待流程

（一）问候和引导

动作要领：保持微笑，示意欢迎。

用手势或目光指向注册处或展区，表示引导。并伴随语言：

"欢迎光临，请问您需要前往注册处还是展区？"

"注册处在您右侧，展区在直行后第一个大厅，请随我来。"

（二）询问需求

动作要领：保持目光接触，传递热情。

注意倾听，展现出真诚关心的态度。

语言："请问有什么可以帮助您的？您对本次展会有什么期待吗？"

"您是否需要展会地图或者展会手册？"

（三）提供信息

动作要领：递交展会手册或者展会地图。

指向展会信息牌或大屏幕，让参展人员了解展会详情。

语言："这是我们的展会手册，里面有关于展会的详细信息和展商介绍。"

"您可以看一下这个大屏幕，上面有展会的日程安排和重要通知。"

（四）引导参观

动作要领：用手势或身体语言指引参展人员前往目的地。

注意礼貌和耐心，保持专业形象。

语言："请跟我来，我会带您到达展区或者交流区域。"

"展区在前方，展品展示区在右侧，请随我前往。"

（五）接待中常见礼仪

1. 称呼礼仪

称呼礼仪是指在不同场合和环境中，根据对方身份、地位、性别等因素，使用适当的称呼方式，以表达尊重和礼貌。称呼礼仪可以分为以下几类。

（1）性别称呼：根据对方的性别使用不同的称呼，如"先生""女士"等。

（2）职位称呼：根据对方的职位或职业身份使用相应的称呼，如"医生""律师""教授""工程师"等。

（3）职务称呼：根据对方的职务或工作岗位使用相应的称呼，如"总经理""主任""董事长"等。

（4）敬称：用于表示对对方尊重和敬意的称呼，如"尊敬的""敬爱的"等。

（5）友称：通常用于熟悉或亲近的人之间，表达亲切、友好的情感。如"小李""老王""李思凝""思凝"等。

（6）专业称呼：用于称呼从事特定职业或领域的人，如"警察"等。

（7）称谓+姓氏：在正式场合或对陌生人使用时，可以使用对方的姓氏加上相应的称谓，以显示尊重和礼貌。如"李先生""王女士"等。

（8）称呼长辈：对于长辈，通常使用更尊敬的称呼，如"爷爷""奶奶""叔叔""阿姨"等。

（9）称呼晚辈：对于晚辈，通常使用更亲切的称呼，如"弟弟""妹妹""小朋友"等。

在商务会展现场，准确和恰当的称呼可以营造良好的商务氛围，展现出专业和礼貌。应根据具体情况和对方的身份地位选择合适的称呼方式。

对陌生人或客户：先生、女士。

对同事或合作伙伴：姓氏+先生/女士。

对客户或合作伙伴的称呼：姓氏+职位，如"张总""李主任"等。

2. 引导礼仪

引导礼仪不仅可以用来引导客人前往指定位置或区域，还可以用来介绍景点、看板等内容。在引导客人前往指定位置时，可以通过手势和语言引导客人找到正确的位置，让他们感到舒适和便利。在介绍景点、看板等内容时，可以用简洁明了的语言和手势来介绍重点内容，以帮助客人更好地理解和欣赏。

引导礼仪常用的引导手势（"请"的手势），手向前横摆到与腰同高，手心向上，五指并拢（如图5-8：引导礼仪常用的引导手势）。

要领：手腕伸直、五指并拢、面带微笑、欠身示意。

按照其场景可分为：

（1）走廊：在客人二三步之前，让客人走在内侧，以内为主。

（2）电梯：引导客人乘坐电梯时，工作人员先进入电梯，并按住电梯按钮请客人进入，到达时，工作人员按住电梯开的按钮，让客人先走出电梯。

（3）楼梯：当引导客人上楼时，应该让客人走在前面，上楼时客人先上，下楼时客人后下。

图5-8 引导礼仪常用的引导手势

3. 握手礼仪

握手作为一种简单而又重要的商务行为，不仅能够传递出友好和尊重的信息，还能够帮助建立良好的人际关系，我们需要从以下几个方面来了解什么是正确的商务场合握手礼仪。

（1）社交场合与商务场合的区别：社交场合通常女士握手时会采用半手握手的方式，即女士的手掌轻轻放在男士的手掌上，而不是像与男士握手那样用力握住对方的手。这种方式更加柔和、礼貌，体现了对女士的尊重和体贴。而在商务场合中，男女双方都应该采用满手握手的方式，即双方的手掌完全握住对方的手掌，力度适中，表现出平等和专业的态度（如图5-9：满手握手的方式）。

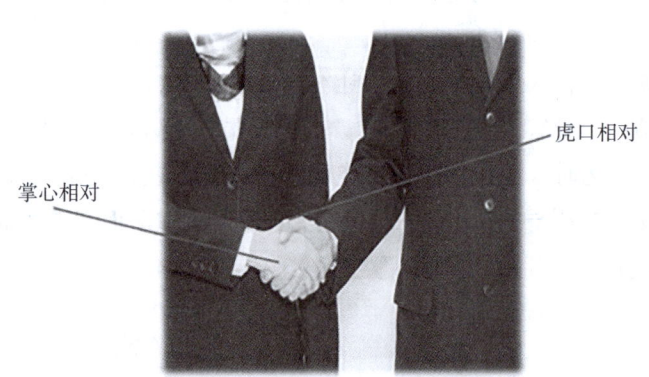

图 5-9　满手握手的方式

（2）握手礼的要点包括以下几点。

握手前的准备：保持手掌干燥和清洁，避免潮湿或粗糙的手感。

握手的力度：力度适中，既不要过于用力，也不要过于轻柔，表现出自信和尊重。

握手的时间：一般握手时间应该在3~5秒钟，避免时间过长或过短。

眼神交流：与对方进行眼神交流，表现出诚意和尊重。

姿势和动作：站直身体，面带微笑，展现出自信和友好的形象。

右手握手：在握手时，应该主动伸出右手进行握手，表现出礼貌和尊重。

根据场合和对方身份适当调整：在不同的场合、对身份不同的人，适当调整握手的方式和力度，体现出恰当的礼貌和尊重。

（3）握手的顺序通常遵循尊者优先的原则，以示尊重。具体的握手顺序详见表5-3。

表 5-3　握手顺序

原则	执行规范	详细内容
尊者为先原则	上级在先	上级或领导在握手时通常会先伸出手,下属或晚辈应该等待上级或领导伸手,然后回应握手
	长者在先	在长辈和晚辈之间,长辈通常会先伸出手,晚辈应该等待长辈先伸手,然后回应握手
	女性在先	在男女之间,女性通常会先伸出手,男性则应等待女性先伸手,然后回应握手。如果女性没有握手的意愿,男性可选择点头等方式进行打招呼
距离原则	由近及远	一人与多人握手时,可以先与排在最前面的人握手,然后依次与其他人握手。在这种情况下,应该保持握手的速度和流畅度,避免时间过长 反之亦然,如果多人需要与一人握手,通常是排在最前面的人先与对方握手,然后依次是其他人。在这种情况下,应该注意排队的次序,避免造成混乱和尴尬
亲疏原则	先亲后疏	人多的场合,通常是先与熟悉的人握手,然后再与不太熟悉的人握手,尽量避免握手过程中造成混乱或尴尬
主客原则	先主后客	客人到来时:主人先伸出手,表示欢迎客人的到来 客人离开时:客人先伸出手,表示愿意继续交往或表示感谢,主人回应握手

（4）握手礼仪的禁忌较多，如下所述。

不可交叉握手：在握手时，应该避免交叉双手握手，这样会让对方感到困惑或不舒服。

不可握手时与第三者说话：在握手时，应该集中精力与对方交流，避免同时与其他人说话，这样会显得不尊重对方。

不可用力过度：握手时应该控制力度，避免用力过度，避免让对方感到不适和不愉快。

不可戴手套：在正式的握手场合，应该避免戴手套握手，这样会显得不礼貌和不专业。

不可握手后立刻擦手：在握手后应该保持礼貌，不要立刻擦手，这样会显得不尊重对方。应该等待合适的时机再擦手。

握手时不宜过于靠近对方，应该保持适当的距离，1米左右。

不可使用左手握手：在大多数文化中，左手被认为是不洁净的手，因此在握手时应该使用右手，避免使用左手握手。

不可戴墨镜握手：在握手时应该露出面部，避免戴墨镜，以免显得不礼貌和不真诚。

握手时左手不可以插在口袋里或者拿着东西不放：在握手时，应该将左手放在身体的一侧，不要插在口袋里或者拿着其他物品，这样会显得不专业和不礼貌。

握手时不应该用另一只手拉住对方的手臂或肩膀。

4. 介绍礼仪

在商务场合中，介绍礼仪是非常重要的，可以展现出礼貌和尊重。在商务场合，如果您是主人或者是比较熟悉的人，应该主动介绍自己和其他人。在介绍时，应该说出您的姓名和您所在的公司或职位。

为他人介绍时介绍的先后顺序非常重要，通常是尊者居后，尊者享有优先知情权。尊者居后，男先女后，少先老后，如双方都有很多人，先从主人方的职位高者开始介绍。

（1）上下级：应该先介绍下级或晚辈，再介绍上级或长辈。

（2）长辈晚辈：在长辈和晚辈之间，应该先介绍晚辈，再介绍长辈。

（3）男性女性：在男性和女性之间，应该先介绍男性，再介绍女性。

（4）人多人少：在人多的场合，应该先介绍人少的一方，再介绍人多的一方。

（5）已婚未婚：在已婚和未婚之间，通常是先介绍已婚者，然后再介绍未婚者。

（6）主客介绍：应该先介绍客人，再介绍主人。

（7）我方多人介绍：如果我方有多人参与介绍，可以按照以下顺序进行——先介绍重要人物或主要负责人；再介绍其他人员，按照他们在组织或团队中的地位或重要性进行介绍；最后介绍普通成员或新加入成员。

当我们被介绍时，要表现出结识对方的热情，起立或欠身致意，双目应该注视对方，时机合适时还要进行自我介绍及名片交换等。介绍完毕后，握手问好。

5. 名片礼仪

名片递接的礼仪非常重要，可以展示出您的专业和礼貌。以下是名片递接的详细礼仪。

（1）名片的递交顺序：一般来说，应该先由地位低或者距离远的人员开始递交名片，然后再递交给地位高或者距离近的人员。

（2）递出名片：递出名片时，应该将名片文字朝向对方，用双手递出，表示诚恳和尊重。

（3）接受名片：接受名片时，应该用双手接过名片，并立即查看。如果对名片上的信息有疑问，应该立即询问对方。

（4）同时交换名片：如果同时交换名片，可以用右手递出名片，左手接收对方的名片。

（5）名片的收存：收到名片后，应该妥善收存，最好放在名片夹中。其次是放在衬衣口袋或西装内侧口袋中，避免放在裤袋里。

（6）名片不宜涂改：名片上的信息应该准确无误，不应该随意涂改，特别是联系方式等重要信息。

（7）头衔不宜过多：名片上的头衔不宜过多，最好不要超过两个。如果头衔较多，可以分开印刷在不同的名片上。

6. 奉茶礼仪

（1）按照使用的茶具不同，奉茶的姿势也有所区别。

一次性纸杯奉茶要领：面带微笑、左手在下、右手在上、双手奉呈、抬手示意。

奉送瓶装矿泉水：面带微笑，左手放在瓶底，右手握住瓶身或瓶口，双手奉上（如图 5-10：奉茶礼仪）。

图 5-10　奉茶礼仪

（2）奉茶顺序：一般按照客人的座位顺序或者长辈优先的原则依次奉茶。

按照职务或地位：通常先为地位较高或职务较重要的客人奉茶，例如主要负责人、嘉宾或重要客户。

按照年龄：在没有明确的职务或地位区分时，可以按照年龄长幼顺序奉茶，先为年龄较大的客人奉茶。

按照性别：在没有其他明确区分的情况下，可以按照性别区分，先为女士奉茶。

按照到场先后：也可以根据客人到场的先后顺序奉茶，先到场的先奉茶。

三、问题处理

（一）应急预案

制定应急预案，预先准备好处理突发事件或特殊要求的方案，确保能够及时、有效地应对各种问题。

（二）解决问题

当参展人员遇到问题或有特殊要求时，迎宾人员应耐心倾听并尽力解决，确保他们的参展顺利进行。

通过以上措施，会展迎宾可以为参展人员营造一个愉快、舒适、专业的参展环境，增强他们对展会的好感，提升展会的整体形象和服务质量。

拓展阅读

《服务礼仪》（作者：王淑华），这本书设置了以工作项目为主体、以模块整合为基点的课程体系，可以让学生通过举一反三的方法将之运用到自己的工作岗位中。

《客户服务全过程管理流程设计与工作标准》（作者：孙宗虎），这本书围绕客户服务，深入介绍了各个环节中工作的落实，从流程设计到执行程序，再到工作标准，都以执行落实为着眼点。

第三节　注册报到

注册报到也是会展活动开始的重要步骤之一，是参观者正式参与活动的开始。高效、有序的注册报到流程不仅能提升参观者的满意度，还能为会展活动的顺利进行奠定基础。设计和执行一个高效的注册报到流程，工作人员的接待与服务工作中需要高效且友好的处理。

一、注册设备与人员配置

合理配置现场注册设备和人员，确保注册流程的顺畅。

（一）注册设备配置

1. 设置自助注册机

提供自助注册机可以加快注册速度，减少人工排队等待的时间。

2. 人工服务台

设置人工服务台提供人员指导和帮助，特别是服务于一些有特殊事项处理或有疑问的参与者。

（二）人员配置

1. 注册人员

确保有足够的注册人员，能够满足预期的客流量。根据实际情况调整人手，保证注册流程的高效进行。

2. 现场协调员

指定现场协调员负责协调注册流程，及时处理突发情况，确保整个注册过程的顺利进行。

（三）注册流程优化

1. 预登记系统

提供预登记系统，让参与者在会展前进行登记，减少现场注册的压力、缩短时间。

2. 分时注册

根据客流量的高峰期和低谷期，合理安排注册台的开放时间，避免客流集中导致等待时间过长。

（四）设备维护

1. 定期维护

保持注册设备的良好状态，定期进行维护和保养，以确保设备在会展期间的正常运行。

2. 紧急备用设备

准备紧急备用设备，作为注册设备出现故障时的紧急替代。

二、信息核对与记录

确保参与者信息的准确录入是关键，应有明确的信息核对流程和隐私保护措施。同时，应记录所有重要信息以便日后查询或紧急联系。

（一）信息核对流程

确认参与者提供的信息准确无误，包括姓名、联系方式等。

设立信息核对岗位，由专人负责核对参与者提供的信息，并确保信息录入系统的准确性。

（二）隐私保护措施

确保参与者的个人信息不被泄露或滥用，采取安全措施保护信息安全。

遵守数据保护法规，保护参与者的隐私权益。

（三）重要信息记录

记录参与者的重要信息，如联系方式、参展意向等，以便日后查询或紧急联系。

确保信息记录的完整性和准确性，以便后续工作的进行和参与者关系的维护。

（四）信息处理流程

设立信息处理流程，包括信息收集、核对、录入和存储等环节，确保信息的完整性和安全性。

定期对信息进行备份和更新，以防止信息丢失或过时。

三、资料发放

在注册完成后，向参会者发放必要的资料，如会议手册、姓名牌、参会指南等。确保这些资料准确无误并易于理解。

（一）会议手册（Conference Handbook）

会议手册应包含会议议程、主题演讲者的介绍、参展商和赞助商信息等内容。确保会议手册的内容准确无误，易于理解，并且提前制作完成，以便在会议开始前向参会者发放。

（二）姓名牌（Name Badges）

姓名牌应包括参会者的姓名和所属机构信息。姓名牌应具有清晰的字体和易于识别的布局，以便参与者相互认识和交流。此外，姓名牌还可以包括其他信息，如职务、国家/地区等。

（三）参会指南（Attendee Guide）

参会指南应包含会场地图、交通指南、周边餐饮和住宿信息等。参会指南的目的是帮助参会者更好地了解会议的环境和周边设施，提供便利的服务。

（四）其他资料（Other Materials）

根据会议的需求，还可以提供其他资料，如演讲材料、产品介绍、行业报告等。这些资料应与会议主题相关，并且经过组织者的审查和批准。

在向参会者发放资料时，务必要注意以下几点。

1. 准确无误

确保资料内容准确无误，避免因错误信息导致参会者产生困惑和误解。

2. 易于理解

资料的语言应简洁明了，易于参会者理解，避免使用过于专业化或难以理解的术语。

3. 合理分发

根据参会者的需求和会议的安排，合理分发资料，确保每位参会者都能够获得所需的信息。

4. 及时更新

在会议进行过程中，如有变更或更新的信息，及时更新资料并通知参会者。

通过合理、准确、及时地向参会者发放资料，可以提高参会者对会议的参与度和满意度，为会议的顺利进行提供有力支持。

📂 拓展阅读

《会展管理与实务》（作者：张清华），书中的一章专门讲述了会展注册报到的流程设计、人员配置和技术支持，是会展管理专业人士的实用指南。

Event Planning: The Ultimate Guide to Successful Meetings（作者：Judy Allen），这本书是关于活动策划的全面指南，适用于各种类型的活动，包括会议、公司活动、筹款晚会、会议、大会、奖励活动等。书中内容涵盖了活动策划的各个方面，是会展策划的重要参考书。

第四节 现场服务

现场服务是会展活动期间不可或缺的一部分，它直接关系到参观者的体验和满意度。从基本的咨询服务到紧急情况的处理，现场服务需要全面、细致并且反应迅速。本节将探讨现场服务的类型和最佳实践，包括信息咨询、问题处理和客户关怀，确保每一位参观者都能享受到优质的服务。

一、现场服务的概念及定义

现场服务指的是会展期间提供的一系列服务，以确保活动顺利进行并满足参展者及观众的需求。这些服务包括客户服务、技术和后勤支持、安全管理、应急响应等多个方面。现场服务的目标是通过有效的沟通、专业的服务态度和严格的安全措施，提高参展者的满意度和安全感，同时确保会展活动的高效和专业运行。

现场服务是会展管理的核心部分，涉及与参展者和观众的直接互动，解决他们的即时问题，提供必要的信息和指导。此外，现场服务还负责处理技术问题，确保所有展览技术设备的正常运行，以及在紧急情况下的快速响应和问题解决。因此服务人员不仅需要具备高效的操作能力，还需具备良好的人际交往能力和专业的应对策略。通过这些综合服务的支持，现场服务确保了会展活动的顺利进行和最终的成功。

二、现场服务的标准化

（一）现场服务标准化的必要性

管理学大师大野耐一，被誉为"丰田生产方式"的创始人，他曾说过："没有标准就没有改进。"这句话强调，在任何业务流程中，首先需要建立标准化的操作程序，只有这样才能系统地识别问题并实施有效的改进措施，从而持续提升服务质量和工作效率。标准化的服务流程能够确保每位参展者得到相同水平的服务质量。这种一致性有助于建立参展者的信任和满意度，减少服务差异导致的投诉和不满。

1. 提高效率

通过标准化操作，服务人员可以更快速、更有效地执行任务。预设的流程和响应机制减少了决策时间，降低了错误发生的可能性，使得问题处理更加迅速和精确。

2. 降低培训成本

标准化的服务流程简化了新员工的培训程序。新加入的服务人员通过学习固定的操作标准，可以更快地融入团队并上手工作，减少了因不熟悉流程而造成的错误。

3. 提升品牌形象

一致和专业的服务标准化体现了会展组织的专业性和对质量的承诺，有助于塑造和提升品牌形象。参展者的正面体验可以转化为口碑效应，增强品牌的市场竞争力。

4. 应对复杂情况

标准化的服务流程包括各种可能发生情况的预设响应措施，包括紧急事件处理。这不仅确保了现场安全，也保证了在发生突发事件时相关人员能够有条不紊地进行管理。

5. 监控和改进

有了清晰的服务标准，管理者可以更容易地监控服务质量和员工表现。此外，标准化流程也便于收集数据和反馈，进一步分析和改进服务质量。

（二）服务标准化

服务标准化是指在服务提供过程中，通过制定和实施统一的服务标准、流程和质量控制方法来确保服务的一致性和可预测性。这种做法旨在保障客户每次接受服务时都能得到相同水平的体验，无论是在哪个地点或是由哪位员工提供。标准化的核心在于减少变异性，提高效率，增强服务的可靠性和客户满意度。

1. 服务流程标准化

服务流程标准化涉及创建统一、可重复的服务流程来确保每次服务提供的一致性。这种标准化关注的是服务的每一个步骤如何执行，目的是减少服务差异，提高服务效率。详细操作包括以下几个方面。

（1）流程设计：明确服务的每个步骤，从服务开始到结束的每一个环节都需要规范化的设计。这包括客户接触点的定义、服务步骤的顺序、所需资源和时间等。

（2）流程文档化：将设计好的流程详细记录下来，形成标准操作程序（SOP）。这些文档应详尽描述每个步骤的具体操作方法和标准，以便培训和执行。

（3）培训执行：对服务人员进行培训，确保他们了解并能够按照标准操作程序、执行服务流程。

（4）监控与评估：实施定期的流程执行监控和评估，确保流程的正确实施，并根据实际情况进行必要的调整和优化。

2. 提供的服务标准化

提供的服务标准化是关注服务的内容和质量，确保每次服务不仅在执行方式上一致，而且在服务质量上达到预设的标准。详细操作包括以下几个方面。

（1）服务质量标准设定：确定服务质量的具体标准，这可能包括服务速度、服务态度、技能水平等方面的具体要求。

（2）客户体验管理：标准化服务的设计不仅要满足功能性需求，更要考虑提升客户体验。例如，确保服务人员能够在客户互动中展现出友好和专业的态度。

（3）反馈机制：建立客户反馈收集和处理机制，让客户的声音成为服务标准调整的重要依据。通过定期收集和分析客户反馈，及时发现服务标准执行中出现的问题和客户需求的变化。

（4）持续改进：基于监控评估和客户反馈，持续对服务标准进行改进和优化。这包括更新服务内容，提高服务质量，以适应市场变化和客户需求。

通过这几方面的标准化努力，企业可以大幅提升服务效率和质量，增强客户满意度和忠诚度，从而在竞争激烈的市场中占据优势。

三、现场服务要素

（一）信息咨询

设立位置醒目的咨询台，由知识、经验丰富的工作人员提供展会信息、日程更新、场地指引等。

1. 信息咨询台设置（Information Desk）

在会展现场设置明显的信息咨询台，通常位于入口处或其他高流量区域。咨询台应配备工作人员，他们应具备丰富的展会知识和经验，能够提供有关展会的信息、日程更新、场地指引等服务。

2. 工作人员培训（Staff Training）

咨询台的工作人员应接受专业的培训，了解展会的各个方面，包括展品信息、展会日程、应对常见问题等。他们需要友好、耐心地回答参展者的问题，并及时提供帮助。

3. 信息发布（Information Distribution）

多渠道发布＋实时更新。除了咨询台外，还可以通过会场内的信息牌、屏幕、宣传册等发布展会信息，如日程安排、演讲主题、展商介绍等，以便参展者和观众随时了解最新信息。

4. 场地指引（Venue Guidance）

指引材料＋指示牌和标志。提供会场地图和指引，标明各个展区位置、服务设施、紧急出口等信息，帮助参展者更好地了解展会布局并找到所需区域。

5. 应急处理（Emergency Response）

为了应对突发情况，如火灾、医疗急救等，应制定应急预案，并向工作人员和参展者提供相应的培训和指导，确保能够及时、有效地处理突发事件。

（二）技术支持

对于需要使用电子设备或特殊设施的展会，提供即时技术支持是必需的。

1. 设备准备（Equipment Preparation）

提前检查和准备所有需要使用的电子设备和特殊设施，确保它们的正常运行和可靠性。同时，为可能出现的故障做好备用计划，以便及时替换或修复。

2. 技术人员（Technical Staff）

在展会现场配备专业的技术人员，他们应具备处理常见技术问题的能力，并能够快速响应和解决设备故障或其他技术难题。

3. 现场支持（On-site Support）

为参展者和观众提供现场的技术支持服务，包括设备设置、连接、故障排除等，确保他们能够顺利地使用展示设备和特殊设施。

4. 培训和指导（Training and Guidance）

在展会开始前或设备投入使用前，向工作人员和参展者提供相关设备的培训和指导，帮助他们更好地了解设备的操作和功能。

5. 备用设备（Backup Equipment）

准备一定数量的备用设备，以应对可能出现的设备故障或损坏，确保展会能够顺利进行。

6. 定期维护（Regular Maintenance）

定期对展示设备和特殊设施进行维护和保养，确保它们长期稳定运行。

（三）安全与急救

保障会场安全和应急医疗支持，设有标识明显的急救站点，配备专业的安保人员。

1. 安全标识（Safety Signage）

在会场内设置明显的安全标识，包括灭火器位置、紧急出口、安全逃生通道等，以便参展者和观众在紧急情况下快速找到安全出口和设备。

2. 急救站点（First Aid Stations）

在会场内设立急救站点，配备专业的急救人员和必要的急救设备，如医药箱、急救包等，以应对参展者可能出现的突发状况。

3. 安保人员（Security Personnel）

雇用专业的安保人员，负责会场的安全保卫工作，包括监控会场内外的安全情况、维持秩序、处理突发事件等。

4. 紧急预案（Emergency Plan）

制定完善的紧急预案，包括火灾、地震、恐怖袭击等各种紧急情况的处理程序和应对措施，确保参展者的安全。

5. 安全培训（Safety Training）

在展会开始前向工作人员和参展者提供安全培训和指导，包括火灾逃生、急救知识等，增强他们的安全意识和自救能力。

6. 应急联系（Emergency Contacts）

提供紧急联系电话和求助方式，如火警电话、医疗急救电话等，以便在紧急情况下及时寻求帮助。

四、现场服务突发事件应对

（一）突发事件的概念

突发事件是指未预料到的、突然发生且对人们的生活或环境可能产生严重影响的事件。突发事件的特点通常包括不可预见性、紧迫性。在现场服务过程中，无论之前的准备多么完善，一旦面对突发事件处理时出现不当，就会影响服务质量。

（二）突发事件诱发因素

会展现场的突发事件可能由多方面的因素诱发。以下是基于现场服务人员、参展者、设备设施以及其他因素的详细分类。

1. 现场服务人员引发

（1）操作失误：服务人员在操作设备或进行展览布置时的不当操作可能导致事故，例如错误搭建结构、不安全的电气连接等。

（2）安全意识不足：服务人员如果缺乏必要的安全培训，可能无法在紧急情况下采取正确的行动，从而增加事故发生的风险。

（3）监督不力：管理层或监督人员未能有效监控和指导现场工作，可能导致安全规程被忽视从而引发安全问题。

2. 参展者方面引发

（1）不遵守规则：参展者不遵守场地规定，如在禁烟区吸烟、私自携带危险物品等，可能引发安全事故。

（2）过度反应或恐慌：在紧急情况发生时，参展者的过度反应或恐慌可能导致踩踏或其他安全问题。

（3）人为破坏：故意的破坏行为，如打斗、破坏展览物品等，也是可能的诱因。

3. 设备设施引发

（1）设备故障：会展中使用的各种设备如音响、照明、电子显示屏等发生故障，可能引发火灾或其他安全问题。

（2）结构不稳：临时搭建的展台或其他结构因设计或施工问题不稳固，容易发生坍塌。

（3）安全设施缺乏：如紧急出口标识不明显、灭火器配置不足等，都可能在紧急情况下加剧事态。

4. 人员自身文化差异、素质等引发的问题

由于参展商在语言沟通上的障碍，在提供信息指导和人员服务时引发问题，或者由于标识、公告以及现场指引不清晰而导致出现问题。还可能存在由于不能够理解和尊重不同文化的习俗和行为方式而导致的文化冲突。

5. 其他原因

会展服务现场以外发生的安全事件，比如附近发生事故、争吵、斗殴等。

（三）突发事件的应对措施方法

1. 现场服务人员引发的问题

（1）操作失误应对措施：事前进行设备和结构搭建的详细培训，确保所有员工熟悉操作规程。事发时，立即停止相关活动，评估安全状况，并进行必要的修复或调整。

（2）安全意识不足应对措施：加强紧急情况下的安全培训，确保员工了解紧急疏散、火灾应对和基本急救技能。发生紧急情况时，由受训的安全人员指挥疏散和应对。

（3）监督不力应对措施：加强现场管理，实施严格的监督制度，确保所有工作人员遵守安全操作规范。定期进行安全检查，确保无遗漏。

2. 客户方面引发的问题

（1）不遵守规则应对措施：加强入场安全检查，禁止携带危险物品进入会场。在显眼位置设置规则指示牌，并由安全人员进行巡视，确保规则得到执行。

（2）过度反应或恐慌应对措施：通过公告系统和现场指示，快速向参展者提供准确的信息，减少恐慌。安排专门人员指导疏散，确保秩序。

（3）人为破坏应对措施：提高现场安全措施，比如增加监控摄像头和安保人员。对于捣乱者，立即进行制止并移交给警方处理。

3. 设备设施引发的问题

（1）设备故障应对措施：定期对所有电气设备进行检查和维护。一旦发生故障，立即切断电源并修复。设置应急照明和广播系统，保证信息能够及时传达。

（2）结构不稳应对措施：加强临时结构的质量检查和稳定性测试。若发现问题，立即疏散该区域的人员，并进行加固或拆除。

（3）安全设施缺乏应对措施：确保所有安全设施如灭火器、紧急出口标识等符合标准且易于使用。定期进行安全设施的检查和维护。

4. 人员文化差异引发的问题

应对措施：提供多语种标识和服务，确保所有信息清晰易懂。对服务人员进行文化多样性和交流技巧培训，提升他们跨文化交流的能力。在会场设置多语种咨询台，帮助解决语言沟通障碍。

5. 会展服务现场外部发生的事故、争吵、斗殴等

应对措施：建立与本地执法部门的紧急联系机制，一旦发现外部事件可能影响会展安全，立即通报并请求协助。增派安保人员在会场周边巡逻，防止外部冲突扩散到会场内部。通过公告系统实时更新信息，保持现场秩序，避免参展者因外部事件而产生恐慌。

通过从这些不同的角度考虑可能的诱因，会展组织者可以更全面地制订风险管理和应急响应计划，以减轻或防止突发事件的发生。

拓展阅读

《会展服务与现场管理》（作者：许传宏），该书在内容上主要涵盖会展推介服务、参展商服务、会展现场服务与管理、会展物流服务与管理、会展设计与搭建服务、会展服务礼仪、会展商务服务、会展安保清洁服务和会展客户跟踪服务。

Exceptional Service, Exceptional Profit: The Secrets of Building a Five-Star Customer Service Organization（作者：Leonardo Inghilleri，Micah Solomon），本书提供了一系列策略和实例，阐述在服务行业中，尤其是在高压和快节奏环境下如会展现场，如何提供卓越服务。

思考与练习

一、思考题

1. 为什么会展活动中的商务形象对于个人和企业都非常重要？
2. 会展迎宾时，如何处理突发的参观者投诉？

3. 注册报到过程中如何确保信息的安全与隐私保护?

4. 现场服务中,应如何提高服务质量以满足参观者的多样化需求?

二、练习题

1. 利用所学知识,展示打造的会展商务形象。

2. 模拟会展迎宾流程,从接待到问题处理。

3. 设计一套完整的注册报到流程,并进行角色扮演测试。

4. 创建一个会展现场服务的案例研究,分析并提出改进措施。

第六章

会展活动后期沟通与礼仪

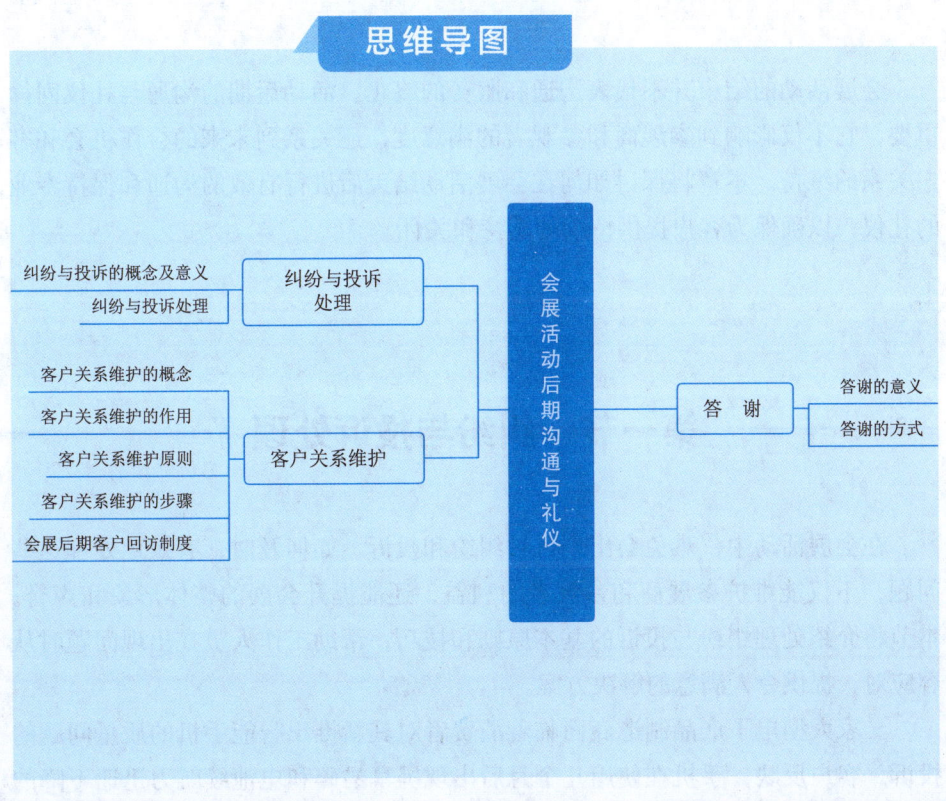

> **学习目标**
>
> ● 知识层面：了解会展活动后期的事务和客户关系维护的重要性；理解会展后期关键沟通与礼仪技巧的意义，如何有效处理纠纷、投诉，以及增强客户关系的方法。
>
> ● 技能层面：掌握会展活动后期的关键沟通与礼仪技巧；学习如何处理后期事务，包含有效的纠纷和投诉处理方法，以及维护和增强客户关系的策略。掌握答谢客户的方法和技能，学会在会展后期表达感谢及如何增进客户关系。
>
> ● 素养层面：培养在会展活动中维护客户关系和解决问题的实际能力；增强学生在面对会展后期问题时的调解、处理能力，以及维护和加强客户关系的长远视野。

会展活动的结束并不代表沟通和服务的终止。活动后期的沟通与礼仪同样重要，它不仅影响到参展商和参观者的满意度，还关系到未来的合作机会和客户关系的维持。本章将探讨如何在会展活动结束后进行有效的沟通和保持专业的礼仪，以确保为客户提供持续的支持和关怀。

第一节　纠纷与投诉处理

在会展活动中，难免会出现各种纠纷和投诉。如何及时、有效地处理这些问题，不仅能维护参展商和参观者的利益，还能提升会展的整体形象和声誉。本节将介绍处理纠纷与投诉的基本原则和技巧，帮助工作人员在出现问题时从容应对，提供令人满意的解决方案。

一家大型电子产品制造商面临着消费者对其新推出智能手机的质量问题的投诉。客户反映，手机在使用几个月后出现屏幕易碎和电池续航力迅速下降的问题。随着投诉数量的增加，公司面临着公众信任危机和潜在的法律诉讼。初步调查后，公司确认问题主要出在供应链中使用了一个新屏幕供应商提供的次品上，其电池设计不当。这些问题未在产品发布前的测试中被完全识别。公司立刻出台了一系列的对应解决方案。

公开沟通：公司首先通过官方声明公开承认问题，并向受影响的消费者道歉，承诺将提供满意的解决方案。

召回与修复：实施召回计划，免费更换存在缺陷的屏幕和电池，并对设计进行修改以防止未来问题的发生。

客户服务加强：增设客户服务热线和在线支持，处理相关的查询和投诉，确保所有召回和维修服务顺利进行。

补偿方案：为受影响的客户提供延长保修期的服务和未来购物折扣，以修复品牌形象并恢复消费者信任。

内部审查和预防措施：重新评估产品测试和质量保证流程，加强与供应商的质量控制合作，确保所有产品都符合公司的高标准。

该公司的快速响应和透明处理方式得到了消费者的广泛认可。通过及时解决问题并提供额外补偿，公司不仅成功挽回了部分受影响的客户，还在社会媒体和业界赢得了正面评价，最终恢复了品牌的市场地位。

通过这个案例可以看出，及时且透明地处理客户投诉，加上有效的补救措施，是修复品牌信誉和客户关系的关键。此外，内部审查和持续改进供应链和产品质量控制流程对于防止未来问题的再次发生至关重要。

约翰·F.肯尼迪曾说："当风暴来袭时，有些人建墙，有些人则建风车。"这句话恰当地反映了在面对会展行业的挑战和纠纷时，积极寻求解决方案的重要性。

一、纠纷与投诉的概念及意义

（一）概念及其特征

1. 纠纷

纠纷通常指的是两个或多个当事人之间因为意见、利益不同或者因对事实的认识、对法律解释等方面的不一致或对立而导致的争议或冲突。在法律和商业环境中，纠纷可以涉及个人、公司、组织或国家，且通常需要通过对话、调解、仲裁或法律程序来解决。

纠纷通常有对立性、持续性等几个特点。

对立性：当事人之间存在明显的立场对立。

持续性：争议可能持续一段时间，直到找到解决方案。

复杂性：纠纷可能涉及多个问题，每个问题都可能有不同的解决途径。

2. 投诉

投诉指当个人、团体或企业认为他们的期望、权利或利益受到侵犯或未得到适当的满足时，向相关方或管理机构表达不满和寻求解决问题的行为。这通常涉及对产品、服务或个人行为的不满。投诉的主要目的是寻求纠正措施或补救措施，确保权利得到维护，并改进未来的服务或产品质量。

（1）投诉的目的主要有两个。

表达不满：明确表示对某项服务、产品或行为的不满意，这通常是因为预期与实际经验存在差距。

请求改进：不仅是表达不满，投诉还包括寻求某种形式的解决方案，以纠正感觉到的问题或不公正。

（2）投诉具有多个特征。

目标性：投诉通常针对具体的个人、服务、产品或政策。

正式或非正式：投诉可以通过正式的渠道（如公司的投诉部门、消费者保护机构）或非正式的方式（如口头表达不满）提出。

期望结果：投诉人通常期望通过提出投诉获得满意的答复和问题的解决方案。

（二）纠纷与投诉产生的原因

纠纷与投诉产生的原因可以分为多个层面，包括沟通不良、期望差异、服务或产品缺陷、处理不当等。深入了解这些原因可以帮助组织更有效地管理和预防潜在的问题。

1. 期望与现实存在差异

这是最常见的引起投诉的原因之一。当客户对一个产品或服务有一定的期望，而实际接收到的产品或服务未能满足这些期望时，就可能产生不满。这种差异可能源于误解广告宣传、销售人员的过度承诺或是客户对产品性能的误解。

2. 沟通不良

沟通失败可以在多个阶段引起纠纷。

预购沟通不足：客户在购买前没有得到充分的信息或误解了信息。

售后服务沟通不畅：服务过程中的沟通不清晰或响应时间过长。

情绪化沟通：服务人员与客户在交流时情绪化，导致问题升级。

3. 服务或产品存在缺陷

产品或服务本身的问题是另一个常见的投诉原因。这包括产品质量问题、产品安全问题或服务中的错误操作。这些问题直接影响客户的使用体验和满意度。常见的服务问题包括：响应时间慢、服务态度差、解决方案不完善、强行售卖、产品介绍不专业、付款不便等。

常见的产品缺陷问题：质量与宣传不一致、设计缺陷、材料问题、生产缺陷等。

4. 处理不当

即便是初步的投诉，如果处理不当，也可能演变成更大的纠纷。

反应迟缓：对客户投诉反应不及时。

解决方案不完善：提供的解决方案不能从根本上解决问题或客户感觉不公平。

缺乏跟进：问题初步解决后，缺乏后续跟进，无法确保问题彻底解决。

5. 期望的服务水平未达到

在服务行业尤其如此，客户对服务水平有一定的期望，例如酒店的客房服务、航空公司的客户服务等。服务水平低于期望可能会引发投诉。

6. 法律和合同问题

在涉及法律或合同的纠纷中，当任何一方感觉到对方未遵守合同条款或法律规定时，就可能发起投诉或纠纷。这类问题往往更加复杂，可能需要通过法律手段来解决。

7. 客户个人因素

个人情绪、态度或误解也常常导致投诉。客户可能因为个人的坏心情或对某个情况的误解而提出投诉，有时候这些投诉与服务或产品质量无关。因此我们需要了解不同类型客户的个性特征（如表 6-1：不同类型客户的个性特征），这样可以有针对性地做出对应。

表 6-1 不同类型客户的个性特征

客户类型	心理特点	处理要点
争辩型	喜欢辩论，希望通过逻辑和证据证明自己的立场	保持冷静，用事实和数据回应，避免情绪化，提供明确的解释和证据
补偿型	关心如何获得某种形式的补偿，如退款、替换或其他赔偿	明确说明可用的补偿选项，并尽快处理，确保解决方案公平合理
发泄型	需要表达不满和挫败感，不一定寻求实际的解决方案	主要聆听和理解其情绪，表现出同理心，确认他们的感受被理解

续表

客户类型	心理特点	处理要点
建议型	希望提供反馈以改进产品或服务，通常持积极态度	鼓励提供具体建议，感谢他们的反馈，并讨论可能的改进措施
求助型	真正需要帮助解决问题，可能对产品或服务不太了解	提供详细的帮助和指导，耐心解释产品或服务的使用方法
无理型	常提出超出常理或服务范围的要求，难以满足	设定明确的界限，礼貌地解释什么是可能的，尽量提供替代方案
威胁型	使用威胁作为手段来达到目的，可能威胁要采取法律行动或公开负面评论	保持专业，不要屈服于无理要求，确保通话被记录，必要时转交给法律顾问

8. 文化差异

在国际业务中，由于文化差异，客户的期望和实际服务之间可能存在偏差，从而导致误解和投诉。文化差异可能影响交流方式、服务期望和对协议的理解。

客户投诉的原因虽然有很多，但是客户投诉后想要得到什么？从这个方面进行有效分析，有利于后期的投诉处理。

（1）得到认真的对待。

（2）得到尊重。

（3）立即采取行动。

（4）赔偿或补偿。

（5）让某人受到惩罚。

（6）消除问题不让它再次发生。

（7）让别人听取自己的意见。

理解这些纠纷和投诉的原因有助于企业提前设立预防措施，通过改善产品、服务和沟通方式来减少问题的发生，并提高客户满意度。

（三）纠纷和投诉的正向意义

纠纷和投诉虽然表面上看起来是企业不愿意面对的负面事件，但它们实际上具有重要的意义和潜在的积极影响。首先我们要学会正确地看待客户的投诉。当客户因对商家的服务和品质抱有期待而有意愿再次光临时，他们希望不会再次遭受相同的不良体验，所以会选择投诉。客户的投诉揭示了企业在运营管理上不为人知的缺陷，是改进的关键。实际上，客户的抱怨为企业提供了宝贵的第二次机会！

请注意，虽然只有少数不满意的客户（大约 4%）会向您表达他们的不满，但如果这些投诉得到正确的处理，这部分客户很可能会选择返回。然而，更多的客户（大约 96%）选择不表达不满，而是直接离开并且永不回头。这部分客户的沉默损失往往更为严重，因为他们不给企业改进的机会。

因此，每一次客户反馈，无论是正面的还是负面的，都应被视为一次改善和优化服务的机会，帮助您吸引并保有客户。正确处理纠纷和投诉不仅可以提升企业的客户服务水平，还可以为企业带来长期的商业利益和品牌增值。

1. 客户反馈的宝贵来源

纠纷和投诉提供了直接的客户反馈，帮助企业了解产品或服务中存在的问题。这种反馈是非常宝贵的，因为它提供了第一手的用户体验信息，使企业能够：

（1）识别和修正产品缺陷。

（2）改进服务流程。

（3）提高客户满意度。

（4）提升客户满意度和忠诚度。

通过有效和敏感地处理投诉，企业可以将不满意的客户转变为忠实的支持者。良好的投诉处理策略可以显著提升客户的整体满意度，因为它向客户证明企业关心他们的体验和意见。此外，问题得到解决的客户可能会因为满意的解决方案而进行正向的口碑传播。

2. 风险管理和预防

纠纷和投诉是警示信号，表明企业可能存在较大的系统性问题或风险。通过分析这些问题的根源，企业可以采取预防措施，避免问题的重复发生，减少潜在的成本支出和法律风险。

3. 增强企业内部的质量控制

纠纷和投诉的数据可以用来加强内部的质量监控和管理。它促使企业不断评估和优化其操作流程、产品设计、客户服务和质量保证措施。

4. 企业责任和透明度

在处理纠纷和投诉时，企业展示了其对客户承诺和企业责任的认真态度。公开透明的处理流程和公正的解决方案可以增强公众对企业的信任和尊重。

5. 竞争优势

在竞争激烈的市场中，有效的投诉处理机制可以成为企业的一大竞争优势。企业能够展示其卓越的客户服务水平，从而在市场上脱颖而出，吸引和保留客户。

6.法律和合规性

正确处理投诉有助于企业符合相关的法律和行业规定，避免由于疏忽或不当处理而导致的法律诉讼或罚款。

纠纷和投诉实际上是企业改进和成长的催化剂。它们不仅提供了改进的机会，还强化了企业对外界环境的适应性和响应能力。因此，企业应该采取积极的态度，将纠纷和投诉作为提升自身的工具。

二、纠纷与投诉处理

（一）纠纷和投诉处理失败的原因

在处理客户的纠纷或者投诉时，我们经常会看到以下这些情况：争辩、争吵、打断客户；教育、批评、嘲讽客户；直接拒绝客户；暗示客户有错误；强调自己正确的方面，不承认错误；表示或暗示客户不重要；认为投诉、抱怨是针对个人的；不及时通知变故；以为用户容易打发；语言含糊、打太极；怀疑客户的诚实；责备和批评自己的同事，表白自己的成绩；为解决问题设置障碍（期待用户打退堂鼓）；假装关注，虽然言语体现关心，却忘记客户的关键需求；在事实澄清以前推卸责任；拖延或隐瞒。

纠纷和投诉处理失败的原因，可以从多个方面进行探讨。

1.沟通障碍

原因：信息传递不准确或不完整，存在语言和文化差异，以及情绪化沟通。

影响：导致误解和冲突，阻碍有效解决问题。

对策：提供全面的沟通技巧培训，包括跨文化沟通。采用多种沟通渠道以适应不同客户的需要，并在员工中推广同理心的重要性。

2.内部流程不明确或较为复杂

原因：内部处理流程烦琐或不透明，缺乏清晰的指导和流程。

影响：增加处理时间，降低处理效率和客户满意度。

对策：简化和标准化处理流程。确保所有员工都清楚理解每一步的操作方法和责任点，定期审查和更新流程以保持其有效性和效率。

3.技术限制

原因：过时的技术系统，缺乏有效的信息技术支持。

影响：处理投诉和记录信息的效率低下。

对策：投资更新的技术解决方案，如客户关系管理（CRM）系统和自动化工具，以提高数据处理速度和准确性。

4. 员工培训不足

原因：缺乏必要的技能和知识培训，无法有效应对复杂或情绪化的情况。

影响：处理不当，可能使情况进一步恶化。

对策：实施定期的员工培训计划，重点培训相关产品知识，训练纠纷解决技巧、客户服务技巧，确保员工具备处理复杂问题的能力。

5. 资源分配不当

原因：人力、财力或其他资源不足或分配不合理。

影响：影响纠纷和投诉的及时和有效处理。

对策：进行资源需求分析，合理配置人力和财力资源，确保关键部门和关键时段有足够的支持，提高响应速度和服务质量。

6. 个人情绪

原因：处理纠纷和投诉时，服务人员或客户的情绪负面化，如愤怒、焦虑、产生挫败感。

影响：冲动的决策，会增加对抗性，降低沟通质量，可能导致情况恶化。

对策：提供情绪管理和压力管理的培训。建立支持系统，如员工辅导和心理健康热线，帮助员工处理工作中的情绪问题。

7. 缺乏后续跟进

原因：解决方案执行后缺乏有效的跟进，无法确保问题得到彻底解决。

影响：客户满意度下降，问题可能重复发生。

对策：建立有效的跟进机制，确保每个投诉都有明确的跟进计划和时间表。使用自动化工具来追踪问题解决的进展，保持与客户的沟通。

8. 组织文化不支持

原因：企业文化不重视客户服务，缺乏从客户角度出发的服务意识。

影响：员工缺乏处理投诉的积极性，影响投诉处理的整体质量和效率。

对策：从高层开始培养以客户为中心的企业文化。定期举办文化建设活动，强化客户第一的价值观，并通过绩效考核机制激励员工积极处理客户问题。

（二）纠纷与投诉处理的原则与策略

客户投诉处理的总原则：先处理情感，后处理事件。在客户服务中，理解并优先处理客户的情感反应是至关重要的。当客户遇到问题并提出投诉时，他们首先需要的是情感上的认同和安慰。研究显示，同理心和关心不仅可以缓解客户的不满，还能建立信任和连接，从而为后续解决问题创造一个更积极的环境。

一旦客户感到被理解和尊重，他们更可能保持合作态度，这使得实际问题的解决过程更为顺畅。因此，在客户投诉处理中，应先确保对客户的情绪进行适当的关照，再着手解决投诉的具体内容。

1. 主要原则

（1）时效性。快速响应客户的投诉是至关重要的。

及时回应不仅展示了公司对客户的重视，也减少了问题可能扩大的风险。有效的沟通应在客户投诉后尽快展开，确保问题能在最短时间内得到解决。

如果未能快速响应投诉可能导致问题升级（如图6-1：投诉处理的延迟导致问题升级），从而加剧客户的不满并损害公司的声誉。投诉处理的延迟可能会使情况逐步恶化。

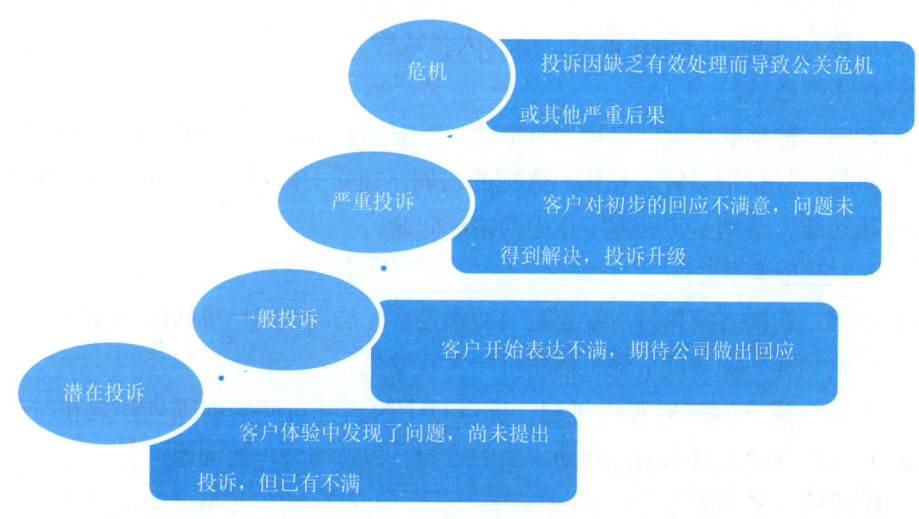

图6-1 投诉处理的延迟导致问题升级

为避免出现这种情况，企业必须确保对投诉的快速和有效响应。通过建立及时的沟通渠道和高效的处理流程，可以在问题初期就进行干预，从而防止不满情绪的升级和潜在的危机发生。

（2）同理心。在处理投诉时表现出真诚的同理心是建立信任和理解的关键。

通过倾听、认同客户的感受并表示理解，可以显著提高解决问题的效率并改善客户关系。同理心不仅是对话技巧，更是企业文化的体现。始终以您希望被对待的方式对待顾客，确保他们不会带着不愉快的情绪离开。重要的是要认识到，当客户向您表达不满时，往往不是针对您个人，而是您在这一刻代表了公司。因此，保持专业并用心倾听是关键。

客户的情绪可能很激烈，但通过保持冷静并表达理解，您可以有效地将这种情绪转化为更积极的互动。告诉客户您理解他们的不快，并对他们的不愉快经历表示遗憾。使用如"我理解这让您感到不愉快，对此我深感抱歉"这样的话语，不仅表明您对情况的同情，也建立了理解和信任的桥梁。记住，说"对不起"并不意味着承认您或公司的过错，而是表示您对客户经历的不快感到遗憾，并且您在乎他们的感受。通过这种方式，同理心不仅能帮助缓解紧张的情绪，还能增强客户的忠诚感，为公司赢得宝贵的口碑。

（3）双赢互利。解决投诉的目标应是寻找一个对双方都有益的解决方案。

这不仅意味着解决客户的即时问题，而且通过确保解决方案的公平性和可持续性，保障公司和客户的长期利益。寻求双赢的解决方案可以将一次不良经历转化为未来合作的基石。

（4）公正公平。确保处理投诉的过程公正无偏，对待所有客户一视同仁。

在整个处理过程中，保持透明和开放的沟通，让客户了解他们的投诉是如何被处理的。

通过这种方式，不仅可以有效解决客户的问题，还能增强客户的忠诚度，从而促进长期的客户关系。

2. 基本策略

建立标准化操作流程（SOP）：制定一套标准化流程处理客户投诉，确保每一步都符合公司政策并且效率化。

（1）培训员工：定期对员工进行客户服务培训，确保他们具备处理投诉所需的技能和知识，特别是沟通技巧和情绪管理。

（2）使用CRM系统：通过客户关系管理（CRM）系统跟踪和管理投诉，可以帮助团队更好地了解客户的历史记录和问题的具体内容。

（3）分析投诉数据：定期分析投诉数据，识别常见问题和趋势，为产品改进和服务升级提供依据。

（4）实施反馈循环：在投诉处理后，跟进客户以确认问题已解决并且客户满意。此外，收集客户的反馈，用于改进未来的服务。

（5）激励和奖励：对于处理客户投诉表现出色的员工，提供激励和奖励，以此鼓励更好的客户服务文化。

（三）提升问题解决和冲突调解的能力

在处理展会活动后的纠纷与投诉时，提升问题解决和冲突调解的能力至关重要，这不仅有助于有效解决当前的问题，还能防止未来的问题发生，并维护良好的客户关系。以下是增强这些能力的具体方法和步骤。

1. 做好面对客户的心理准备

在处理客户投诉时，心理准备和正确的应对策略是至关重要的。这不仅关乎问题的解决，也影响到客户的满意度和企业的形象。以下是一些关键的准备和应对步骤。

（1）理解客户。

了解客户问题：认真倾听客户的问题和不满，确保全面理解事情的来龙去脉。

站在客户角度：从客户的视角看问题，这有助于更好地理解他们的感受和期望。

表示同感：向客户表达您理解他们的不满，这种共鸣可以缓解紧张情绪。

理解客户冲动：客户的情绪反应可能比较激烈，理解这一点有助于保持情绪稳定，不使问题个人化。

（2）承担责任。

代表企业接受和处理：即使问题不是直接由您造成的，也要以企业的名义接受和响应。

自身工作责任：认识到您在解决问题中的角色和责任。

主动处理抱怨：积极寻找解决方案，而不是被动等待指示。

（3）处理准备。

保持冷静和忍耐：在面对投诉时，保持冷静是解决问题的前提。

耐心和细心：在处理过程中，耐心倾听和注意细节是关键。

控制不良情绪：避免情绪化回应，维持专业态度。

保持精神愉悦：面对抱怨，保持积极的态度有助于提高处理效率。

视为工作挑战：将投诉处理视为提升个人和公司服务水平的机会。

通过这些步骤，您不仅能有效地处理客户的投诉，还能通过每次互动提升客户的信任和满意度。有效的投诉处理不仅是解决问题的技巧，更是一种值得培养的职业素养。

2. 理解问题核心

深入了解：在处理任何投诉或纠纷之前，首先要完全理解问题的核心。这包括收集所有相关信息，听取所有相关方的观点。

识别关键问题：确定引起冲突的主要因素，这可能包括误解、期望不符、服务失败等。

3.沟通技巧提升

（1）开放式沟通：使用开放式问题鼓励对话，如："您能详细描述一下遇到的问题吗？"这有助于获取更多信息，也显示出您的关注和愿意倾听（如表6-2：开放式沟通问题）。

表6-2 开放式沟通问题

类别	问题	目的
问题描述	"您能详细描述一下您遇到的问题吗？"	了解问题的具体情况
	"这个问题是如何影响您的？"	理解问题的影响和紧迫性
	"您首次注意到这个问题是在什么时候？"	寻找问题的起始点和可能的原因
情感反应	"这个问题对您造成了哪些感受？"	理解客户的情绪反应，增进共情
	"您对这个问题最担心的是什么？"	揭示客户的主要关切点
	"您希望我们如何帮助您解决这个问题？"	获取客户的期望和偏好
解决方案偏好	"您认为理想的解决方案是什么？"	探索客户心目中的最佳解决方案
	"有没有什么特定的方法您希望我们采用来解决这个问题？"	确认客户的具体需求
	"之前有没有类似的问题，是如何解决的？"	学习以往的成功案例或避免重复过去的错误
以往经历	"您以前有没有遇到过类似的问题？"	利用以往的经验
	"在其他情况下，您是如何处理类似问题的？"	寻找可借鉴的解决策略
	"您认为哪些措施可以防止此类问题再次发生？"	预防问题再次出现的策略

续表

类别	问题	目的
额外的需求或期望	"除了解决这个具体问题，还有其他我可以帮助您的吗？"	发现额外的服务机会
	"有没有其他信息或背景您认为我们需要知道的？"	获取更全面的背景信息
	"您对我们的产品/服务还有哪些其他的期望或建议？"	收集改进意见和额外的客户需求
反馈收集	"您对我们的响应速度和处理方式满意吗？"	评估服务质量和响应效果
	"有什么我们可以改进的地方吗？"	持续改进服务
	"您有什么建议可以帮助我们提升服务质量吗？"	从客户视角获取改进意见

表6-2为客服团队提供了一套结构化的工具，可以根据实际沟通的需要灵活运用这些问题。通过这种方式，团队成员可以更有效地引导对话，深入了解问题，同时表达对客户的关心和尊重。

（2）积极倾听：在对话过程中展现出真正的关注和理解，通过身体语言和口头反馈表达对客户情绪和观点的理解。

（3）非言语信号的意识：注意客户的肢体语言和声调，以更好地理解他们的情绪和立场。非言语信号包括肢体语言、面部表情、眼神接触、声音的音调和节奏等，这些都能提供关于对方情绪和态度的重要线索。在客户服务和商务沟通中，正确解读这些非言语信号可以帮助更好地理解客户的真实感受和需求（如表6-3：非言语动作的信号）。

表6-3 非言语动作的信号

非言语动作	积极含义	非言语动作	消极含义
眼神接触	稳定而适度的眼神接触显示出信任、诚实和兴趣	避免眼神接触	缺乏眼神接触可能表明不安、不诚实或对话题不感兴趣
微笑	真诚的微笑可以传递友好、开放和愉快的情绪	交叉手臂	可能表示防御、不开放或对当前情况的抵触

续表

非言语动作	积极含义	非言语动作	消极含义
开放的身体姿态	手臂未交叉、身体前倾表示接受、欢迎和参与	身体后仰	后仰可能表示拒绝、不同意或想要与对方保持距离
点头	点头表示理解、同意和积极的反馈	摩擦手或身体	显示出紧张、焦虑或不自在
镜像对方的动作	无意识地模仿对方的肢体动作，表明共鸣和良好的沟通同步	眉头紧锁	表现出困惑、担忧或生气
轻触	在适当的文化和情境中，用适度的友好触碰如握手或轻拍肩膀表达支持	脚尖朝向出口	可能表明想要离开或对当前环境感到不舒服
身体靠近	适度减少距离（保持适当的个人空间）显示出与对方的良好关系	不适当的触碰	在不合适的情境中触碰他人可能导致不适或被视为侵犯
—	—	太过紧张的身体姿态	过分僵硬的身体语言可能表达出不信任或抗拒

了解这些非言语信号可以帮助我们更好地解读商务场合中的情绪和意图，从而采取适当的沟通策略，提升沟通的效果并建立更加稳固的关系。在应用这些知识时，应注意文化差异和个体差异，以免误解他人的非言语表达。

4. 冲突调解策略

（1）中立立场：保持中立，避免在了解完整情况之前偏袒任何一方。

（2）寻求共同点：在冲突双方之间寻找共同利益或目标，作为解决纠纷的基础。

（3）多方案提供：提供多个解决方案，以满足不同利益相关者的需求和期望。

5. 问题解决技术

（1）根本原因分析：应用如 5W1H（何时、何地、谁、什么、为什么、如何）等技术，探究问题的根源。

（2）创造性思维：鼓励团队跳出传统框架，思考新的解决方案，可能包括未曾尝试的方法或策略。

（3）决策制定：在分析了所有可能的解决方案后，采取明确的行动步骤，确保决策的实施能够解决问题并满足所有相关方的期望。

6. 记录和反馈

（1）详细记录：详细记录处理纠纷的过程，包括客户的投诉、所采取的行动以及结果。

（2）定期回顾：定期回顾和评估冲突解决和问题处理的案例，从中学习并改进未来的处理方法。

（3）反馈机制：建立反馈机制，让客户可以评价解决方案的效果，同时提供改进建议。

通过上述方法提升问题解决和冲突调解的能力，不仅能够有效应对当前的挑战，还能预防未来可能出现的问题，最终提升客户满意度和企业信誉（如表6-4：问题解决和冲突调解能力提升表格）。

表 6-4　问题解决和冲突调解能力提升表格

序号	能力培训领域	活动/策略	所需资源	实施时间	成果评估方式
1	深入了解问题	案例研究：分析真实纠纷案例	案例文档、讲师	1次/季度	通过测试或模拟考核理解程度
2	开放式沟通	工作坊：练习开放式提问和积极倾听	培训师、教材	1次/月	反馈表单和角色扮演反馈
3	中立立场的调解技巧	角色扮演：模拟冲突场景，练习中立调解	培训师、场景剧本	1次/每2月	观察和教练员评估
4	创造性问题解决	创意工作坊：团队协作解决虚拟问题	创意工具包、导师	1次/每季度	项目完成评价和团队反馈
5	决策制定	决策分析训练：使用决策树和SWOT分析	分析工具、讲师	1次/每2月	实际决策案例的后续效果监控
6	记录与反馈	文档管理系统培训：正确记录和跟踪客户反馈	培训材料、系统	1次/月	文档完整性和更新速度
7	客户沟通	客户服务沟通技巧提升：情绪管理和同理心培养	情绪管理工具、讲师	1次/每季度	客户满意度调查和员工自我评估

（四）纠纷与投诉的处理流程

建立一个标准操作流程（SOP）对于处理客户投诉是至关重要的，因为它确保了处理投诉的每一个步骤都是系统化、一致的，并且高效执行。详细的SOP应该包含以下关键部分。

1. 投诉接收

（1）投诉渠道：明确客户可以通过哪些渠道（如电话、电子邮件、社交媒体、网站等）提交投诉。

（2）信息记录：记录客户的基本信息（姓名、联系方式等）和详细的投诉内容。确保记录系统能够捕获所有相关细节，便于后续处理和分析。

2. 初步响应

响应时间：设定并公告对投诉的响应时间标准（例如，所有投诉将在24小时内得到回复）。

初步沟通：向客户确认收到投诉，并告知他们投诉处理流程及预计的处理时间。

3. 问题评估

（1）责任分配：指派合适的员工或部门负责处理特定的投诉，确保责任人具备解决问题的能力和资源。

（2）根本原因分析：分析投诉背后的原因，是否为单一事件，还是反映了更广泛的系统性问题。

4. 解决方案制定和执行

（1）解决方案选项：根据投诉的性质，提出一个或多个解决方案。解决方案应当具体、实际，并且能够有效解决客户的问题。

（2）客户沟通：向客户提出解决方案，获取客户的反馈，必要时调整方案以更好地满足客户需求。

（3）执行解决方案：一旦客户同意解决方案，立即执行。确保所有相关部门和个人都清楚他们的角色和责任。

5. 跟进与闭环

（1）满意度调查：解决问题后，跟进客户以确认问题是否得到满意解决，并进行满意度调查。

（2）记录和报告：详细记录处理过程和结果，包括客户反馈。定期审查这些记录，评估SOP的效果。

6. 持续改进

（1）数据分析：定期审查投诉数据，识别趋势和模式，分析SOP的有效性，确定需要改进的区域。

（2）修订 SOP：基于反馈和分析结果定期更新 SOP，不断优化投诉处理流程，提高客户满意度。

通过这样详细的 SOP，公司能确保每一次客户投诉都按照预定流程高效、一致地处理，同时通过持续改进这一流程，提升整个组织的客户服务质量。这不仅帮助客户解决问题，还能增强客户对品牌的信任和忠诚。

纠纷与投诉处理涉及多个部门及人员，在处理流程中互相配合，能更好地处理纠纷（见表 6-5：客户投诉处理所涉及部门及各自职责）。

表 6-5 客户投诉处理所涉及部门及各自职责

步骤	负责部门/人员	操作内容	时间框架	输出
1	客户服务部	接收投诉并记录详细信息	投诉接收后立即处理	投诉记录文件
2	客户服务部	向客户确认收到投诉，说明处理流程和时间	24 小时内	确认邮件/通知
3	相关部门	评估问题，确定责任人，进行根本原因分析	48 小时内	评估报告
4	客户服务部	制定解决方案并与客户沟通取得反馈	72 小时内	解决方案提案
5	执行部门	执行客户同意的解决方案	同意后立即执行	解决方案执行确认
6	客户服务部	向客户确认问题解决情况，并进行满意度调查	解决后 1 周内	满意度调查报告
7	质量控制部门	审查投诉处理记录和客户反馈，评估流程效果，提出改进措施	每季度	流程改进报告

7. 纠纷与投诉的处理步骤

处理客户投诉时，遵循以下步骤可以帮助确保问题得到有效解决，并保持顾客的满意度。

（1）让顾客发泄：给予顾客足够的空间和时间来表达他们的不满和担忧。在这一过程中，重要的是保持耐心和专注地听取，不打断顾客的发言。

（2）充分道歉并表示关心：对于客户的不便，即使问题不是直接由您或公司造成的，也应该真诚地道歉。表示您理解他们的挫败感，并关心他们的感受。在这个过程中要尽量避免使用会造成误解的语言，比如：你可能不明白……、你肯定弄混了……、你应该……、你弄错了……、这不可能的……、你别激动……、你不要叫……、你平静一点……

（3）收集信息：详细询问并记录相关的信息，包括事件的具体细节、影响的范围及顾客的具体需求。这有助于更准确地诊断问题，并为解决方案的制定提供依据。

询问过程中我们可以提问：

描述性问题（Descriptive Questions）：如"您能详细描述一下您在展会中遇到的问题吗？具体是哪个部分不符合您的期望？"

澄清性问题（Clarifying Questions）："请问您提到的服务问题是发生在入场登记处还是在特定展区？能否具体说明时间和地点？"

有答案可选的问题（Multiple-Choice Questions）："您对于问题的解决预期是什么？ A.退款 B.补偿服务 C.正式道歉。"

有结果的问题（Consequential Questions）："如果我们为您安排明天的另一场独家访问，这是否可以补偿您今天的不便？"

通过这些针对性的问题，您不仅能有效地识别和解决客户的具体不满，还能在整个会展管理过程中提升客户服务质量和参展者满意度。

在问题了解清楚之后给出一个解决的方法：根据收集的信息提供一个实际的解决方案。确保该方案能够实际解决顾客的问题，并清楚地解释执行步骤。

（4）询问顾客的意见：如果顾客对提出的解决方案仍有不满，询问他们对于如何解决问题有何建议。这不仅展示了您的开放态度，也可能得到更有效的解决方案。

（5）跟踪服务：在问题解决后，继续与顾客保持联系，确保他们完全满意解决方案，并且问题未再次出现。这可以增强顾客的信任感，并提升他们对公司的整体满意度。

在最后，处理完纠纷或者投诉以后我们要学会复盘。对事件进行反省，与同事一起分享得与失，触类旁通，防止类似现象的再次发生。同时，要保持乐观的态度，不在同事之间渲染不愉快的情绪。

通过这些步骤，我们不仅能有效地处理客户的投诉，还能在每次的互动中增强客户的信任和满意度。这种系统化的投诉处理流程不仅有助于解决问题，也有助于提升公司的服务品质和客户忠诚度。

📁 拓展阅读

《魔力服务：创造非凡顾客体验的82个技巧》（作者：亚当·托波雷克[Adam Toporek]），本书讲述了顾客服务人员每天在工作中面对的现实情况，以及在这些现实情况下如何让顾客满意的技巧。

《危机管理》（作者：刘刚），书中内容主要涵盖了危机管理的基本原则和策略，以帮助企业和组织预防、应对各种危机状况。

➡️ 业界实践

服务快速响应系统：引入AI聊天机器人和自动化响应系统，帮助快速识别和响应客户的投诉，减少人工处理时间，提高效率。

▶ 素养提升

道德责任：培养责任心，强调每次纠纷处理不仅是解决问题，更是企业道德实践的体现。

社会影响：分析处理纠纷的方式如何影响社会观念和企业形象，强化社会责任感。

第二节　客户关系维护

活动结束后，维持良好的客户关系是确保未来合作的重要因素。通过持续的沟通和互动，可以加深客户对企业的信任和忠诚。本节将探讨客户关系维护的方法，包括定期回访、意见反馈和个性化服务，帮助企业与客户建立长期、稳定的合作关系。

某次，A科技公司面临了一项挑战。一位重要客户在项目交付后遇到了技术问题，这影响了其业务运营。面对这种情况，A科技公司立即启动了应急机制，派遣技术团队前往客户现场进行故障排查和修复。此外，公司高层亲自与客户沟通，解释情况并承诺将采取一切必要措施确保问题解决。

技术团队在数小时内成功解决了问题,并对系统进行了优化,以防止类似问题再次发生。A 科技公司还为该客户提供了三个月的免费技术支持,以表明其对客户承诺的重视。

此举不仅迅速解决了客户的紧急问题,也深化了客户对 A 科技公司的信任和依赖。客户对公司的快速响应和体现出的责任感表示了高度赞扬,并在后续的几年中继续与 A 科技公司合作,扩大了订单量。

通过这个案例,我们可以看到,在客户关系管理中,及时响应和超出期望的服务是如何帮助企业在竞争激烈的市场中保持领先地位的。A 科技公司通过此次事件,不仅维护了与现有客户的关系,还通过口碑推广,吸引了更多潜在客户的注意,从而增强了市场竞争力。在现代企业管理中,客户关系维护是一项至关重要的任务。

子曰:"己所不欲,勿施于人。"这句话强调了对他人的尊重和体贴,说明在客户关系维护中,应当避免对客户采取可能自己都不希望遭遇的行为。华尔特·迪士尼曾说:"做得比预期更好。"他的成功在很大程度上归功于他对客户关系的重视,始终确保客户得到超出期待的体验。

一、客户关系维护的概念

客户关系维护(Customer Relationship Management,简称 CRM)是企业管理的一个关键部分,指的是企业通过各种方法和技术来管理与客户的互动和关系,目的是增强客户满意度、提升客户忠诚度,并最终推动销售增长和利润最大化。使用 CRM 软件和工具来自动化客户数据管理和分析,改进客户服务流程,并提供更精准的营销活动。客户关系维护的核心就是客户衍生价值的开发和使用,前提是我们对客户进行了有效梳理和分类,有针对性地提出多样化的个性服务。一般而言,客户关系维护管理包含以下内容。

(一)客户数据维护

收集和分析客户的基本信息、购买历史、偏好和行为数据,以便更好地理解客户需求并预测其未来行为(如表 6-6:客户数据)。

表 6-6　客户数据

内容	目标	方法
数据收集	获取客户的全面视图，包括但不限于他们的个人信息、联系方式、购买历史、浏览习惯、喜好等	（1）在线调查和反馈表 （2）跟踪网站和移动应用的用户行为 （3）分析社交媒体活动和互动 （4）交易记录和客户服务互动记录
数据存储	确保数据的安全性和完整性，同时保持数据易于访问和更新	（1）使用安全的云存储服务来保护数据免遭未授权访问 （2）实施数据整合，确保所有来源的数据集中管理 （3）定期备份数据以防丢失 （4）设置多层次的数据访问权限
数据分析	通过分析数据来揭示客户行为模式、偏好和购买趋势，为决策提供支持	（1）使用数据挖掘技术发现数据间的关联和模式 （2）运用统计方法和预测模型预测客户行为 （3）客户细分：根据不同特征将客户分组以实现更有针对性的营销
数据应用	将洞察转化为行动，以增强客户满意度和企业收益	（1）个性化营销活动，根据客户的行为和喜好定制沟通和推广方案 （2）对细分客户进行定向营销和产品推荐 （3）利用洞察进行风险管理、预防客户流失 （4）基于客户需求和反馈开发新产品

（二）客户互动维护

通过各种渠道（如电话、邮件、社交媒体等）与客户进行有效的沟通。这包括客户服务、市场营销活动、产品推介及应对客户的反馈和投诉。

与客户进行有效的沟通是确保良好服务、建立信任和长期合作关系的关键。以下是一些沟通技巧，以帮助改善与客户的沟通（如表6-7：客户互动）。

表6-7 客户互动

阶段	关键活动	详细内容	目的和结果
沟通前准备	了解客户背景	收集客户基本信息、历史互动记录、业务需求	提高沟通针对性和效率
	明确沟通目标	确定沟通的主要目的和具体目标	确保沟通内容和客户需求相关
	准备沟通材料	准备演示文稿、数据报告和支持文件	支持沟通论点,提供必要信息
	预设问题与反应	准备可能的问题及其回答,训练情景反应能力	准备应对突发情况,提高应对能力
沟通过程中	开场白	简洁介绍沟通目的,营造友好氛围	营造积极、专注的沟通环境
	有效的听和说	实施积极倾听,清晰表达	确保信息互通,增强理解和信任
	保持专业和礼貌	无论情况如何均保持专业、耐心和礼貌	维护专业形象,防止误解和冲突
	反馈循环	确认客户理解和接受程度,适时询问反馈	确保信息正确传递,及时调整沟通策略
沟通效果确保	总结和记录（见沟通总结表）	沟通结束前总结要点,记录共识和行动计划	确保双方理解一致,明确后续步骤
	跟进行动	制定并执行跟进计划,包括发送会议纪要和完成任务	保持沟通动力,实现沟通目标
	评估和反馈	请求客户对沟通效果进行反馈,定期评估沟通策略的有效性	持续改进沟通方式,提高客户满意度

表6-8 客户沟通记录表

项目	内容（填写示例）
会议日期	2024年5月1日
参与人员	张三（客户代表），李四（销售经理）
会议主题	年度供货合同讨论

续表

项目	内容（填写示例）
主要讨论点	讨论 2025 年的供货量和价格 客户提出的质量保证要求
达成的共识	同意按照提议价格提供产品 同意增加质量检测频率
下一步行动计划	李四负责更新合同草案，预计完成日期：2024 年 5 月 5 日 张三确认内部审批流程，预计反馈日期：2024 年 5 月 10 日
待解决问题	最终交货日期尚未确定，需进一步协商
备注	客户强调合同必须在 5 月中旬前签署完成

通过这样的沟通记录表单（表 6-8：客户沟通记录表），可以确保每次重要沟通的内容被适当记录并跟踪，有助于提高团队执行效率，减少误解和遗漏，同时确保客户关系的管理更加专业和有序。

（三）客户价值优化

根据客户的价值和需求，制定个性化的服务和营销策略，以提高客户的整体满意度和忠诚度（如图 6-2：客户价值优化实施步骤）。同时使用 SWOT 工具分析客户所处行业和市场地位，从而分析客户目前需求（如图 6-3：客户需求 SWOT 分析）。

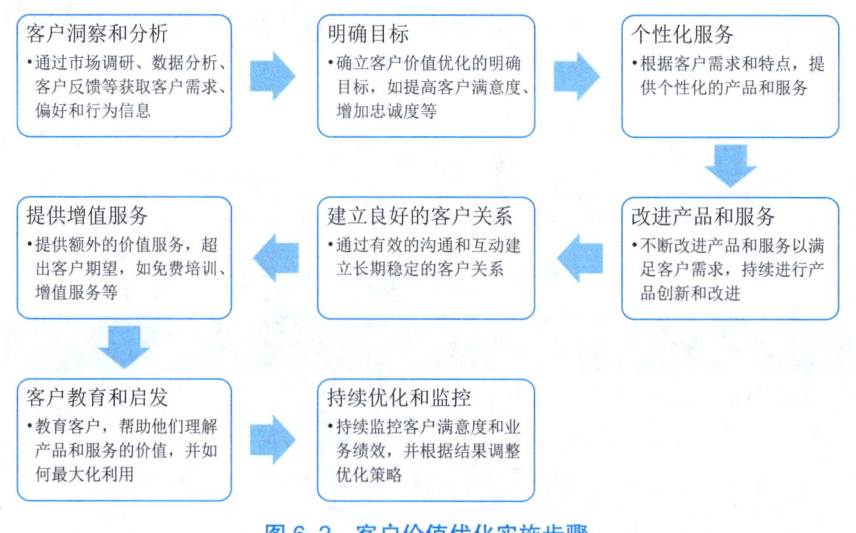

图 6-2　客户价值优化实施步骤

第六章 会展活动后期沟通与礼仪

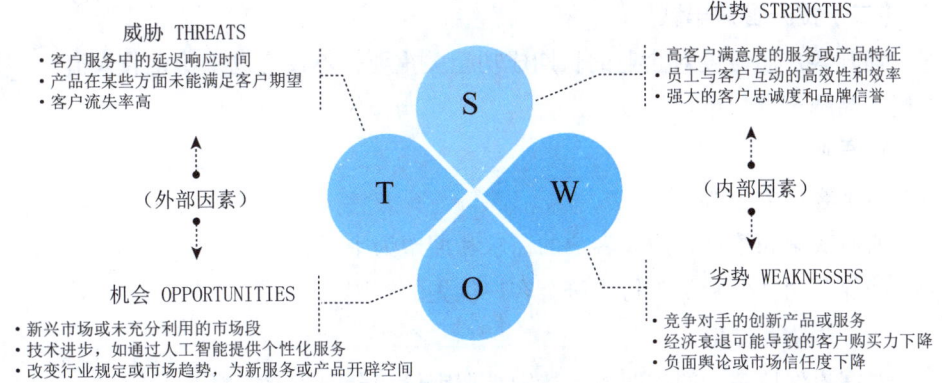

图 6-3 客户需求 SWOT 分析

二、客户关系维护的作用

（一）增强客户满意度

快速响应：提供迅速的回应和解决方案可以显著提高客户的满意度（满意度调查表如表 6-9 所示），特别是在解决问题时的效率显示出企业的专业性和对客户关系的重视。

个性化服务：通过分析客户历史数据提供定制化服务和产品推荐，满足他们的独特需求，使客户感受到企业的关注和价值。

表 6-9 客户满意度调查表格

问题内容	评分（1~5 分） （1 为非常不满意，5 为非常满意）	开放式问题反馈
您对我们的产品/服务质量的满意程度如何？	1　2　3　4　5	请提供具体反馈
您对我们响应您需求的速度满意吗？	1　2　3　4　5	如何改进我们的服务速度？
您对我们员工的专业程度和态度满意吗？	1　2　3　4　5	您有何建议帮助我们改进员工培训？
您会推荐我们的产品/服务给您的朋友或同事吗？	1　2　3　4　5	为何选择这个评分？

（二）提升客户忠诚度

提升客户忠诚度对企业的长期成功至关重要，不仅有助于稳定收入流，还能提高品牌声誉和市场份额。

1. 原则

（1）客户为中心。

所有决策和策略都应以客户的需求和期望为中心。

确保公司文化和员工行为符合客户优先的原则。

（2）透明和诚信。

对客户保持完全的透明度，特别是在定价和合同条款方面。

建立在诚信基础上的关系，应该即使面临短期损失也不牺牲诚信。

（3）持续改进。

永不满足现状，持续寻找改善客户体验的方法。

采用持续改进的方法，定期评估和调整客户关系策略。

（4）对反馈快速响应。

快速、积极地响应客户的意见和建议。

采取具体措施解决客户的问题，并向客户反馈采取的行动。

（5）公平对待所有客户。

保证所有客户都能获得相同水平的服务和尊重。

避免偏袒任何客户群体，确保服务的公平性和一致性。

2. 方法

（1）提供持续的优质体验。

通过持续提供高质量的产品和服务，使客户更倾向于长期与企业合作，并减少其转向竞争对手的可能性。

（2）保证产品和服务的质量。

质量控制：确保所有产品在出厂前经过严格检查，符合行业标准。

持续改进：基于客户反馈和市场研究，不断改进产品性能和服务流程。

（3）优化用户体验。

界面简洁易用：确保所有客户接触点（网站、应用、实体店等）的用户体验简洁、直观。

个性化体验：使用客户数据分析来提供定制化的购物建议和服务体验。

（4）缩短响应时间。

快速响应：提供快速的客户支持反应，无论是在线聊天、电话支持还是电子邮件。

（5）定期测量指标。

客户满意度调查：定期进行，以测量用户体验的改进和客户满意度。

重复购买率：追踪客户的重复购买行为，分析其与产品和服务质量的关联。

3. 积极的客户关系管理

通过常规的客户互动和优质的客户服务，建立信任和正面情感的联系，增加客户的忠诚度。其实施步骤是：

建立有效沟通渠道—对客户反馈进行积极管理—忠诚计划和奖励（如表6-10：客户关系管理）。

表 6-10 客户关系管理

策略分类	关键行动点	目标
客户服务	快速响应、全天候支持、培训员工	确保每个客户都能获得及时、专业的服务体验
客户反馈	收集反馈、分析行动、反馈通信	通过客户的反馈指导产品和服务的改进
个性化体验	数据驱动个性化、关注特殊日、用户体验优化	创建与个人偏好相符的定制体验，增强客户满意度
忠诚度计划	奖励计划、等级系统、会员专享内容	建立奖励机制以鼓励并认可长期和重复的客户行为
透明和诚信	价格透明、诚实营销、信任建设	建立和维护客户信任，确保长期关系的稳定性
社区感	社区活动、客户赞誉、社会责任	通过共享的价值和共同的目标，增强客户对品牌的归属感和忠诚度

（三）优化营销策略

数据驱动的营销：利用收集的客户数据（如购买历史、偏好和反馈）来设计更具目标性的营销活动，这样的活动更能引起客户的兴趣，提高参与度。

提高营销效率：分析营销活动的效果（如样表6-11所示），确定精准营销方案，减少无效的广告支出，提升广告投入的回报率（ROI），从而使营销预算更加高效。

表 6-11　营销活动效果分析表（样表）

活动名称	开始日期	结束日期	成本（元）	覆盖客户数量（人）	反馈	ROI	备注
春季促销	2024-03-01	2024-03-31	5000	300	积极	120%	成功引入新客户
电子邮件营销新产品推广	2024-04-05	2024-04-20	2000	150	中等	80%	需要改进邮件内容

（四）增加销售机会

交叉销售与增销：了解客户的详细需求和偏好，可以发现与其当前购买相关的其他潜在产品或服务，从而提供交叉销售或增销的机会（如表 6-12 所示）。

新产品推荐：基于对客户过往行为和喜好的分析，有针对性地推荐新产品或服务，这些推荐更可能被客户接受，从而提高转化率。

表 6-12　交叉销售和增销机会表（样表）

客户名称	购买历史	潜在交叉销售/增销产品	推荐时间点	销售策略
张三	办公软件套件	高级版升级	2024-06-01	提供升级优惠价
李四	个人电脑	外设配件（键盘、鼠标）	立即	邮件营销，突出高兼容性和特价

（五）加强市场竞争力

客户洞察：深入了解客户需求和市场动态（如图 6-4：行业增长率图，图 6-5：客户需求变化），使企业能够更快速地适应市场变化，推出创新产品或服务，加强市场竞争力。

品牌忠诚的传播：满意的客户更可能向他人推荐企业的产品或服务，这种口碑效应可以显著增强企业的品牌形象和市场影响力。

通过维护良好的客户关系，企业不仅能提升客户满意度和忠诚度，还能有效地增强市场竞争力和经济效益。这些策略应被视为整体业务战略的一部分，需要企业在各级别组织和部门之间进行协调和支持。

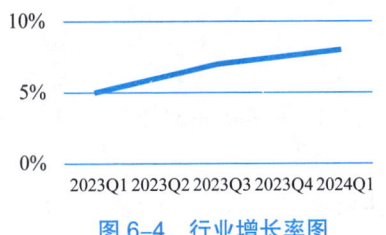

图 6-4 行业增长率图

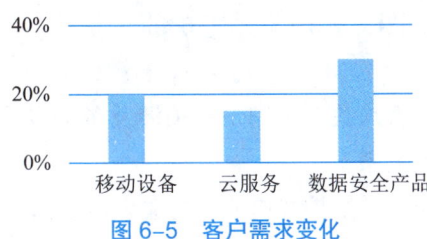

图 6-5 客户需求变化

三、客户关系维护原则

1. 客户为中心

始终将客户的需求和满意度放在首位,努力理解他们的需求,并提供符合或超出期望的解决方案。

2. 诚信为本

在所有的交易和沟通中保持诚信,确保企业的每一步行动都能获得客户的信任。

3. 持续沟通

与客户保持定期的沟通,了解他们的最新需求和可能产生的问题,及时反馈解决方案和改进措施。

4. 个性化服务

根据不同客户的特定需求提供个性化服务,使服务更加贴心和有效。

5. 建立长期关系

视客户关系为长期投资,通过持续的服务和支持来维护和加强这种关系。

6. 反馈机制

建立有效的客户反馈机制,鼓励客户提供反馈,并根据反馈调整服务和产品。

7. 危机管理

在遇到问题时,迅速而有效地处理客户的投诉和问题,避免问题的扩大,并且确保问题得到妥善解决。

8. 培训员工

确保所有面对客户的员工都接受适当的培训,了解如何有效地与客户沟通及如何处理客户的需求。

四、客户关系维护的步骤

客户关系维护是一项涉及多个步骤的过程，旨在建立并增强与客户之间的长期关系。

有效维护客户关系的关键步骤如下面所述。

1. 客户数据收集

收集客户的基本信息，包括联系方式、偏好、历史购买记录等（如表6-13：客户数据）。比如评估不同通信方式在不同客户群体中的接受度和响应速度。根据客户所处的生命周期阶段（潜在客户、新客户、忠诚客户等）确定沟通频率和方式。例如，新客户可能需要更频繁地跟进以建立信任，而老客户则可能更注重定期更新和促销信息。同时设计一个沟通计划，明确何时使用哪种方式进行沟通，如重要节日前通过电子邮件发送祝福，或产品更新后通过社交媒体进行通知。确保沟通频率既能保持客户的关注度，又不至于让客户感觉过于频繁或被打扰。

表6-13 客户数据

客户生命周期阶段	沟通方式	沟通频率	主要目的
潜在客户	电子邮件、社交媒体、在线广告	初次接触后每周一次	提高品牌认知，介绍产品和服务
新客户	电话、电子邮件、个人会议	加入后的第一周每天，之后每周	建立关系，提供使用指导，解答疑问，鼓励产品使用
活跃客户	电子邮件、社交媒体、客户服务热线	每月至少一次	保持联系，提供新的产品信息，收集反馈
忠诚客户	个性化电子邮件、独家活动邀请、忠诚计划	根据活动和需要定期联系	增强忠诚度，提供定制服务和优惠，邀请参与反馈和测试新产品
风险客户	电话、电子邮件、面对面会谈	检测到风险行为后立即联系	解决问题，重建信任，避免客户流失
已流失客户	电子邮件、电话	每半年一次	了解原因，尝试重新吸引回公司

表格说明——

潜在客户：处于品牌认知阶段，需要更多的信息以建立初步印象。

新客户：他们在开始使用产品或服务时需要更多的引导和支持。

活跃客户：已经是公司产品的常规用户，关键在于维护关系和提供新信息。
忠诚客户：重点在于个性化服务和提供额外的价值，以保持他们的忠诚和推荐。
风险客户：可能由于不满或其他原因考虑离开，需要及时沟通以解决问题。
已流失客户：尽管已流失，但了解原因和定期重新联系可能帮助挽回一些客户。
利用CRM（客户关系管理系统）等工具来系统地管理这些数据。

2. 客户细分

根据客户的购买行为、需求、偏好和价值将客户分成不同的群体。

这有助于更有效地针对不同类型的客户进行个性化服务和营销。

3. 建立沟通策略

确定最有效的沟通方式和频率，如电子邮件、电话、社交媒体等。

设计沟通内容以满足不同客户群体的特定需求。

4. 提供个性化服务

根据客户的偏好和历史交易记录提供定制化的产品或服务。

定期更新服务以确保它们符合客户的当前需求。

5. 持续交互与关注

定期与客户互动，包括发送问候、提供优惠信息、调查问卷等。

监听并积极响应客户的反馈和建议。

6. 问题及时解决

快速响应客户的投诉和问题，提供有效的解决方案。

记录问题处理过程和结果，用于未来改进服务质量。

7. 客户忠诚度提升

实施忠诚度计划，如积分系统、会员特权、优惠券等。

定期评估和调整忠诚度计划，确保它们能够有效激励客户长期支持。

8. 评估与优化

利用客户反馈和绩效指标，定期评估客户关系管理策略的有效性。

调整和优化策略，以确保它们与企业目标和市场变化保持一致。

五、会展后期客户回访制度

制定一套会展后期客户回访制度是确保会展后能有效维护并深化与潜在客户关系的关键步骤。这样的制度可以帮助企业提升客户满意度，增强客户忠诚度，并促进销售机会的转化。一个细致且系统化的计划是确保有效沟通和提升客户关系的关键。

1. 制订回访计划

（1）确定回访对象：根据展会上收集的客户信息，筛选出潜在的重点客户、有兴趣的客户以及需要进一步了解信息的客户。

（2）分配回访责任：根据客户的业务性质和需求，将不同的客户分配给相应的销售或客服团队成员，确保每位员工都清楚自己的责任和目标客户。

2. 回访日程安排

（1）设定时间线：通常首次回访应在展会结束后的一周内进行，以保持客户对企业的印象和兴趣。后续的跟进时间应根据客户的反馈和兴趣来安排。

（2）创建日程表：使用 CRM 系统或日程管理工具来安排和跟踪每次客户回访的时间，确保不遗漏任何一位客户。

3. 回访方式选择

（1）电话回访：适用于需要建立更个人化联系的客户。电话回访可以更直接和深入地讨论客户的需求和疑虑。可以即时解答客户的问题，建立亲切的人际关系，适合处理复杂或敏感的问题。

（2）微信回访：适用于日常沟通和发送不太正式的商业信息。微信方便快捷，被广泛接受，并允许发送文字、语音消息、图片和视频，非常适合维持日常业务联系。微信回访是一种轻松的互动方式，支持实时或非实时沟通，适合迅速反馈和长期维护客户关系。

（3）在线会议：适用于需要进行产品演示或详细讨论的客户，尤其是地理位置较远的客户。使用腾讯会议或钉钉等在线会议平台进行。允许多方参与，支持屏幕共享和视频通话，使演示更加直观、互动性更强。

4. 回访内容确定

（1）个性化内容：根据客户在展会上的兴趣和之前的交流，准备相关的产品信息、案例研究或定制化的解决方案。

（2）价值提案：明确展示如何通过您的产品或服务解决客户的具体问题或满足他们的需求。

（3）提纲整理：按照逻辑顺序安排讨论的主题，确保内容流畅且相关性强。规划会谈结束时的总结，包括感谢客户抽时间沟通，提出下一步的建议行动，如安排第二次会议、发送更多资料或提供产品试用等。

5. 回访过程管理

一个有效的回访过程管理不仅包括计划的制订，还包括对执行的监控和后期的评估。过程要有记录和跟踪，记录每次回访的详细情况，包括客户的反馈、兴趣的变化和下一步的行动计划。同时，需要进行定期评估，周期性地检查回访活动的进展和效果，调整策略以应对不断变化的客户需求和市场状况。另外，还要将回访中出现的但是回访前的提纲中没有的内容追加进去。

6. 回访过程中的礼仪细节

（1）尊重与专业：始终保持专业的态度，按预约准时进行回访，尊重客户的时间和意见。

（2）倾听与响应：积极倾听客户的需求和问题，提供有针对性的信息和解决方案，避免一味地推销产品。

（3）感谢与回馈：在回访结束时感谢客户的时间和反馈，并在适当时候提供特别优惠或小礼物作为对他们兴趣的认可。

拓展阅读

《客户价值战略》（作者：陈军），这本书详细探讨了如何通过分析和增强客户价值来提升企业的市场竞争力和盈利能力，强调了将客户价值作为企业战略决策的核心。

《服务管理》（作者：詹姆斯·A.菲茨西蒙斯、莫娜·J.菲茨西蒙斯），这本书全面探讨了服务管理原则，如何在管理原则指导下提升顾客满意度，与服务营销主题紧密相关。

第三节　答　谢

对参与会展活动的参展商和参观者表达感谢，是提升他们满意度和忠诚度的关键环节。通过发送感谢信、举办答谢宴会或赠送礼品等方式，可以有效地传达企业的诚意和重视。本节将介绍各种答谢方式的具体实施方法和注意事项，帮助企业在活动结束后继续巩固与客户的良好关系。

会展活动之后对客户进行答谢是维护和加强商业关系的一个重要环节。正确地执行这一步骤不仅能够提升客户满意度，还能为未来的合作打下坚实的基础。马克·吐温说过："感恩是记忆的心。"表达感谢之情不仅是礼仪的要求，也是维护人际关系的桥梁。

一、答谢的意义

（一）加深印象

会展活动后向客户发送感谢信、举办答谢宴会或赠送礼品可以帮助企业在客户心中留下深刻印象。这种个性化的关注显示出企业对客户关系的重视，有助于提升品牌形象。

（二）巩固关系

答谢活动提供了一个与客户进一步互动的机会。通过感谢客户在会展中的参与，企业可以表达对客户支持的感激之情，从而增强客户的忠诚度和对品牌的好感。

（三）激发重复业务

通过答谢活动，企业可以巧妙地提醒客户考虑再次购买或续订服务。在答谢的同时，企业可以简要地介绍新产品或即将推出的服务，激发客户的兴趣并促成未来的交易。

（四）增强信任

诚挚的答谢可以作为企业诚信和可靠性的象征。在商业关系中，信任是非常宝贵的资产。通过认真策划的答谢活动，企业可以加强与客户之间的信任关系。

（五）促进口碑营销

满意的客户是企业最有效的宣传者。通过答谢客户，企业不仅能够巩固现有的商业关系，还可能通过客户的口碑吸引新的潜在客户。客户的推荐往往比任何形式的广告都更有效。

（六）文化敏感性

在国际商务中，答谢客户也体现了企业对不同文化习惯的尊重和理解。适当的答谢方式可以跨文化地传达企业的敬意和专业性，有助于在全球市场中建立积极的企业形象。

二、答谢的方式

会展活动后答谢客户的方式多种多样,可以根据企业的具体情况和客户的偏好选择最合适的方法。以下是一些常见且有效的答谢方式。

(一)感谢信

发送个性化的感谢信是一种非常传统且有效的答谢方式。信件应当具体提到客户在活动中的参与,并表达企业的诚挚感激之情。这种方式直接且具有个人化特点,可以是纸质信件或电子邮件形式。

(二)答谢宴会

举办答谢宴会是一种更为正式的答谢方式,可以邀请会展中的重要客户和合作伙伴。宴会提供了一个非正式的环境,有助于加深关系,促进面对面的交流,并在轻松的氛围中讨论未来的合作机会。

答谢宴会

不同的场合和目的可能需要不同类型的答谢宴会。以下是几种常见的答谢宴会类型,适用于各种商务场景。

1. 正式晚宴

通常在高端餐厅或酒店举办,环境幽雅,菜单精致,可以是包括多道菜的正式晚餐。适用于重要的商务伙伴、高层管理人员或重大项目的庆祝。

2. 自助餐式宴会

提供各种自选菜品的自助餐,氛围较为轻松,宾客可以自由选择食物和交流的对象。适合人数较多的宴会,如企业年会、产品发布后的客户答谢等。

3. 鸡尾酒会

不提供正餐,只供应鸡尾酒和小吃,宾客站立交谈,氛围非常开放和活跃。适合非正式的聚会,如新市场开拓后的客户接待或较轻松的商务庆祝。

4. 户外烧烤或野餐

在户外环境中进行,提供烧烤或野餐食物,氛围休闲、亲近自然。适合温暖季节的答谢活动,是与客户的非正式聚会。

5. 主题宴会

围绕特定主题设计,包括装饰、菜单和娱乐活动,可能需要宾客按主题着装。适合创意行业或寻求特别体验的场合,如创意产品发布后的答谢、电影或艺术展览结束后的庆祝。

6. 私人晚宴

在较为私密的环境中举行，如私人会所或家中，参与人数较少，注重私密交流。适用于与重要客户的深入交流，或作为谈判重要合同后的答谢。

每种类型的答谢宴会都有其独特的优点和适用环境。在选择答谢宴会的类型时，应考虑宾客的背景、宴会的目的和预算等因素，以确保活动的成功和达到预期的答谢效果。

（三）礼品馈赠

礼品馈赠是商务礼仪中的重要组成部分，特别适合在会展活动和其他商务活动后对客户表示答谢。正确选择礼品不仅能表达感谢之情，还可以加深双方的关系。要根据客户的喜好和文化背景精心挑选礼品，礼品赠送应注意文化差异，确保礼物得体且符合接收者的喜好。

1. 礼品选择种类

（1）办公用品：如高端笔具、办公桌配件、定制日历或记事本等，这些都是实用且体现专业精神的礼品。

（2）技术产品：如 USB 闪存驱动器、便携式电源、智能手表或耳机，适合科技行业或对新科技感兴趣的客户。

（3）高端酒水：如优质红酒、威士忌或茶叶，这些礼品常常被用来表达尊重和高贵。

（4）地方特色商品：如地区特产、手工艺品或其他具有地方特色的商品，可以展示文化魅力，增加礼品的独特性。

（5）个性化商品：如刻有客户名字的商品、定制艺术品或个性化的礼品，更显心意和个性化关怀。

（6）体验式礼品：如度假套餐、SPA 体验、高尔夫球场会员体验等，适合想要提供独特体验的企业。

2. 礼品馈赠原则

（1）合适的预算：选择礼品时应考虑预算，既不能过于廉价影响公司形象，也不宜过于昂贵以避免给接收者带来压力。

（2）文化适宜性：在国际商务中，了解不同文化对礼品的接受度是非常重要的。不同的文化背景下，同一礼品的含义可能大相径庭。

（3）个性化和实用性：选择与客户兴趣和需要相符的礼品，实用且个性化的礼品更能给人留下深刻印象。

（4）礼品包装：高质量的包装可以增加礼品的价值感，礼品的外观和呈现方式应尽可能体现专业和尊重。

3. 礼品选择禁忌

（1）避免敏感商品：如刀具（可能暗示切断关系）、时钟（在某些文化中与"送终"相关）、鞋子（在一些文化中，特别是在阿拉伯国家，鞋子可能与脚底相联系，脚底在许多文化中被认为是不洁的部分，因此赠送鞋子可能被视为不尊重）等。

（2）避免过于私人化的礼品：如衣物或珠宝等，这可能使接收者感到不适。

（3）避免侵犯隐私的礼品：如过于昂贵的礼品可能被视为贿赂。

（4）考虑健康和宗教因素：如不赠送含酒精的礼品给不饮酒的人；向有宗教信仰的客户赠送礼物要格外谨慎。

（5）避免使用白色或黑色包装纸：在一些文化中，这两种颜色常与丧事关联。

4. 后续服务和支持

提供额外的服务支持，如免费的售后服务、延长的保修期或客户培训，以表示对客户持续支持的承诺。

5. 其他形式

（1）优惠券和特别优惠：提供专为展会参与者设计的优惠券或特别优惠，可以激励客户进行后续购买。这不仅是对客户的答谢，也是促销的一种方式。

（2）专属活动邀请：邀请客户参加只限特定客户参加的闭门活动，如新产品发布会、专题研讨会或VIP客户体验日。这种答谢方式可以让客户感受到自己的重要性和独特性。

（3）视频感谢：制作一段感谢视频，由公司高层或团队成员亲自出镜，向客户表达感谢之意。这种方式温馨且能有效传达感情，尤其是在当下的数字化时代，视频可以通过邮件或社交媒体平台轻松分享。

这些答谢方式可以单独使用或组合使用，关键是要确保答谢活动符合客户的期待和公司的品牌形象，同时真诚地传达感激之情。答谢活动应该精心规划，确保每一个细节都能展现出对客户的尊重和感激。

业界实践案例

许多企业在客户关系维护方面做得非常出色，通过各种创新措施和策略增强客户满意度和忠诚度。以下是一些国内成功企业的客户关系维护措施。

1. 阿里巴巴客户关系维护措施

个性化推荐算法：阿里巴巴利用强大的数据分析能力，通过其电商平台向用户推荐个性化的商品，提升用户的购物体验。

消费者保护：实施"先行赔付"制度，对消费者权益给予额外保护，增强消费者信任。

2. 腾讯客户关系维护措施

多元化的社交平台：通过微信和QQ等社交平台，腾讯为用户提供了丰富的互动和沟通工具，促进用户黏性。

游戏与内容生态：腾讯通过提供高质量的游戏和视频内容，满足不同用户群体的娱乐需求，增强用户满意度。

3. 华为客户关系维护措施

优质的售后服务：华为在全国设有大量的服务中心，提供快速和专业的技术支持和维修服务。

创新驱动：通过不断的技术创新和高投入的研发，华为确保其产品始终处于行业前沿，赢得客户的信赖和支持。

4. 海尔客户关系维护措施

用户至上的设计哲学：海尔在产品设计和服务中坚持"用户至上"，根据用户的反馈和需求持续优化产品。

智慧家居生态系统：通过构建智慧家居生态系统，海尔提升了用户体验，增加了品牌黏性。

5. 京东客户关系维护措施

快速物流服务：京东自建物流体系，保证了快速可靠的配送服务，特别是在大促销期间能够有效处理高峰期订单。

京东PLUS会员服务：提供会员专属的优惠、特权及增值服务，提升了用户的购物体验和满意度。

素养提升

维护客户关系的过程，也是一个企业社会责任和道德实践的体现。优秀的企业文化不仅包括对外的产品质量和服务标准，更包括对内的员工关怀和对社会的贡献。通过正直和诚信的企业行为，体现社会主义核心价值观，增强企业的社会信誉和经济效益。

拓展阅读

《卓越服务》(作者：史蒂夫·科延)，该书作者揭示了可以创造卓越服务体验的三个要素，也列举了让人信服的案例来说明企业的注意力应该从监测服务转向强化行为，真正为客户创造愉悦的消费体验。本书配以多个真实的故事和不同行业的案例，帮助客服人员和销售人员将平庸的客户服务转变为卓越的客户服务。

Giftology: The Art and Science of Using Gifts to Cut Through the Noise, Increase Referrals, and Strengthen Retention（作者：John Ruhlin），这本书深入探讨了如何通过战略性和有意义的礼物赠送来建立和巩固商业关系，增加客户推荐并提高客户保留率。书中包含了许多个人故事和数据支持，展示了不同类型的礼物如何在商业环境中产生影响。

思考与练习

一、思考题

1. 如果在会展活动后，客户提出了对服务不满的投诉，你会如何处理以确保客户关系不受影响？
2. 在维护客户关系时，为什么定期发送感谢信或礼品可能对业务发展产生积极影响？
3. 举办答谢宴会与直接发送礼品相比，有何优势和劣势？

二、练习题

1. 草拟一封感谢信，针对一个假设的客户，他在最近的一次会展中购买了你们的高端产品，请对他表示感谢。
2. 设计一个答谢宴会的计划，包括活动议程、预算和宾客名单。
3. 选择一个文化背景明显不同的国家，列出三种适合送给该国客户的商务礼品，并解释选择的理由。
4. 讨论一个你熟悉的品牌是如何通过优秀的客户服务来维护客户关系的。
5. 设计一个客户满意度调查问卷，包括至少五个问题，旨在评估客户对服务的满意程度和忠诚度。

第七章

会展团队内的沟通与礼仪

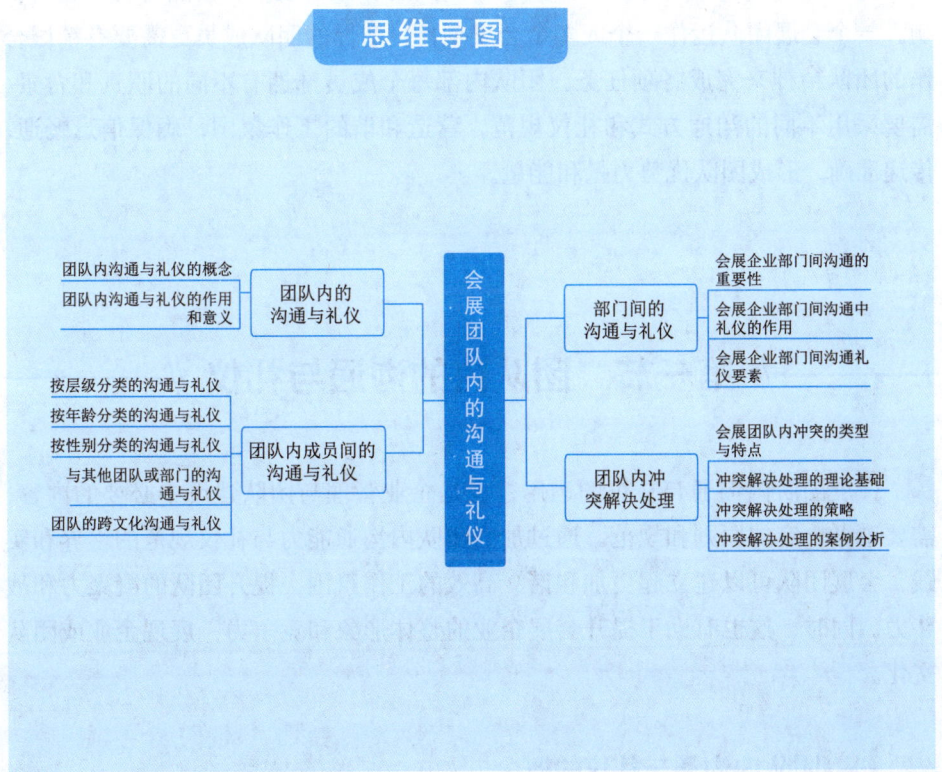

> 🎯 **学习目标**
>
> ● 知识层面：掌握会展团队内沟通与礼仪的概念及其对会展团队建设的重要作用和意义；了解会展团队内沟通与礼仪对象及部门的分类、团队内的冲突类型和特点。
>
> ● 技能层面：学会团队内及部门间进行沟通与体现礼仪的基本方法、解决团队内冲突处理的策略。
>
> ● 素养层面：培养团队精神和会展企业文化建设。

会展团队是指会展企业内部的各会展项目团队、部门或者是会展企业外部的合作团队。会展团队成员不仅要为客户提供优质的会展服务，还要在会展团队内部有密切的沟通协调合作关系，团队的协作、效率和氛围有着深远的影响。一个会展团队运作一个或多个会展项目，精悍的团队成员更需要有精诚合作的团队精神来完成各项任务。团队内部每个成员都拥有不同的职责和背景，需要采用不同的沟通方式和礼仪规范，营造和谐的工作氛围，确保信息畅通、传递准确，形成团队优势力量和能量。

第一节 团队内的沟通与礼仪

会展团队内沟通与礼仪的运用，也是企业管理与团队建设中必要的内容，需要遵循一定的原则和规范。通过加强团队内沟通能力与礼仪规范的培养和实践，会展团队可以建立起更加和谐、高效的工作氛围，提升团队的凝聚力和战斗力。同时，这也有助于提升会展企业的整体形象和竞争力，展现企业或团队文化。

一、团队内沟通与礼仪的概念

（一）团队内的沟通

团队内的沟通是指团队成员都应当是信息的传递者和接收者，通过有效的沟通，将团队的目标、计划和进展清晰地传递给每个成员。

团队成员都有自己独特的视角和见解，通过团队内成员的沟通将这些意见传递给其他成员或其他团队。团队内的沟通也是一门艺术，需要在实践中有效传递和有效倾听，以更加开放、包容和高效的沟通方式，推动团队相互理解、紧密团结，并不断促使团队发展。

（二）团队内的礼仪

团队内的礼仪是指团队内成员彼此相互尊重的行为规范准则。

良好的礼仪能够增强团队成员间的信任和尊重，减少误解和冲突，从而营造出更加积极的工作氛围。团队内成员不应该因太过熟悉而不遵循礼仪规范，尊重他人是团队内礼仪的核心。尊重团队成员的文化多样性，以平等、友好的态度对待每个人，建立和维护良好的同事关系，使得团队更为和谐和团结，形成高效的团队运营机制和良好的企业或团队文化。团队内的礼仪对于团队的发展和成功具有重要意义。

二、团队内沟通与礼仪的作用和意义

会展团队内沟通与礼仪的运用，能够形成集体优势，对顺利完成工作目标和维护团队整体形象有着重要作用和意义。

（一）促进团队合作和协作

良好的沟通能力有助于团队成员之间更好地理解彼此、协调工作、共同解决问题。通过有效的沟通，团队成员可以更好地协作，提高工作效率，实现团队目标。

（二）建立信任和凝聚力

尊重他人、遵守礼仪规范可以帮助团队建立内部的信任感。遵循礼仪规范可以促进良好的团队氛围，增强团队凝聚力，让团队成员更加紧密地团结在一起，形成强有力的团队力量。

（三）提升团队形象

在会展行业，团队形象和专业素养至关重要。遵守礼仪规范可以提升团队的专业形象，展示团队的素质和实力，给客户和合作伙伴留下良好的印象。

（四）解决问题和化解冲突

良好的沟通技巧有助于团队成员更好地沟通、表达意见、解决问题，有效化解潜在的冲突。在团队建设过程中，沟通和礼仪能够帮助团队更好地应对挑战，保持团队的稳定与和谐。

（五）提升团队工作效率

通过良好的沟通和遵守礼仪规范，团队可以更高效地协作，减少内耗导致的误解和冲突，提高工作效率，从而更好地实现团队的目标。

第二节　团队内成员间的沟通与礼仪

团队内成员间的沟通与礼仪的分类多种多样，主要根据沟通的方式、场合以及礼仪的具体要求等来划分。在会展项目运行中，团队内成员间的沟通与礼仪尤为重要，故以沟通对象来进行分类（如图7-1：团队内的沟通与礼仪对象）。

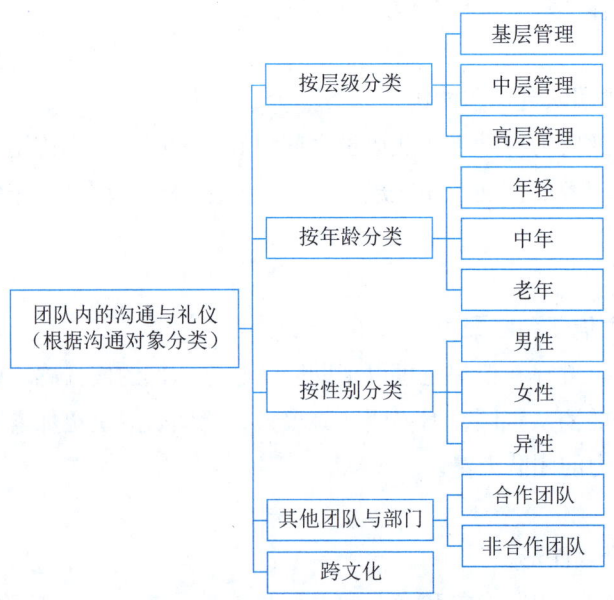

图7-1　团队内的沟通与礼仪对象

一、按层级分类的沟通与礼仪

在团队内部，不同层级的成员具有不同的职责和角色，以下根据不同层级进行细分类。

（一）高层管理者的沟通与礼仪

此类沟通与礼仪对象是指会展企业项目的决策者、高级管理者，泛指会展企业高层管理者。会展项目的高层管理者，犹如一艘巨轮的舵手，他们凭借深邃的洞察力与独到的决策力，引领着整个团队朝着目标坚定前行，对会展项目运行起着决定性作用。

与高层管理者的沟通与礼仪不能仅仅是一种表面的交际技巧，而应是一种深刻的团队文化和管理哲学。沟通是信息的桥梁，礼仪则是文化的体现，二者相辅相成，共同构成了会展企业高层管理者与团队成员之间和谐共处的基础。

在沟通方面，高层管理者需要注重倾听与表达的平衡。倾听是理解团队成员需求和想法的关键，通过积极倾听，高层管理者能够更准确地把握项目进展中的问题和挑战，从而做出更为明智的决策。同时，表达也是沟通中不可或缺的一环，高层管理者需要用清晰、准确的语言传达自己的意图和期望，确保团队成员能够明确理解并付诸实践。

在礼仪方面，高层管理者需要展现出尊重与专业的态度。尊重是建立信任的基础，高层管理者应该尊重每一位团队成员的意见和贡献，避免因为身份差异而产生不必要的隔阂。同时，专业也是礼仪的重要体现，高层管理者需要在言谈举止中展现出自己的专业素养和领导力，以赢得团队成员的尊重和信任。

借助良好的沟通与礼仪，会展企业的高层管理者能够与团队成员建立起紧密的合作关系，形成上下一心的团队力量。这种力量不仅能够推动项目的顺利进行，而且能够提升整个企业的凝聚力和竞争力。

（二）中层管理者的沟通与礼仪

此类沟通与礼仪对象是指会展企业或会展团队的中层管理者。中层管理者在会展企业或会展团队中，不仅是信息传递的关键者，而且是团队文化建设和精神风貌的塑造者。

中层管理者在日常工作中保持良好的沟通与礼仪，不仅展现出企业或团队的专业形象，同时也确保团队内部的顺畅沟通和任务的高效执行。

在与高层管理者的沟通中，中层管理者需要具备扎实的业务知识和敏锐的战略眼光，能够准确理解并传达高层的战略意图。他们不仅要能够听取高层的意见和建议，更要能够提出自己的见解和解决方案，为高层决策提供有力的支持。

而与基层员工的沟通，则需要中层管理者展现出更多的耐心和细心。他们需要深入了解员工的需求和困难，关心员工的成长和发展，通过积极的倾听和有效的反馈，激发员工的工作热情和创造力。同时，中层管理者还需要以身作则，遵守企业的规章制度和道德规范，为基层员工树立良好的榜样。

在礼仪方面，中层管理者需要注重场合和对象的差异。在不同的场合、面对不同的对象时，他们需要遵守礼仪规范，以确保沟通的效果和形象的良好展现。

（三）基层员工的沟通与礼仪

此类沟通与礼仪对象是指会展团队的基层员工。基层员工是会展团队的具体执行者，无疑是塑造团队凝聚力、提升工作效率和展现团队良好形象的关键人物，他们反映了团队的精神面貌和工作态度。

与基层员工的沟通与礼仪是会展团队管理中不可或缺的一环。作为团队的管理者，应当深刻理解基层员工的角色和地位，充分尊重他们的努力和付出，同时提供必要的支持和指导，以帮助他们更好地发挥自己的能力和潜力。

在与基层员工的沟通中，应当注重信息的准确性和及时性。通过明确、简洁的指令和反馈，帮助他们理解工作任务和期望，同时及时了解他们在工作中的困难和问题，并给出具体的解决方案和建议。此外，我们还应倾听他们的意见和建议，鼓励他们积极参与团队的决策和讨论，增强他们的归属感和责任感。

在礼仪方面，展现出良好的职业素养和道德品质。在与基层员工的交往中，应当保持亲切、友好的态度，尊重他们的个人差异和文化背景，避免使用不当的言辞和行为，以免给他们带来不必要的困扰和伤害。

还应关注基层员工的成长和发展。通过提供培训和学习的机会，帮助他们提升自己的专业技能和综合素质，为他们的职业发展创造更多的可能性。同时，我们还应关注他们的心理健康和生活状况，积极帮助他们解决生活中的困难和问题，让他们能够全身心地投入工作中。

二、按年龄分类的沟通与礼仪

在会展团队中，成员之间的年龄差异可能导致沟通风格和礼仪习惯的不同。因此，针对不同年龄的团队成员可进行详细分类。

（一）年轻员工的沟通与礼仪

指沟通与礼仪对象是年轻员工。作为会展企业或会展团队的新生力量，他们如同璀璨的星辰，照亮了企业前进的道路。他们通常具有活跃的思维、创新的观念和较高的接受新事物的能力，能够打破传统束缚，以全新的视角和理念来推动会展行业的发展。他们是会展企业或会展团队的未来主力，为企业的长远发展奠定坚实的基础。

年轻员工往往注重与客户的沟通交流，为客户提供更加优质的服务。在团队内更应该主动积极地与年轻员工进行沟通，需要尊重、关注年轻员工的成长与发展，为他们提供更多的学习机会和培训资源，帮助他们不断提升自己的能力和素质。同时，也要为他们创造一个宽松、和谐的工作环境，激发他们的创造力和创新精神，共同推动会展行业的繁荣发展。

（二）中年员工的沟通与礼仪

指沟通与礼仪对象是中年员工。中年员工通常具有丰富的工作经验和较强的执行力，是会展团队的中坚力量。大部分中年员工因年富力强又有丰富的工作经验和社会阅历，在团队中起到榜样引领作用。关注他们的需求和发展，充分发挥他们的优势，可以推动会展团队不断向前发展，实现更高的目标。

在与中年员工沟通时，要充分理解他们所承担的工作压力和家庭责任，展现出对他们辛勤付出的尊重和认可。同时，还需要关注他们的职业发展需求，为他们提供学习和成长的机会，让他们不断提升自己的专业技能和综合素质，以更好地适应行业发展的变化。

在礼仪方面，要尊重中年员工的年龄和经验，以平等、友好的态度与他们交流。在会议和活动中，可以邀请他们分享经验、提出建议，让他们感受到自己在团队中的价值和地位。此外，我们还要关注中年员工的身心健康，为他们提供必要的关怀和支持，帮助他们平衡工作与生活的关系，保持积极向上的心态。

(三)老年员工的沟通与礼仪

指沟通与礼仪对象是老年员工。老年员工可能具有丰富的人生经验和深厚的行业背景,他们的经验和智慧对于会展团队来说是一笔宝贵的财富。老年员工凭借他们的丰富经验,总能提前预见并规避可能出现的风险。他们熟悉会展行业的规则和流程,对于各个环节的把控得心应手,让会展项目得以顺利进行。同时,他们的深厚行业背景也为企业或团队带来了许多宝贵的资源和人脉。

在与老年员工沟通时,需要保持足够的尊重和耐心。他们可能对于新兴事物和技术的接受速度稍慢,但这并不妨碍他们为团队贡献自己的智慧和力量。在会议讨论中,可以邀请他们分享自己的经验和见解,让年轻员工从中受益。同时,也应该主动关心他们的生活和工作状态,了解他们的需求和困难,帮助他们解决实际问题。

礼仪方面,更要注重细节和尊重。在称呼上,可以使用敬称,如"老师""前辈"等,以表达对他们的敬意。在会议或活动中,可以为他们安排舒适的座位和便利的设施,确保他们能够轻松参与。在与他们交流时,要保持微笑和谦逊的态度,认真倾听他们的意见和建议。

三、按性别分类的沟通与礼仪

在会展团队中,不同性别的成员在沟通与礼仪方面也可能存在差异。了解并尊重这些差异有助于更好地促进团队内部的和谐与协作。

(一)男性员工之间的沟通与礼仪

沟通与礼仪双方均为男性员工。男性相对女性而言沟通更为直接和简洁,他们可能更注重任务的完成和问题的解决,但这并不意味着男性员工在沟通与礼仪上缺乏细致和尊重。

男性员工之间的沟通,往往更注重于信息的传递和问题的解决。他们倾向于直接表达自己的想法和观点,对于任务的要求和完成标准也更为明确。这种直接性有助于提高工作效率,减少误解和沟通障碍。在沟通中,男性员工应当保持礼貌和谦逊,尊重他人的意见和感受,避免使用粗鲁或冒犯性的语言。

男性员工往往注意在对客沟通与礼仪中展现自己的专业素养。他们熟悉行业规范,了解客户的需求和期望,并能够以专业的态度和技能对客沟通和服务。同时,他们注意自己的仪表和形象,保持整洁、得体的着装和举止,以展现出良好的职业素养。这样的对客沟通与礼仪的习惯使他们在团队内能够赢得他人的信任和尊重。

(二) 女性员工之间的沟通与礼仪

沟通与礼仪双方均为女性员工。女性之间的沟通可能更加注重情感和细节，她们可能更倾向于倾听和理解对方的感受。她们的沟通不仅局限于工作任务的分配和完成，更多的是关乎彼此的生活、情感以及心灵的交流。

女性员工之间的沟通也常常体现出不同的礼仪。在日常工作中，她们会通过委婉的方式表达自己的意见和看法。在公共场合中，女性员工会注重礼貌和谦虚，也会注意倾听他人的观点，尊重不同的意见。当某位同事遇到困难或者心情低落时，其他女性员工往往会主动关心，耐心倾听，并提供自己的建议和安慰，让每位员工感受到团队的温暖和支持。

(三) 异性员工之间的沟通与礼仪

沟通与礼仪双方是异性员工。男女性员工之间存在着比较大的差异，在工作中需要特别注意的是尊重彼此的差异和特点，保持恰当的工作关系。男女性员工之间可以相互学习，借鉴对方的优点，共同营造一个平等、和谐、高效的工作环境。

异性员工间的沟通与礼仪还需注意以下几点。

1. 双方应充分尊重彼此的个人空间与隐私

在工作场合中，尽管沟通与合作是必不可少的，但也要时刻注意保持适当的距离，避免侵犯对方的个人边界。

2. 语言的使用要得体、礼貌

在与异性同事交流时，应注意措辞的恰当性，避免使用可能引起误解或不适的词语和语气。同时，要保持积极、友好的态度，以建立和维护良好的工作关系。

3. 对于不同性别员工可能存在的习惯差异，应予以理解和尊重

一些女性员工可能更注重细节和沟通方式，而男性员工可能更直接、简洁。双方应学会适应和接受这些差异，而不是将其视为障碍或问题。

4. 异性员工之间增进彼此的了解和信任

可以通过定期的团队建设活动、交流会等方式增加彼此了解，有助于提升工作效率，还能营造一种更加积极、健康、和谐的团队氛围。

四、与其他团队或部门的沟通与礼仪

在会展项目中,团队往往需要与其他团队或部门进行协作和沟通,与其他部门和团队成员必要的交往也非常重要。有可能是自身企业内部其他部门或团队,也有可能来自企业外部的政府、企业的部门或团队。这里讲述与企业内部其他团队与部门的沟通与礼仪。

(一)与合作团队的沟通与礼仪

沟通与礼仪对象是有业务往来关系的团队成员。在会展项目的实施过程中,跨部门之间的密切合作是会展项目顺利进行的保障之一。只有各部门齐心协力,才能够克服各种挑战,确保会展项目的成功。

在跨部门沟通中,要遵循尊重、理解和包容的原则。每个部门都有自己独特的工作方式和节奏,我们需要尊重彼此的差异,理解彼此的需求,包容彼此的错误。同时,要学会倾听,善于表达,确保信息的准确传递和理解的深入。各部门之间需要建立明确的责任分工和协作机制。每个部门都要明确自己的职责和角色,积极配合其他部门的工作,确保项目能够按照既定的计划顺利进行。

礼仪修养方面,团队成员需要注重细节,从着装到言谈举止都要体现出公司的文化和形象。要注意言行举止的得体,避免产生误会和冲突。

(二)与非合作团队的沟通与礼仪

沟通与礼仪对象是基本没有业务往来关系的团队成员。在会展项目的实施过程中,不仅需要关注业务层面的沟通与协作,还要充分意识到那些虽然没有直接业务往来关系,但同样扮演着关键角色的团队成员的重要性。他们或许并非项目的核心执行者,但他们的存在和支持,对于项目的顺利进行和高效完成具有不可忽视的作用,也可以建立一定的人际关系。

虽然各自团队的项目不同,但会展业是一个高度互联的领域,各个项目之间往往存在着千丝万缕的联系。通过与其他项目团队的交流,可以了解他们的经验和教训,避免在推进过程中重蹈覆辙。同时,也可以向他们寻求支持和协助,共同解决一些跨项目的难题。非业务的财务部门、人力资源部门和行政部门等也是沟通与合作的重要对象。财务部门可以为我们的项目提供资金支持,帮助合理规划和使用资金;人力资源部门则可以在人员招聘、培训和绩效考核等方面提供指导和帮助;行政部门则负责协调各项资源,确保项目的顺利进行。因此，与他们沟通时要注重必要的礼仪和尊重。

五、团队的跨文化沟通与礼仪

在团队内部也会存在不同文化之间的跨文化沟通与礼仪（第一章和第二章中介绍了跨文化沟通与礼仪）。随着会展业全球化进程的加速，团队成员可能来自不同的国家、地区，拥有各自独特的文化背景和沟通习惯。这种多样性虽然为团队带来了丰富的创意和视角，但也带来了潜在的沟通障碍和误解。需要深入了解并尊重每位成员的文化背景，团队成员之间还应建立互相信任和尊重的关系。遵循跨文化沟通与礼仪规范，才能更好地适应全球化背景下的团队合作。

在跨文化沟通中，需要牢记每个团队成员的独特性，他们的文化背景、价值观和沟通方式都是独特的。因此，首先需要保持开放的心态，接纳并尊重这些差异。只有这样才能建立一个真正多元化且富有创造力的团队。

为了更好地理解和适应团队成员的文化差异，需要进行持续的学习和研究。这包括了解不同文化中的礼仪规范、沟通习惯以及潜在的冲突点。通过深入了解，可以更加准确地把握团队成员的需求和期望，从而在沟通中避免误解和冲突。

除了个人层面的努力，团队还需要建立一套有效的跨文化沟通机制。例如，可以定期举行团队会议，让每位成员分享自己的文化经历和观点，增进彼此的了解和信任。此外，还可以建立跨文化沟通小组，专门负责处理团队内部的跨文化问题，提供咨询和支持。

团队内成员间的沟通与礼仪

第三节　部门间的沟通与礼仪

一个会展项目的顺利推进涉及多方参与、多环节协作的复杂系统，其运营过程中需要各部门之间保持高效、准确的沟通，不仅需要与客户建立信任与合作关系，需要与相关产业、政府部门、相关社区等保持通畅的沟通与协作，还需要企业内部各部门相互配合。会展企业部门间的沟通与礼仪体现了会展企业内部的合作精神。

会展企业包括策划、营销、招展、搭建、服务等多个部门，这些部门在会展项目的实施过程中需要密切合作。通过有效的沟通，各部门可以及时了解彼此的工作进展、需求和困难，从而确保会展项目能够顺利进行。部门间沟通还能够促进信息共享和知识传递，提升企业的整体运营效率。

一、会展企业部门间沟通的重要性

会展企业运营会展项目过程中的沟通环节显得尤为关键。有效的沟通不仅能提升会展活动的质量和效率，还能增强企业的竞争力和品牌形象。那么，会展企业内部不同部门间的沟通在会展企业运营中究竟扮演着怎样的角色呢？

（一）部门间沟通是推进会展项目信息传递的重要手段

在会展项目的推进过程中，部门间沟通的重要性不言而喻。部门间沟通有助于信息的及时传递。在会展项目中，各部门需要了解彼此的工作进展、存在的问题以及需要协调的事项。通过有效的沟通，各部门能够迅速掌握这些信息，并据此做出相应的调整和安排。

（二）部门间沟通是实现会展项目高效运营的关键因素

在会展项目中，各部门需要协调资源、安排时间、制订计划等，而这些工作的顺利进行离不开有效的沟通。通过沟通，各部门可以协调各自的工作节奏，避免资源冲突和时间浪费。良好的部门间沟通不仅能够促进企业内部协调与合作，还能够提升企业的整体竞争力和市场地位。

（三）部门间沟通能够促进资源的优化配置

会展项目通常需要多个部门的共同参与，而每个部门所拥有的资源和专长各不相同，通过沟通，各部门能够了解彼此的资源情况和专长，从而更好地协调和利用资源，提高项目执行效率。

（四）部门间沟通能加强团队合作与凝聚力

在沟通的过程中，各部门成员能够增进相互之间的了解与信任，建立起良好的工作关系。这种合作与凝聚力的增强，有助于推动项目团队的协作精神，提高项目执行的质量和效率，展现企业文化和团队精神。

（五）部门间沟通对于会展企业的可持续发展具有重要意义

随着市场竞争的加剧，会展企业需要不断创新和提升服务质量以吸引客户。而部门间沟通能够为企业带来新的思路和灵感，推动企业在会展项目策划、营销、服务等方面不断创新。同时，沟通还能够促进企业内部文化的建设，增强员工的归属感和凝聚力，为企业的可持续发展提供有力保障。

现代管理学之父彼得·德鲁克（Peter F.Drucker）曾言："管理的本质就是沟通。"会展企业作为典型的服务行业，其运营过程中的沟通工作更是至关重要。通过加强部门间沟通，会展企业可以不断提升运营效率和服务质量，从而在激烈的市场竞争中脱颖而出。

二、会展企业部门间沟通中礼仪的作用

礼仪能够提升沟通质量。在会展企业部门间沟通中，礼仪不仅体现在言语表达上，更体现在行为举止、仪表仪态等细微之处。通过展现良好的礼仪风范，能够给对方留下专业、可信的印象，从而增强沟通的说服力和影响力。

（一）礼仪在增强信任与尊重中的作用

礼仪不仅体现了个人素养，更是企业形象的展示。通过遵循礼仪规范，会展企业能够建立起良好的部门间关系，进而提升整体运营效率。

相关调查显示，注重礼仪的会展企业在部门间沟通中，员工的互信度普遍高于不注重礼仪的企业，且沟通效率也更高。以某大型会展企业为例，该企业注重在部门间沟通中融入礼仪元素。在会议中，各部门代表均着装规范，保持礼貌的言谈举止，展现出专业与尊重。此外，该企业还定期组织跨部门交流活动，通过共同学习礼仪知识，增进彼此的了解与信任。这些举措使得该企业部门间的沟通更加顺畅，合作更加紧密，有效提升了整体运营效率。

孔子所言："礼之用，和为贵。"在会展企业部门间沟通中，礼仪的运用正是为了营造和谐融洽的氛围，促进各部门之间的信任与合作。通过遵循礼仪规范，人们能够更好地尊重他人、理解他人，从而建立起更加稳固的部门间关系。

（二）礼仪在提升沟通效率与沟通质量中的作用

礼仪在会展企业部门间沟通中扮演着举足轻重的角色，尤其是在提升沟通效率与沟通质量方面发挥着不可替代的作用。通过遵循商务礼仪的基本规范，

企业能够营造出一种尊重、信任与和谐的沟通氛围，从而有效减少内部误解和冲突，提高沟通效率。

相关研究表明，注重礼仪的会展企业在跨部门沟通中，信息传递的准确性和速度均明显高于忽视礼仪的企业。例如，某知名会展企业在一次大型展会的筹备过程中，通过加强部门间的礼仪培训，使得各部门在沟通协作中更加顺畅，最终成功举办了展会，获得了客户的高度评价。

现代管理学之父彼得·德鲁克曾言："有效的沟通取决于接收者听到的内容。"因此，会展企业应注重培养员工的礼仪意识，通过礼仪的规范运用，提升沟通质量，实现更好的合作效果。

（三）礼仪在团队文化建设中的作用

礼仪在团队文化建设中不仅使团队成员之间互相尊重、和谐相处，更是塑造团队形象、提升团队凝聚力的关键要素。

礼仪在团队内部交往中起到了润滑剂的作用。在团队成员的日常互动中，礼仪规范能够引导大家以礼貌、友善的态度进行沟通交流，避免不必要的冲突和误解。通过遵循礼仪，成员们可以更加清晰地表达自己的观点，同时也能够尊重并倾听他人的意见，从而形成良好的沟通氛围。

礼仪有助于塑造团队形象。一个注重礼仪的团队，其成员在对外交往中会展现出专业的形象和态度。无论是面对客户、合作伙伴还是其他利益相关者，团队成员都能够以得体的举止、恰当的言辞来展现团队的实力和风采。这种形象不仅有助于提升团队的知名度，还能够增强外界对团队的信任和好感。

礼仪还能够提升团队的凝聚力。在团队中，礼仪规范不仅仅是外在的行为表现，更是一种内在的文化认同。当成员们共同遵循这些规范时，会感受到自己与团队之间的紧密联系和共同价值观。这种认同感会促使成员们更加团结一致，共同为团队的目标而努力。

三、会展企业部门间沟通礼仪要素

在商务沟通中，礼仪作为一种无形的资本，对于建立和维护良好的人际关系至关重要。礼仪的基本要素包括尊重、礼貌、真诚和细致入微的关怀。在会展企业部门间沟通中，这些要素能够建立起良好的部门间沟通机制，提升沟通效果和质量，进而推动企业的持续发展和进步。

（一）尊重是商务沟通礼仪的基石

在会展企业部门间沟通中，尊重意味着尊重他人的观点、意见和贡献。例如，在一次跨部门会议中，各部门代表能够耐心倾听彼此的意见，并尊重对方的立场，这不仅能够促进信息的有效传递，还能够增强部门间的信任与合作。研究表明，尊重他人的沟通方式能够提升沟通效果，减少误解和冲突。

（二）礼貌是商务沟通礼仪的重要体现

在会展企业部门间沟通中，礼貌的语言和举止能够营造和谐的沟通氛围。例如，在沟通中使用礼貌用语、保持微笑和适当的肢体语言，都能够让对方感受到尊重和友好。这种礼貌的沟通方式不仅能够提升沟通效率，还能够增强部门间的凝聚力和向心力。

（三）真诚是商务沟通礼仪的灵魂

在会展企业部门间沟通中，真诚的态度能够赢得对方的信任和认可。例如，在沟通中坦诚地表达自己的想法和意见，不隐瞒、不欺骗，能够让对方感受到自己的诚意和责任心。这种真诚的沟通方式不仅能够促进信息的有效传递，还能够增强部门间的合作意愿和动力。

（四）细致入微的关怀是商务沟通礼仪的升华

在会展企业部门间沟通中，关注对方的需求和感受，能够让对方感受到自己的关心和重视。例如，在沟通中主动询问对方的意见和想法，关注对方的情绪变化，及时给予帮助和支持，都能够让对方感受到自己的温暖和关怀。这种细致入微的关怀不仅能够增强部门间的情感联系，还能够提升沟通效果和质量。

第四节　团队内冲突解决处理

会展企业或团队内部的冲突和矛盾，如同暗流涌动的河流，虽然表面上可能波澜不惊，但实则潜藏着破坏性的力量。在会展项目执行过程中，团队成员间的冲突可能表现为意见不合、沟通不畅、不够尊重等问题。若不及时化解，不仅会浪费宝贵的资源和时间，还可能导致项目进度受阻，甚至影响企业声誉。会展企业或团队必须正视内部冲突和矛盾的存在，采取积极有效的措施来化解这些矛盾，确保项目的顺利进行和企业形象的维护。只有这样，才能在激烈的市场竞争中立于不败之地。

一、会展团队内冲突的类型与特点

会展团队内冲突根据原因有着多样化的类型（如图7-2：会展团队内冲突类型）。

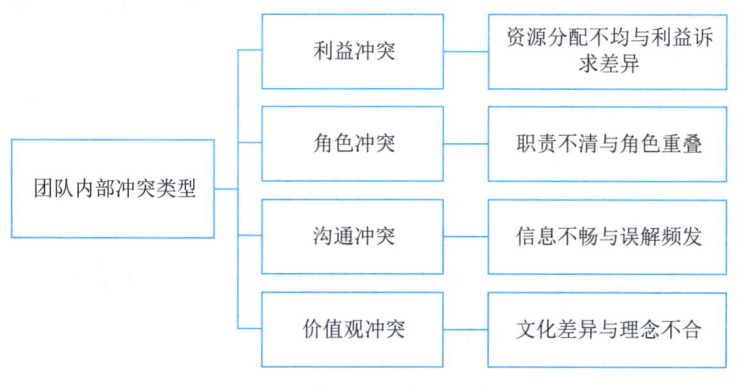

图7-2 会展团队内冲突类型

（一）利益冲突：资源分配不均与利益诉求差异

在会展团队中，利益冲突是常见的冲突类型之一，主要表现为资源分配不均与利益诉求差异。这种冲突往往源于团队成员对有限资源的争夺，以及对各自职责和权益的不同理解。例如，在某次大型会展项目中，由于预算有限，团队成员在分配展位位置、宣传资源等方面产生了分歧。一些团队成员希望将优质资源分配给自己的展区，以提高展示效果和吸引更多观众，而另一些团队成员则认为应该根据展区的重要性和贡献度来分配资源。这种资源分配不均的情况导致了团队成员之间的利益冲突。

为了有效应对这种利益冲突，会展团队需要采取一系列措施。首先，建立公开透明的资源分配机制是关键。通过制定明确的分配标准和程序，确保资源分配过程公平、公正，减少因主观因素导致的分配不均。其次，加强团队成员之间的沟通与协商也是必要的。通过定期召开会议、建立信息共享平台等方式，促进团队成员之间的信息交流和理解，减少误解和偏见。最后，引入第三方调解或仲裁机制也是解决利益冲突的有效途径。当团队成员无法自行解决冲突时，可以寻求专业调解人员的帮助，通过调解或仲裁来达成妥协和共识。

除了具体的应对措施，会展团队还可以借鉴一些经典的管理理论来指导冲突解决工作。例如，根据冲突管理理论，团队领导者可以通过预防、应对和转化等策略来管理冲突。预防策略包括提前识别潜在冲突点、制定预防措施等；应对策略包括积极应对冲突、寻求双方共赢的解决方案等；转化策略则强调将冲突转化为团队发展的动力和机会。此外，团队协作理论和沟通技巧理论也为会展团队提供了解决利益冲突的理论支持。

利益冲突是会展团队中常见的冲突类型之一，需要团队领导者和成员共同努力来应对和解决。通过建立公开透明的资源分配机制、加强沟通与协商、引入第三方调解或仲裁机制等措施，可以有效缓解利益冲突对团队工作的影响。同时，借鉴经典的管理理论和沟通技巧理论也可以为会展团队提供有益的指导和启示。

（二）角色冲突：职责不清与角色重叠

在会展团队中，角色冲突是一种常见的冲突类型，其中职责不清与角色重叠是引发冲突的关键因素。当团队成员职责不明确或职责存在重叠时，容易导致工作重复、资源浪费和效率降低。例如，在某次大型会展项目中，由于团队成员之间职责划分不明确，导致多个部门同时负责同一项工作，造成了人力和时间的浪费。此外，当团队成员对各自的角色定位认识不清晰时，也容易产生误解和冲突。因此，解决会展团队中的角色冲突问题至关重要。

为了解决这一问题，会展团队需要建立明确的职责划分和角色定位机制。首先，可以通过制定详细的职责清单和工作流程图，明确每个团队成员的职责范围和工作内容。其次，可以引入角色矩阵或RACI矩阵等分析工具，帮助团队成员更好地理解各自的角色和职责。此外，加强团队成员之间的沟通和协作也是解决角色冲突问题的关键。通过定期召开团队会议、建立信息共享平台等方式，促进团队成员之间的信息交流和合作，减少误解和冲突的发生。

在实际操作中，会展团队还可以借鉴一些成功案例的经验。例如，某会展团队通过引入项目管理软件，实现了对团队成员职责和角色的实时监控和调整，有效避免了角色冲突的发生。同时，该团队还注重培养团队成员的团队协作精神和沟通能力，通过团队建设活动和沟通技巧培训等方式，提升了团队的凝聚力和协作能力。

解决会展团队中的角色冲突问题对于提升团队效率和协作能力具有重要意

义。通过明确职责划分和角色定位、加强沟通和协作以及借鉴成功案例的经验，会展团队可以有效地化解角色冲突，实现更加高效和顺畅的运作。

（三）沟通冲突：信息不畅与误解频发

在会展团队中，沟通冲突是常见的挑战之一，其中信息不畅与误解频发尤为突出。相关调查显示，高达60%的会展团队冲突源于沟通不畅。这种冲突不仅影响团队效率，还可能破坏团队成员之间的关系，甚至导致项目失败。因此，解决沟通冲突问题对于会展团队的稳定与发展至关重要。

以某大型会展项目为例，由于团队成员之间沟通不畅，导致项目进展缓慢，甚至出现重大失误。在项目的关键阶段，由于信息传递不及时、不准确，团队成员对项目的理解存在偏差，进而产生了误解和冲突。这种冲突不仅影响了团队成员的士气，还导致了项目成本的增加和时间的延误。

为了解决沟通冲突，会展团队需要建立有效的沟通机制。首先，团队成员应明确各自的职责和角色，避免职责不清和角色重叠导致的沟通障碍。其次，团队应定期召开会议，及时分享项目进展和遇到的问题，确保信息畅通无阻。最后，团队成员之间应建立信任关系，积极倾听对方的意见和建议，减少误解和冲突的发生。

同时，引入沟通技巧理论也是解决沟通冲突的重要途径。团队成员应学习并掌握有效的沟通技巧，如积极倾听、清晰表达、及时反馈等，以提高沟通效果并减少误解。此外，团队还可以借助现代科技手段，如在线协作平台、即时通信工具等，提高沟通效率和质量。

沟通冲突是会展团队中常见的挑战，但通过建立有效的沟通机制和引入沟通技巧理论，可以有效化解这种冲突。会展团队应重视沟通的重要性，不断提升沟通能力和水平，以确保项目的顺利进行和团队的稳定发展。

（四）价值观冲突：文化差异与理念不合

在会展团队中，价值观冲突往往源于文化差异与理念不合，这种冲突对团队的凝聚力和工作效率产生显著影响。一项调查显示，近40%的会展团队在合作过程中曾遭遇过价值观冲突，其中大部分冲突源于团队成员间的文化差异和理念差异。这种冲突不仅可能导致团队成员间的沟通障碍，还可能影响团队的决策效率和执行力。

以某国际会展团队为例，团队成员来自不同国家和地区，文化背景和理念差异显著。在筹备会展的过程中，团队成员在会展主题、参展商选择、展位布置等方面产生了分歧。由于文化差异，一些团队成员倾向于采用传统的展示方式，而另一些团队成员则更倾向于创新和现代化的展示方式。这种价值观冲突导致团队内部出现了分裂，影响了会展的筹备进度和效果。

为了解决价值观冲突，该会展团队采取了多种措施。首先，团队通过组织文化交流活动，增进了团队成员间的相互了解和信任。其次，团队引入了多元文化培训，帮助团队成员更好地理解和尊重彼此的文化背景和价值观。最后，团队还建立了有效的沟通机制，鼓励团队成员积极表达自己的想法和意见，并通过协商达成共识。这些措施有效地缓解了价值观冲突，提升了团队的凝聚力和工作效率。

价值观冲突是会展团队中不可避免的问题，但通过有效的措施和策略，可以化解这种冲突，提升团队的凝聚力和工作效率。在解决价值观冲突的过程中，团队需要注重文化交流和沟通，尊重和理解团队成员彼此的文化背景和价值观，共同推动会展的顺利进行。

二、冲突解决处理的理论基础

企业或团队内部的冲突处理属于企业管理范畴，而冲突往往可以通过沟通与礼仪规范来进行预防、应对、转化的柔性处理。

（一）冲突管理理论

冲突管理理论在会展团队中扮演着至关重要的角色，其预防、应对与转化的策略对于团队的稳定与发展具有深远影响。预防策略强调在冲突发生前，通过有效的沟通、明确的职责划分和合理的资源分配，减少冲突产生的可能性。例如，某会展团队在筹备阶段就建立了明确的沟通机制，定期召开会议，确保信息畅通，从而有效预防了因沟通不畅导致的冲突。

当冲突不可避免地发生时，应对策略则显得尤为关键。会展团队需要迅速识别冲突类型，采取有针对性的措施进行化解。例如，面对利益冲突，团队可以通过协商和谈判，寻求双方都能接受的解决方案；对于角色冲突，可以通过明确职责和分工，减少重叠和误解。此外，引入第三方调解或仲裁机制也是有效的应对手段。

转化策略则着眼于将冲突转化为团队发展的动力。通过深入分析冲突产生的原因和根源，团队可以识别出潜在的问题和改进点，进而推动团队的创新和进步。例如，某会展团队在经历一次严重的沟通冲突后，深刻反思并改进了沟通机制，最终实现了团队凝聚力的提升和协作效率的提高。

冲突管理理论在会展团队中的应用具有广泛的实践意义。通过预防、应对与转化等策略的综合运用，团队可以有效应对各种冲突挑战，实现团队的稳定、和谐与高效发展。正如现代管理学之父彼得·德鲁克所言："管理就是处理冲突。"会展团队应深刻理解和运用冲突管理理论，不断提升团队的冲突处理能力。

（二）团队协作理论

团队协作理论强调，通过增强团队凝聚力和协作能力，可以有效解决会展团队内的冲突。凝聚力是团队成员之间相互吸引、相互依赖的程度，而协作能力则是团队成员在共同完成任务时相互协调、配合的能力。在会展团队中，通过加强团队建设活动，如定期的团队建设培训、户外拓展活动等，可以显著提升团队的凝聚力。研究表明，凝聚力强的团队在面临冲突时，更能够冷静、理性地处理问题，减少冲突对团队工作的影响。同时，通过明确团队成员的职责和角色，建立有效的沟通机制，可以提升团队的协作能力。例如，某会展团队在面临利益冲突时，通过加强团队成员之间的沟通与协作，成功化解了冲突，实现了项目的顺利进行。

团队协作理论还强调领导者的作用。领导者在团队中扮演着重要的角色，他们的言行举止对团队成员产生着深远的影响。一个优秀的领导者应该具备化解冲突、促进团队协作的能力。他们可以通过倾听、理解、引导等方式，帮助团队成员解决冲突，增强团队的凝聚力和协作能力。例如，某会展团队的领导者在面对团队成员之间的价值观冲突时，通过组织团队讨论、分享经验等方式，引导团队成员相互理解、尊重彼此的差异，最终实现了团队的和谐共处。

团队协作理论为会展团队解决冲突提供了有力的理论支持。通过增强团队凝聚力和协作能力，建立有效的沟通机制，发挥领导者的作用，会展团队可以更好地应对冲突，实现团队的和谐共处和高效运作。同时，这也需要团队成员共同努力，不断提升自身的沟通、协作和解决问题的能力，为会展项目的成功实施贡献力量。

（三）沟通技巧理论

在会展团队中，沟通技巧的运用对于提升沟通效果与减少误解至关重要。首先，有效的沟通需要确保信息的准确传递。团队成员应使用清晰、明确的语言表达观点和需求，避免使用模糊或含混不清的表达方式。其次，倾听是沟通中不可或缺的一环。团队成员应耐心倾听他人的意见和建议，理解对方的立场和需求。通过积极倾听，可以及时发现并纠正误解，增进彼此之间的理解和信任。此外，反馈也是提升沟通效果的重要手段。团队成员应及时给予反馈，让对方了解自己的观点和看法，以便及时调整沟通策略。研究表明，有效的反馈机制可以提高沟通效率，减少误解的发生。

除了基本的沟通技巧外，还可以借鉴一些沟通模型来提升沟通效果。例如，非暴力沟通模型强调尊重与理解，通过表达观察、感受、需求和请求，来减少冲突和误解。在会展团队中，运用非暴力沟通模型可以帮助成员更好地表达自己的观点和需求，同时尊重他人的立场和感受。此外，还可以借鉴一些沟通技巧培训案例，学习如何更好地运用语言和非语言信号来传递信息，增强沟通效果。

名人名言也为我们提供了宝贵的沟通智慧。被誉为"第一代成功学大师"的美国著名心理学家和人际关系学家戴尔·卡耐基（Dale Carnegie）曾说："如果你要使别人同意你，你应该先使他相信你是他的忠实朋友。"这句话强调了建立信任关系在沟通中的重要性。在会展团队中，成员之间建立信任关系可以减少防备心理，增进彼此之间的合作与理解。通过积极运用沟通技巧和建立信任关系，会展团队可以更好地解决冲突、提升合作效果。

（四）领导力理论

在会展团队中，领导力的作用在冲突解决过程中尤为关键。领导者不仅需要具备敏锐的洞察力，及时发现并识别冲突，更需要具备高超的协调能力和决策智慧，以有效地化解冲突。根据领导力理论，领导者在化解冲突时，应首先通过积极的沟通，了解各方立场和需求，寻求共同点和利益交会点。同时，领导者还应善于运用权威和影响力，推动各方达成共识和妥协。例如，在某次大型会展筹备过程中，团队成员因分工不均而产生冲突。领导者通过深入了解情况，发现问题的根源在于职责划分不清。于是，领导者迅速组织团队成员进行座谈，明确各自的职责和分工，并亲自参与协调，最终成功化解了冲突。这一案例充分说明了领导者在冲突解决中的重要作用。

领导者在化解冲突时，还应注重培养团队文化和价值观。通过强调共同目标和价值观，增强团队成员的归属感和凝聚力，从而减少冲突的发生。同时，领导者还应建立有效的激励机制，对合作行为给予奖励，对破坏行为给予惩罚，以维护团队的稳定与和谐。研究表明，一个拥有良好领导力和团队文化的会展团队，其冲突解决能力往往更高，团队绩效也更为出色。因此，领导者在会展团队中应充分发挥其领导作用，为团队的和谐与发展贡献力量。

三、冲突解决处理的策略

会展企业内部冲突的处理是会展企业内部员工管理的必修课程之一。会展企业应高度重视冲突预防、化解、转移的能力（如图7-3：冲突管理策略），为企业的长远发展和项目顺利开展奠定坚实基础。

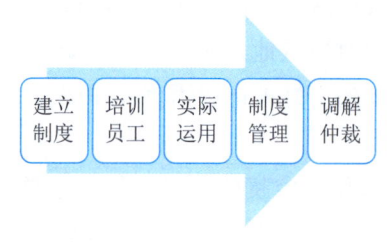

图7-3 冲突管理策略

（一）建立规范的企业内部冲突管理制度，提升企业管理水平

建立规范的企业内部冲突管理制度，不仅能够有效预防和解决冲突，还能够促进企业内部环境的和谐稳定，进而提升企业的整体运营效率。

冲突管理制度应该包含：冲突的识别、预防、化解措施，以及评估、奖惩等环节内容。企业应鼓励员工间的开放交流，设立专门的沟通渠道，如员工建议箱、内部论坛等，以便员工能够随时表达自己的想法和意见。同时，管理层也应积极参与沟通，及时回应员工的关切和疑问，增强员工的归属感和信任感。当冲突发生时，企业能够迅速启动流程，组织相关人员进行调解，确保冲突得到妥善解决。企业应定期对员工进行冲突管理方面的培训，提升员工的冲突意识和预防能力。

同时，企业根据内部文化的实际情况，制定规范的企业内部礼仪标准，以规范员工的礼仪素养和整体企业文化。

（二）实施定期企业内部员工培训，提升员工从业素养

通过组织定期的冲突识别、预防、化解措施等内容的培训，可以提高员工对冲突的管理与处理能力。结合具体的工作场景，进行角色扮演或模拟演练，使员工能够在实践中不断磨炼和提升应对技巧。这也是一种员工个人素质的培养，可使员工具备同理心，学会换位思考和良好的情绪管理能力，减少企业或团队内部的冲突和矛盾。

这些素质的培养可以通过心理辅导、团队建设、文化沙龙、开放交流平台等形式展开，增进员工之间的情感联系，培养团队合作精神。在轻松愉快的氛围中，员工更容易敞开心扉，坦诚交流，使得冲突被扼杀在摇篮里。

（三）注重企业内部日常规范的运用，提升和谐的企业形象

在日常工作中，各部门应定期召开线上线下沟通会议，就项目进度、资源共享、问题反馈等方面进行深入交流。通过面对面的沟通，增进相互之间的了解与信任，减少误解和摩擦。同时，建立有效的沟通渠道，如企业内部社交平台、邮件系统等，便于员工随时随地进行信息交流与分享。在礼仪方面，要求员工不仅在接待客户时或在其他商务活动场合中注重仪表整洁、言谈举止得体，也要求员工之间保持尊重、理解、友善、热情，展现出企业的良好形象，即通过沟通和礼仪来减少冲突的发生。

（四）建立制度管理长效机制，提升企业管理水平

企业或团队应加强对制度执行情况的监督和检查，确保各项制度得到严格落实。根据制定的制度，可以采取警告、罚款甚至解雇等惩罚措施，以儆效尤。对于严重违反制度导致冲突、影响项目进程的行为，应依法依规进行严肃处理；对于未产生严重后果的冲突或矛盾问题，部门领导应及时采取相应手段及时抑制或减少影响；对于冲突处理表现优异者，企业应给予奖励。冲突管理制度应纳入员工考核评价体系，激发员工遵守制度、执行制度的积极性和主动性。

（五）引入第三方调解或仲裁，妥善处理冲突

当冲突已经造成项目或企业经济或名誉损害，并难以用沟通协调方式处理时，设立调解与仲裁机制是至关重要的一环。引入第三方调解或仲裁，可以有效缓解团队内部的紧张氛围，促进冲突的和平解决。据统计，引入第三方调解或仲裁的会展团队，其冲突解决的成功率往往高达80%以上，远高于自行协商解决的团队。引入第三方调解或仲裁的优势在于其具备专业性和中立性。第三方调解人员通常具备丰富的冲突解决经验和专业知识，能够客观分析冲突产生的原因和双方的需求，提出切实可行的解决方案。同时，他们的中立身份也更容易获得双方的信任和认可，从而推动冲突的和平解决。此外，引入第三方调解或仲裁还可以避免冲突升级和恶化，减少团队内部的矛盾和分裂。

四、冲突解决处理的案例分析

（一）成功案例：某会展团队如何化解利益冲突

在某次大型会展筹备过程中，某会展团队面临着严重的利益冲突。由于资源有限，不同部门因展位分配、宣传资源使用等方面问题产生了激烈的争执。为了化解这一冲突，团队领导采取了多项措施。

首先，团队领导组织了一次深入的沟通会议，邀请各部门负责人共同讨论问题。通过充分的信息共享和意见交流，大家逐渐认识到各自利益诉求的合理性，并开始寻找共同点和解决方案。同时，团队领导还引入了"共赢思维"的理念，强调只有通过合作才能实现整体利益的最大化。

其次，在沟通的基础上，团队领导进一步提出了具体的解决方案。例如，在展位分配方面，根据各部门的历史业绩和本次会展的主题特点进行综合考虑，确保每个部门都能获得相对公平的展位资源。在宣传资源使用方面，则通过建立共享平台和制定使用规则，实现资源的有效利用。

此外，团队领导还注重激励与约束机制的建立。对于在冲突解决过程中表现出色的部门和个人给予表彰和奖励，而对于破坏合作氛围的行为则进行严肃处理。这种奖惩分明的做法进一步增强了团队的凝聚力和向心力。

经过一系列的努力和措施的实施，该会展团队的利益冲突得到了有效化解。各部门之间的合作更加紧密，会展筹备工作也得以顺利进行。最终，该次会展取得了圆满成功，不仅吸引了大量参展商和观众，还获得了业界的高度评价。

这一成功案例充分说明，在会展团队内冲突解决处理中，建立有效沟通机制、引入共赢思维、制定具体解决方案以及建立激励与约束机制非常重要。同时，也提醒我们在面对团队冲突时，应保持冷静和理性，通过合作和协商寻求最佳解决方案。

（二）失败案例：某会展团队因沟通不畅导致冲突升级

某会展团队在筹备一场大型展会时，由于沟通不畅，导致冲突不断升级，最终影响了整个团队的协作效率和展会效果。这一失败案例深刻揭示了沟通在会展团队中的重要性。调查数据显示，该团队在筹备期间，由于信息传递不及时、不准确，导致多个部门之间的工作出现重叠和遗漏，造成了资源的浪费和时间的延误。同时，由于缺乏有效的沟通机制，团队成员之间的误解和猜疑逐渐增多，最终引发了激烈的冲突。

这一案例也反映出会展团队在冲突解决方面的不足。面对冲突，团队成员往往缺乏有效的应对策略，缺乏冷静分析和理性沟通的能力。他们往往过于关注个人利益，而忽视团队的整体利益和目标。此外，团队内部缺乏明确的角色分工和职责界定，也加剧了冲突。

为了避免类似的失败案例再次发生，会展团队需要重视沟通的重要性，建立有效的沟通机制。例如，可以定期召开团队会议，确保信息的及时传递和共享；同时，建立信息共享平台，方便团队成员随时查看和更新工作进展。此外，团队成员还需要培养冷静分析和理性沟通的能力，学会换位思考，理解他人的立场和观点。在冲突解决方面，可以引入第三方调解或仲裁机制，帮助团队成员客观分析问题，找到合理的解决方案。

会展团队的成功与否，很大程度上取决于团队成员之间的沟通和协作能力。因此，加强沟通机制建设、提升团队成员的沟通素养和冲突解决能力，是会展团队实现高效协作和取得成功的关键。

（三）对比分析：成功与失败案例的异同点及启示

在对比分析成功与失败案例时，我们发现，成功的会展团队在解决冲突时，往往能够建立有效的沟通机制，确保信息畅通无阻。例如，某知名会展团队在面对利益冲突时，通过定期召开团队会议，让各方充分表达意见和需求，最终达成共识，实现了资源的合理分配。相比之下，失败的会展团队往往因为沟通不畅而导致冲突升级。如某次会展活动中，由于团队成员之间缺乏有效沟通，导致工作重复和资源浪费，最终影响了整个会展的效果。

成功的会展团队还注重培养团队文化与价值观，强调共同目标和价值观的重要性。这种文化氛围有助于增强团队成员的归属感和凝聚力，减少因价值观差异而引发的冲突。而失败的会展团队往往缺乏明确的团队文化和价值观，导致团队成员之间缺乏共同语言和行为准则，容易引发冲突。

此外，成功的会展团队在解决冲突时，善于运用激励与约束机制，通过奖励合作行为、惩罚破坏行为来维护团队的和谐稳定。这种机制有助于激发团队成员的积极性和创造力，促进团队的整体发展。而失败的会展团队往往缺乏这样的机制，导致团队成员缺乏解决问题的动力，甚至可能加剧冲突。

成功的会展团队在解决冲突时，注重建立有效的沟通机制、培养团队文化与价值观及运用激励与约束机制。这些做法有助于减少冲突的发生，提高团队的凝聚力和协作能力。而失败的会展团队则往往在这些方面存在不足，导致冲突无法得到妥善解决，影响团队的稳定和发展。

思考与练习

一、思考题

1. 会展团队内沟通与礼仪的概念。
2. 会展团队内沟通与礼仪的作用和意义。
3. 团队内沟通与礼仪按沟通对象是如何分类的？他们的沟通对象分别有哪些？
4. 分别说明会展企业部门间沟通的重要性及礼仪的作用是什么。
5. 会展企业部门间沟通与礼仪中的要素及重要性。
6. 举例说明会展企业部门之间沟通不畅导致失败的原因。
7. 会展团队内的冲突有哪些类型？说明造成冲突的原因。
8. 简述会展团队内冲突解决处理的策略。

二、练习题

1. 从会展团队内冲突解决处理的策略方面分析，成功的会展团队在解决冲突时应注意哪些方面？
2. 利用冲突解决处理的策略，处理同学之间的冲突和矛盾。

第八章

会展商务谈判

思维导图

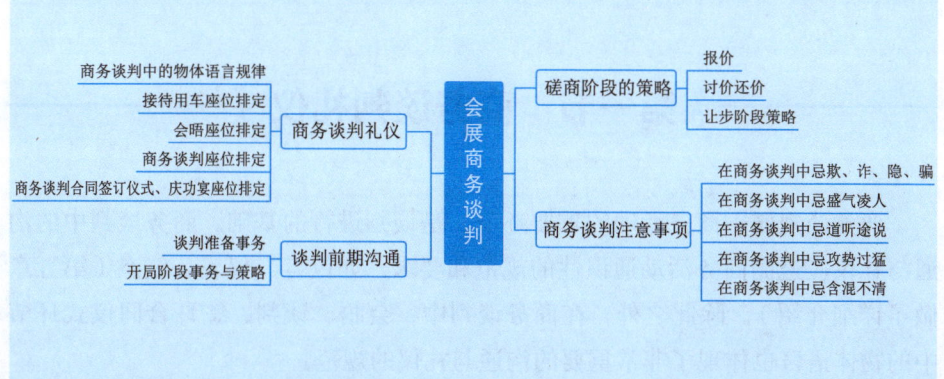

> 🎯 **学习目标**
>
> ● 知识层面：了解商务谈判属于商务活动中的一种，学会商务谈判中通过物体语言的沟通方法及商务谈判中接待、布置礼仪的应用；了解商务谈判的前期工作思路，学会谈判准备的方法；了解开局阶段的工作思路，掌握如营造适宜谈判氛围及开场陈述的策略；了解谈判磋商阶段的工作要点，掌握报价、讨价还价、让步的策略及应用场景。
>
> ● 技能层面：熟练应用谈判技巧开展谈判活动；具备独立进行商务谈判的能力。
>
> ● 素养层面：提升会展工作中的职业道德规范。

会展商务谈判是指人们为了协调彼此之间的商务关系，满足各自的商务需求，通过协商对话以争取达成某项商务交易的行为和过程。在进行商务谈判时，首先，要注意谈判礼仪；其次，要做好谈判的前期准备工作；最后，要在谈判中灵活选用不同的谈判策略以应对各类不同的谈判问题。

第一节 商务谈判礼仪

商务谈判属于商务活动的重要环节，是谈判进行的基础。商务谈判中的沟通与礼仪应遵循商务活动通识性的规范和要求，如仪容、仪表、仪态（第五章做了详细介绍）。除此之外，在商务谈判中，会晤、谈判、签订合同仪式环节中的物体语言也体现了非常重要的沟通与礼仪的规范。

一、商务谈判中的物体语言规律

在商务活动中，参与者位置的选择和安排往往能够微妙地映射出参与者的身份、地位和影响力。这不仅体现在座位的排列上，更贯穿于整个活动的始终。

（一）行动中的位置规律

参加商务活动的人群在入场、步行、上楼、下车、进电梯等场景中，个人位置显示其在团队中的权重与地位。

1. 显眼规律

队伍的中心或前排往往是比较凸显的位置。核心成员从仪容、仪表、仪态上展现出核心地位的风采，往往步伐稳健，面带微笑，自信满满，居于团队中心或前列。而其他成员按照职务或职责的不同则紧随其后或两侧，并保持队伍的整齐，形成有序的队形，凸显出团队的凝聚力和向心力。

2. 先行规律

在进出电梯、上下车时，团队的领导者或重要成员往往会率先上和率先下。这样可以最先接受媒体采访或欢迎。这种规律不仅体现了团队的礼仪与秩序，更凸显了领导者或重要成员的责任与担当，让团队成员更加有信心地面对接下来的工作与挑战。这种率先垂范的行为，不仅能够提升团队的凝聚力，还能够让外界对团队产生更高的评价与信任。遵循这种规律已经成为团队领导者或重要成员的一种职业素养，身先士卒的行动为团队树立了良好的榜样。

3. 安全规律

在团队的行进过程中，上下楼梯不仅是简单的移动，更是一种团队默契和秩序的体现。在上下楼梯时，团队的领导者或重要成员会被安排在靠近楼梯的一侧，方便观察和指挥整个团队，调整团队的行进速度和方向，确保整个团队能够保持高效的协作和有序的行进。另外可以利用一侧扶手来增加安全性。尤其是在人多拥挤的情况下，扶手的存在为团队成员提供了一定的支撑和平衡。

（二）座位安排规则

商务谈判过程中很多场合是参加人员有相对固定的座位，如坐车时或在谈判桌上，或在商务宴请中、签到仪式上。座位的排列需主方精心安排，展现主方的专业和对谈判的重视，也是对谈判氛围、气氛的营造，以及对谈判结果的潜在影响。商务谈判中座位的排定有以下四个方面的规则。

1. 先中间再两边的规则

在平行一排的群体中，座位安排遵循先中间后两边的规则。

中间的座位总是被视作最为尊贵和重要的位置，默默地承载着群体的重量，为整个场合提供了稳定的支撑。它们就像是舞台的中心，吸引着所有人的目光，也展现了一种和谐共处的氛围。每个人都在自己的位置上发挥着独特的作用，共同构成了这个群体的整体形象。

2. 先前排再后排的规则

在人数众多的情况下，若一排排定使得团队核心和重要人物远离其他成员，造成沟通效率降低，此时可根据需要进行两排或多排的排定方式。

多排的排定方式不仅能够缩短团队核心人物和重要人物与其他成员之间的距离，还有助于提高整体沟通效率。同排人员仍然遵循"先中间再两边"的规则，这样既能保持整体队形的美观，又能确保每个成员都能得到足够的关注。

在实施两排或多排排列时，还需要注意以下几点：首先，要确保每排人数相对均衡，避免出现某排人数过多或过少的情况；其次，若站立时，还要根据团队成员的身高、体型等因素进行合理搭配，确保整体视觉效果协调；最后，在排列过程中，还要充分考虑团队成员之间的互动关系，尽量将彼此之间有较多交流和协作需求的成员安排在一起。

3."尊左"与"尊右"的规则

在我国古代礼仪中，普遍存在"左为上"或"左为尊"的"尊左"规则。在古代的朝廷之中，官员们排列的次序往往以左为尊。皇帝在朝会时，左列的官员通常职位更高，地位更显赫。这是因为古人认为左方代表着东方的旭日东升，寓意着新生和希望，因此左方往往被视为尊贵的象征。然而，在另一些文化和场合中，右的地位却不容忽视。比如在古代战争中，武将们常常以右为尊，因为右方代表着进攻和胜利。在一些民间习俗中，也有以右为尊的传统，如新人结婚时，新郎通常站在新娘的右边，以示尊重和呵护。我们在传承和弘扬传统文化的同时，也应注重理解和尊重不同文化背景下的观念和习俗。

在西方主导的则是"尊右"规则，被认为是国际惯例，即先右后左。在当今这个全球化的时代，跨文化交流中我们既要尊重并学习西方的"尊右"规则，也要珍视并传承好我们东方的"尊左"传统。在各类场合中，"尊左"与"尊右"已形成共识，如政务会议、国企内部的大型会议一般遵守"左为上"的原则，商务、社交、涉外活动一般遵循西方"右为尊"的国际惯例，所以绝大部分商务活动所采用的是"尊右"规则。

4. 面门与背景下的规则

我国古代客厅对门的墙面总会悬挂含有长寿、吉祥、如意等寓意的书画，而书画下会排放两把椅子。这种客厅的布置很多地方沿用至今，甚至在东亚的日韩等国也普遍使用。虽然当今客厅的布置和装饰方式发生了很大的变化，但这种尊重重要人物或客人的传统座位安排方式仍然得以保留，体现了主方的文化和修养。

很多商务活动是在室内进行的，座位的安排和室内环境相关。一般认为在室内面门的位置和墙面背景画下面的位置是重要的位置，应该留给重要人物或客人，充分体现对重要人物或客人的尊重和关注。

二、接待用车座位排定

派车迎送远方来宾，不仅是对其来访的尊重，更是展现企业良好形象的重要一环。在商务活动中，对于远道而来的客人，我们应给予特别的关注和照顾，让他们感受到宾至如归的温暖。不仅需要接送人员体现规范礼仪，还需要安排好每个细节，特别是座位安排。根据迎送驾驶员的不同，有以下几种座位安排。

接待用车座位排定

（一）负责人亲自驾车

由主方项目负责人或者企业负责人亲自驾车完成迎送任务。一般对方负责人或来宾中最核心人员和其关系密切，而且地位处于平级。座位安排如图8-1负责人亲自驾车迎送座位安排所示。这样便于与对方核心人员1交流，也方便核心人员1及次核心人员（2号位置）和第三核心人员3（3号位置）上下车，在送别时也方便与车外送别人员打招呼和交流。

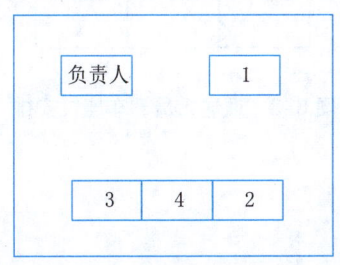

图8-1　负责人亲自驾车迎送座位安排

（二）派遣专职驾驶员和迎送人员

由主方派遣专职驾驶员和迎送人员共同完成迎送任务，显示出主方的诚意和专业。专职驾驶员负责安全行驶，迎送人员负责接待和交流。座位安排如图8-2专职司机和迎送人员迎送座位安排所示。这样便于迎送人员与来宾的交流，也方便迎送人员对来宾的上下车开关车门的服务。尤其下车时迎送人员应率先出车，帮核心来宾（1号位置）开车门，迎接来宾中核心来宾最先下车，使其可与迎接的主方负责人握手致意。

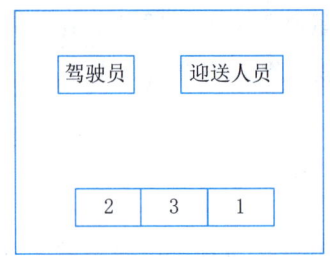

图 8-2　专职司机和迎送人员迎送座位安排

（三）迎送人员驾车迎送

由主方派遣一位兼顾迎送和驾驶职责的人员来完成迎送任务，通常适用于来宾人数比较多、座位不够，接待需要多辆车同时迎送时。座位安排如图 8-3 迎送人员驾车座位安排所示。

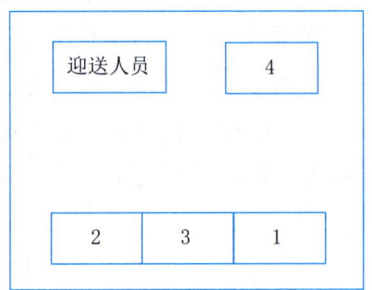

图 8-3　迎送人员驾车座位安排

三、会晤座位排定

商务谈判或商务活动中，会见经常使用在正式商务谈判之前，作为主方的欢迎仪式或对外公开的场景。

（一）会见形式类型

会见根据来宾可分为接见、召见、拜会、回拜、会晤五种形式。

1. 接见

通常指上级对下级的会见，强调了双方地位的差异。例如"市长接见了上访的群众""领导亲切接见了优秀员工代表"。接见体现了上级对下级的关注和重视。接见还可以用于外交场合，指国家领导人或高级官员会见外国使节或代表团等，例如"国家主席接见了外国使节"。

商务谈判和商务活动的双方要显示尊重和公平，"接见"一词违背商务原则，一般不使用。

2. 召见

上级（或地位高的人）在驻地主动约见下级。召见体现了一种上级对下级主动发出的会面要求，通常带有一定的权威性和目的性，强调了上下层级之间的关系以及信息交流或事务处理的特定情境。例如：元首召见大臣，询问国家大事；公司领导召见员工，了解工作进展情况；校长召见学生代表，听取他们对学校管理的意见。

和接见一样，召见一般不出现在商务谈判和其他商务活动中。

3. 拜会

身份低或客方前往会见主方。拜会通常体现了一种尊重和礼貌，是一种主动去与地位较高或主人身份的人见面、交流或表达敬意的行为。例如：前来拜会这位德高望重的前辈；外国使节前往该国政府要员处进行拜会。

商务活动中，为了显示对对方的崇敬或为了拓展业务，与当地的重要客户会见可以谦卑地称为拜会。但商务谈判中就不能使用。

4. 回拜

一方受到接见或拜会后回访对方。回拜表示对之前他人拜访的一种回应，是礼貌性的回访，体现了人际交往中的相互尊重和礼尚往来。例如：朋友到家里来拜访，之后自己也到朋友家去回拜；国家领导人之间的回访。

商务活动中，客户先前来公司拜会，之后公司代表也去客户那里回拜。这在友好氛围的商务谈判过程中使用。

5. 会晤

通常用于比较正式、重要的场合，涉及具有一定影响力或地位的人物、团体负责人之间的见面交流，双方在实力和地位上差异不大，凸显重要会晤人员的地位，强调其会晤的重要性和严肃性。例如：两国同级领导人进行了重要会晤，就双边关系和共同关心的重大国际和地区问题深入交换意见；行业专家之间的定期会晤，有助于共同探讨行业发展趋势和应对策略。

商务活动和商务谈判过程中，公司高层与合作伙伴高层之间的会晤，会推动双方合作项目的进一步发展。

（二）会晤座位的排定

根据会晤的规模，座位安排有半圆形布置和马蹄形布置两种方法。

1. 半圆形布置

在参加人数较多的会晤、涉外会晤、正式性强的会晤中使用（如图8-4：半圆形会晤座位排定）。

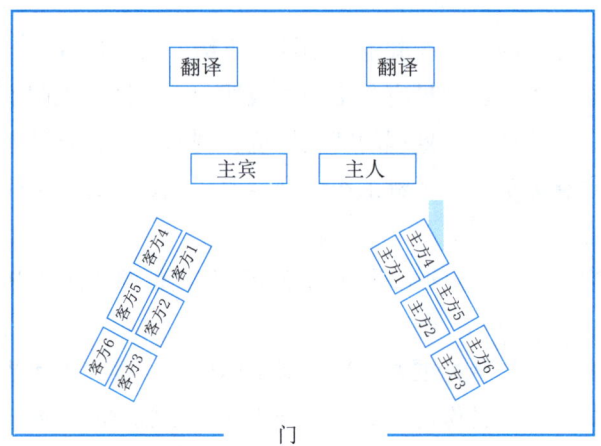

图8-4　半圆形会晤座位排定

2. 马蹄形布置

在参加人数少的会晤、私人会晤、非正式的会晤中使用（如图8-5：马蹄形会晤座位排定）。

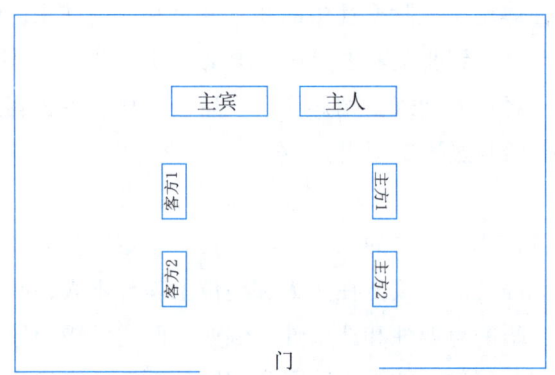

图8-5　马蹄形会晤座位排定

四、商务谈判座位排定

商务谈判参加人员由项目负责人及销售、技术、财务等工作人员构成，双方谈判都会在长桌或者圆桌上进行。座位排定需要根据谈判进程的情况而定。

（一）长桌谈判座位排定

企业或单位一般会利用小型会议室的长桌作为谈判桌。根据座位安排规则和会议室具体布局，一般有横向和纵向两种会议长桌。

长桌谈判
座位排定

1. 横向会议长桌谈判座位排定

按座位排定规则：规则1，按谈判团队成员的重要性"先中间后两边"；规则2，当团队成员多（15人以上）的时候"先前排后后排"；规则3，尊重客方，客方代表在面门一侧，主方代表在背门一侧；规则4，商务谈判遵循"尊右"规则（如图8-6：横向会议长桌谈判座位排定）。

图8-6　横向会议长桌谈判座位排定

2. 纵向会议长桌谈判座位排定

与横向会议长桌排定规则的差异在于规则3，进门右侧为客方，即体现规则4"尊右"原则（如图8-7：纵向会议长桌谈判座位排定）。

图8-7　纵向会议长桌谈判座位排定

(二)圆桌谈判座位排定

圆桌谈判时,各方代表围坐一圈,没有明确的上下之分,更能够营造出平等、公正的氛围。这样的布局使得每位参与者都能更容易地观察到其他方的表情和动作,从而更准确地把握谈判的进展和对方的意图。圆桌谈判寓意"圆满",多用于多方谈判或在谈判氛围和谐的时候使用。

1. 多方圆桌谈判座位排定

多方圆桌谈判的座位排定,无疑是一场精心策划的仪式,它不仅仅是对参与者的尊重,更是对谈判氛围的营造。座位没有主次之分,主方处于面门位置。其他客方可根据国际惯例按英文首字母排列,围绕主方遵循"尊右"规则(如图8-8:多方圆桌谈判座位排定)。

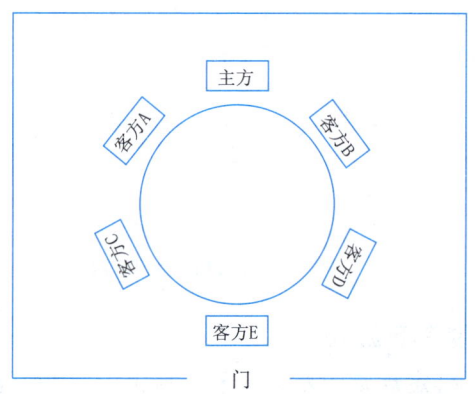

图8-8 多方圆桌谈判座位排定

2. 双方圆桌谈判座位排定

在特殊情况下,商务谈判也会使用圆桌进行。

第一种情况,当谈判进入后续阶段并且双方已经基本达成共识时,圆桌的使用显得"圆满"。此时,谈判的氛围已经变得和谐而融洽,双方都在努力寻求最后的利益平衡点。圆桌的设计寓意着平等与公正,让每一位参与者都能感受到彼此的尊重与平等对待。由于邻位都是对方人员,双方更容易展开深入的交流和讨论,共同寻找解决问题的最佳方案(如图8-9:圆桌谈判座位排定1)。

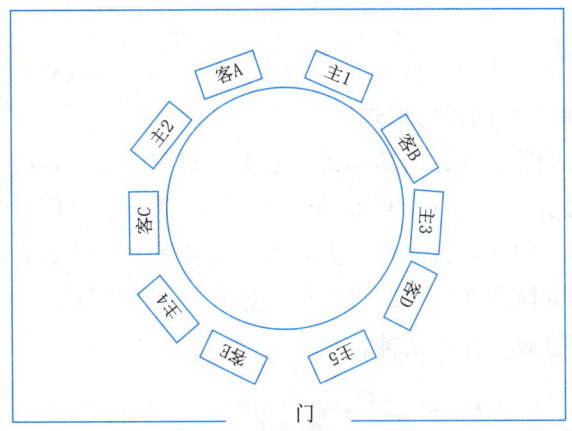

图 8-9 圆桌谈判座位排定 1

第二种情况，当主方条件受到限制或处于劣势时，圆桌谈判则成为迫切希望谈判成功的关键因素。此时，主方需要借助圆桌谈判的平等氛围，减轻对方的压迫感，增强彼此的信任与理解。座位排定仍然采用主方和客方各一边的形式（如图 8-10：圆桌谈判座位排定 2），如同长桌谈判。但对方也能在圆桌谈判中感受到主方的诚意和努力，从而更容易做出让步和妥协，促成谈判的成功。

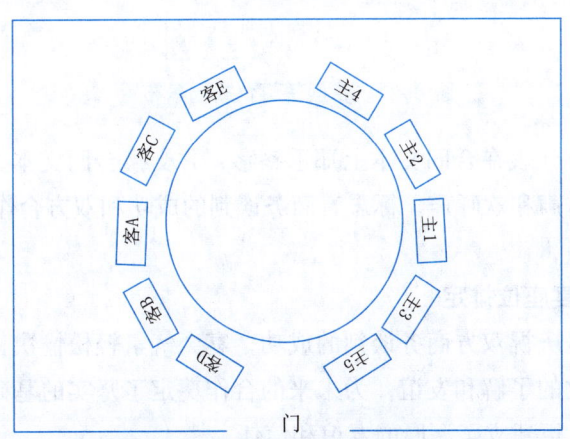

图 8-10 圆桌谈判座位排定 2

五、商务谈判合同签订仪式、庆功宴座位排定

商务谈判中合同签订意味着谈判的成功，双方会安排正式的合同签订仪式

及庆功宴会。

（一）商务谈判合同签订仪式

商务谈判合同签订仪式是隆重的，它象征着双方达成共识、携手合作，共同迈向新的发展阶段。在这个重要的时刻，双方代表会齐聚一堂，共同见证这一历史性的时刻。仪式场景应布置得既庄重又温馨（如图8-11：合同签订仪式场景布置），气氛热烈而祥和。双方代表穿着正式的服装，面带微笑，互相握手致意，展现出友好合作的精神。

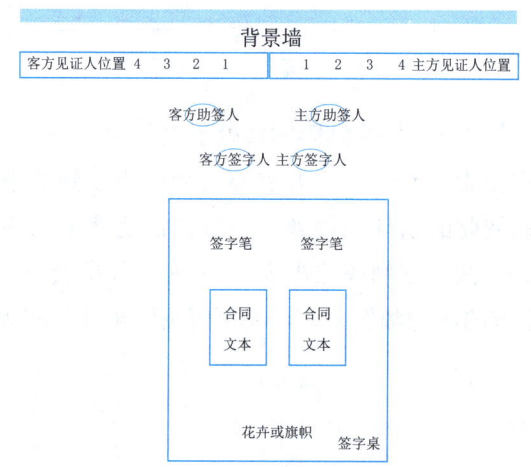

图 8-11　合同签订仪式场景布置

随后，双方代表在合同文本上郑重签字，并交换合同文本。这一刻，全场会响起热烈的掌声和欢呼声，标志着商务谈判的成功和双方合作的正式开始。

（二）庆功宴座位排定

庆功宴会是庆祝双方商务谈判的成功，宴会气氛轻松愉快，双方代表在交流中加深了彼此的了解和友谊，为未来的合作奠定了坚实的基础。双方不仅达成了合作协议，更建立了深厚的友谊和信任。

庆功宴会有多桌时要凸显主桌位置。每桌座位安排要显示和谐气氛，按圆桌和谐谈判座位排定（如图8-9：圆桌谈判座位排定1）。

第二节 谈判前期沟通

谈判的前期沟通为谈判进程的顺利提供了必要的保障,只有在谈判开始之前做好充分的准备,在谈判现场才能游刃有余、掌握谈判的主动权。

一、谈判准备事务

(一)谈判准备的原则——知己知彼

对谈判资料的收集,对己方优劣势的分析,对彼方情况的全方位掌握,是谈判获取成功的基础。所谓"知己",就是对自身处境、想要达到的目的、可使用的资源和策略等要有非常清晰的认知。"知彼"就是要做到对对手的所有信息尽可能全面地分析,并以此为依据制定相应的谈判策略。在谈判准备过程中,谈判者要在对自身情况做全面分析的同时,设法全面了解谈判对手的情况。收集信息内容需要做到以下几点。

1."知己"

"知己",即首先了解自己,包括企业在竞争中所处的市场地位、产品的销量、产品的生产情况、生产设备、人员构成等。通过对自身情况的分析,全面评估自身的优势和劣势,并在此基础上确定合适的谈判策略。

然而,仅仅了解本企业是不够的,代表企业出席谈判的谈判人员作为直接参与谈判交锋的当事人,其谈判技巧、个人素质、情绪及对事物的判断分析应变能力直接影响谈判结果。因此,谈判者需要对自己进行剖析,在谈判时尽量克服因各类个人因素而造成的谈判困境。如谈判者应掌握"遇到何事易生气"等影响谈判的个人情绪因素,使自己在谈判中防止因此而影响谈判效果。同时,谈判者也可以事先模拟谈判场景进行演练,针对可能发生的冲突做好准备,锻炼应变能力,以免一旦实际遭遇,措手不及,难以控制局面。

2."知彼"

"知彼"即对谈判对手进行调查分析。在谈判中,越了解对方,越能掌握谈判的主动权。从企业的角度讲,在谈判前收集的资料越多、越详细,越容易制定合适的谈判策略,获得积极的谈判结果。所以在谈判前,应针对谈判企业的生产情况、产品结构、市场评价、销售情况、市场份额等做详细调查,尤其是对谈判企业存在的困境、产品存在的劣势及隐患等信息更应该充分挖掘,以利于在谈判中获得更多的主动权，争取更多的利益。当然，与此同时，也不能无视对该企业的资信调查，应确定其是否具有经营许可等能力，以降低信用风险。

"知彼"与"知己"同样，也应通过各种途径去详细摸清对方谈判代表的一切情况。也许要谈判的人是和你以前合作过的，即使有过不愉快，也应该开诚布公强调会积极防止此类事情再发生。如果对方是新客户，就更应从其个人经历、兴趣爱好、谈判思维及权限等方面进行不带任何个人色彩的了解，做到心中有数。

3. "知市场行情"

"知市场行情"，顾名思义，就是关注行业内其他企业的产品及经营状况。在谈判时，不能只关注自身企业和对手的情况，而应放眼于市场全局。尤其是在市场经济的条件下，市场竞争更加透明同时也更加激烈，来自国内外的同行竞争者给企业的生存带来了不小的压力。也许当你正与谈判对手讨价还价之时，被无视的"第三者"已准备坐收渔翁之利了。所以必须以主动的姿态对整个市场该行业的经营状况及形势展开调查，了解市场中主要商品的类型、性能、质量等信息，包括同行资信、市场情况及决策方式等，比照优势及差距，以便于本企业谈判时扬长避短，选择适于自己的谈判战略。

（二）确定谈判的主题和目标

在谈判前，首先应确定谈判的主题和目标。

1. 谈判主题

谈判的主题是指谈判的标的，谈判各方都应围绕主题展开谈判。谈判主题又可分为单一型主题和统筹型主题，前面"谈判类型"中已有阐述，这里不再赘述。

2. 谈判目标

谈判目标指围绕谈判主题想要达到的期望或预期。如一场以价格为主题的谈判中，买方的目标是以 2 万元单价购入某产品，而卖方目标是以 2.5 万元为单价售卖该产品。

3. 谈判目标确定的原则

确定主要目标和次要目标：在谈判前，应在对自身和谈判对手情况进行充分分析的基础上，确定相应的谈判目标，如成交的价格、数量、付款周期等。谈判目标的设定应和需要通过谈判实现的主要利益和次要利益相对应。可以先将所有利益诉求列于纸上，再对这些利益按照优先顺序进行排列，以确定目标等级。

厘清让步的底线：确定好所有的谈判目标后，还要对这些目标的可让步幅度进行确认，梳理出哪些目标可以让步、可以让步到何种程度，以便在谈判中可以根据实际情况灵活实施组合策略。

预设谈判对手的条件：在明确己方的需求后，还要综合分析谈判对手的情况，设定出谈判对手的目标以及为了达到目标可能会提出的条件、使用的策略等，并以此为基础预先设计几套可行的谈判方案。

（三）收集分析资料

在确定好谈判的主题和目标后，就要有针对性地开展对相关资料的收集和分析工作。

1. 收集资料的类型

在谈判前应尽可能全面地收集相关资料，按资料涉及的内容，可将资料分为一般性资料和特定性资料、谈判现场资料。

（1）一般性资料。一般性资料指与谈判发生相关的宏观性资料，包括政治情况、法律制度、文化风俗、社会经济状况、地理气候条件等。

（2）特定性资料。特定性资料主要指和对方企业、产品直接相关的信息。如企业的生产经营状况、企业人员构成、生产设备、产品的特征与特点、产品性能、产品的市场占有率、竞争者的情况等。

（3）谈判现场资料。谈判现场资料指与谈判活动组织直接相关的资料。如对方参与谈判的人员构成、对方的合作意愿等。

2. 资料收集方法

（1）实地考察调研。直接深入对方企业开展调研是获取资料最直接、效率最高的方法。通过对企业的实地考察，获取关于企业生产经营情况的一手资料是特定资料收集的重要途径。

（2）获取各类公开资料。企业为了扩大影响、提高市场竞争力，会进行各种形式的宣传营销，而营销工作本身就为谈判提供了大量可以借鉴的信息资料。如产品宣传单、企业经营年报、各类统计数据等。

（3）通过专业组织和研究机构获取情报。随着市场经济的发展，出现了许多专业性的组织和研究机构，它们通过收取一定的费用或者义务服务的方式为委托人完成特定目的的调查，并将调查结果呈交给委托人。

（4）通过与谈判对手有业务往来的企业和人员做调查。任何企业为了业务往来，都需要收集大量的资料，以准确了解对方。因此，通过和对手企业有过业务往来的企业进行交往，交换信息往往是获取情报的重要途径。

（四）情报的整理与分析

在获取了大量的情报资料后，还需要对这些资料进行整理、归类和分析，最终才能形成可靠的结论，指导谈判的进行，制定合适的谈判策略。

（1）整理。这一步骤主要是删除无用的资料、选取有价值的资料。

（2）分类。可以将资料按照目的、专题、内容等进行分类。

（3）分析。运用合适的方法对资料内容进行比较、归纳、解析等工作。

（五）制订谈判计划

商务谈判计划是指企业最高决策层或上级领导者就本次谈判的内容所拟定的谈判目标、准则、具体要求和规定。

1. 制订谈判计划的原则

（1）简明扼要。就是要尽量使谈判人员容易记住其中的主要内容。

（2）内容具体。谈判方案要求简明扼要，但也必须与谈判的具体内容相结合，否则通盘计划就会显得空洞，谈判活动的进行就缺少依据。

（3）富有弹性。谈判过程中可能出现各种新情况甚至是意外情况，因此，谈判计划应为这些情况的发生留有余地，使谈判人员能更好地应对。

2. 谈判计划包含的内容

（1）谈判基本策略。谈判的基本策略指为了实现谈判目标，围绕谈判主题制定的各种方法和途径。

（2）谈判的时间和地点。谈判的地点选择不是一件随意的事情，恰当的地点往往有助于取得谈判的主动权。谈判的地点可以分为主座谈判、客座谈判和主客座轮流谈判三种。

人们对时间的安排是很敏感的，因此在谈判时间的选择上也要深思熟虑。如果谈判定在星期一上午开始，而且主要谈判人员出席的话，说明主持方很在乎要讨论的主题。而安排在周五则表示这个问题要尽快解决，没有时间拖延了。

（3）谈判的议题和议程。谈判议题，是谈判中提出和讨论的各种问题。对于谈判议题，首先应明确己方想要讨论的问题，再预设对方会提出或想要讨论的问题，对这些问题做出全面的分析，并提出解决问题的方案。议程是指对各项议题进行讨论的时间性安排。如果时间安排仓促，议题就不能得到充分的讨论，难以形成一致性意见；相反，如果时间安排过长，就会造成人力和物力的浪费。

二、开局阶段事务与策略

（一）营造适宜氛围

为了营造良好的乃至有利于己方的氛围，就要有意识地创造合适的谈判环境。

1. 具体做法

在开始谈判之前，要做好准备工作，大体分以下两步。

（1）厘清自己的思路，把谈话要点写出来，以防遗忘。

（2）做好物质准备，包括收集、整理有关文件、资料、信息以及选定谈判场所。

开始谈判后气氛有可能发生变化，但最重要的还是在谈判之前营造气氛，它是建立良好谈判的基础。在谈判开始时双方不太了解，需要调整思路，熟悉对方，加强沟通。因此，话题应是轻松的、非业务性的，可谈名人逸事，也可谈旅游风景、名胜古迹等，使双方找到共同话题，逐渐撤去初识所设的心理屏障，再过渡到交易谈判上。

2. 营造适宜谈判氛围的策略

营造适宜谈判氛围前，对己方，存在有利或平等的、不利己方或劣势两种情况，常用"和缓"策略及"破冰"策略。

"和缓"策略，有感情攻击法、幽默法、称赞法三种。

感情攻击法：主要是采用某个事件，调动对方内心的情感，从而达到消除隔阂的目的。常见的手段有寒暄、说出（做出）让对方感动的言语（举动）、参观和对方有关的地点、使用轻松的话语等。

幽默法：这种方法是指利用幽默的语言和方式来消除对方的戒备心理，创造轻松愉快的氛围。

称赞法：是指用赞同、认可对方来取得对方的信任。

"破冰"策略，"破冰"一般采用软、硬两种策略。

"软"策略就是向对方抛出愿意合作的橄榄枝，回避一些冲突点，在守住底线的基础上表现出让利的诚意。

"硬"策略是向对方表明己方的底线，并表现出坚定的信心。

（二）开场陈述

1. 具体做法

开场陈述主要是双方就当次谈判的内容，陈述各自的观点、立场并阐述对对方的建议。

2. 开场陈述的策略

（1）一致式开局策略。一致式开局策略是指以协商、肯定的语言进行陈述，使对方对己方产生好感，产生双方对谈判的理解充满"一致性"的感觉，从而使谈判双方在友好愉快的气氛中展开谈判工作。这种场景主要适用于双方实力相当或者合作愿望强烈又第一次接触时。在使用这种策略时应注意，征求对手意见的问题应该是无关紧要的问题。例如："咱们先确定一下今天的议题如何？""张总，要不您先说说你们的想法？"

（2）保留式开局策略。保留式开局策略是指在谈判开始时，对谈判对手提出的关键性问题不做彻底的、确切的回答（只给出模糊的回答），而是有所保留，从而给对方造成神秘感，以吸引对方步入谈判。这种场景主要适用于比较熟悉对方、对方比较精明时。在使用这种策略时应注意采取该策略时不要违反商务谈判的道德原则，应以诚信为本，向对方传递的信息可以是模糊信息，但不能是虚假信息。

（3）慎重式开局策略。慎重式开局策略是指以严谨、凝重的语言进行陈述，表达出对谈判的高度重视和鲜明的态度，目的在于使对方放弃某些不适当的意图，以达到把握谈判的目的。这种场景主要适用于以前与对方有过业务往来，但关系不熟或不佳时。使用这种策略时应注意不能过于慎重，只在重大问题上慎重。

（4）坦诚式开局策略。坦诚式开局策略是指以开诚布公的方式向谈判对手陈述自己的观点或意见，以尽快打开谈判局面。这种场景适用于有过业务往来、关系很好或实力明显不如对方时。这种场景下坦诚需适度，前期策划好可以坦诚的内容。

（三）议题说明

谈判议题是指陈述阶段双方观点、立场及建议不一致的要素和内容。谈判议题说明是磋商阶段的过渡，为保证后续环节的顺利进行，在此阶段双方应采取积极合作的态度。

第三节 磋商阶段的策略

磋商，是谈判人员针对双方关心的核心问题进行商讨的过程，是谈判过程的实质性阶段。在这一阶段双方都面临如何维护自身利益的问题，只有恰当地运用相应的谈判策略才能妥善地解决这一问题。如果不讲究谈判策略，就可能造成谈判的失败，使既定的谈判目标难以实现。

一、报价

报价作为商务谈判的起始环节，具有举足轻重的作用。它不仅是双方合作意向的初步体现，更是后续谈判策略制定的基础。报价的合理性、精准性直接影响到谈判的进程和结果。

一个合理的报价，能够展现己方的专业素养和市场洞察力，增强对方的信任感。报价还具有一定的策略性。在谈判中，合理的报价策略可以有效地掌握谈判的主动权，引导谈判的方向。

（一）报价原则

在我们为客户提供报价时，要始终坚守几个核心原则，以确保我们的报价既公平又透明，同时能够满足客户的期望和需求。

1. 坚持合理定价原则

报价基于深入的市场调研和竞品分析，充分考虑了行业的平均水平以及我们自身的成本结构。我们应努力确保报价既不过高也不过低，既能够覆盖我们的成本，又能够为客户带来合理的性价比。

2. 注重个性化定制

每个客户的需求都是独特的，因此不能简单地套用模板或提供一刀切的报价。应根据客户的具体需求、项目规模、时间要求等因素，量身定制一份符合客户需求的报价方案。

3. 强调透明度和可预测性

在报价中详细列出所有的费用项和计算依据，确保客户能够清晰地了解每一项费用的来源和合理性。同时也会尽量避免在后期出现额外的费用或变更，以确保客户能够准确预测和控制项目成本。

4. 重视长期合作关系

通过提供高质量的报价和优质的服务，能够赢得客户的信任和忠诚，从而建立起长期稳定的合作关系。因此，在报价时不仅会考虑当前项目的利益，还会考虑如何为未来的合作奠定良好的基础。

（二）报价策略

常用的报价策略有以下几种。

1. 价格起点策略

价格起点策略一般有欧式报价和日式报价两类。

（1）欧式报价。欧式报价是指卖方提出一个高于本方实际要求的谈判起点来与对手讨价还价，最后再做出让步达成协议的谈判策略。这种策略一般适用于独家经营或者卖方市场的场景。当对方使用此策略时，己方可采用两种应对措施：要求对方出示报价或还价的依据，己方出示报价或还价的依据。

（2）日式报价。日式报价是指先提出一个低于己方实际要求的谈判起点，以让利来吸引对方，试图首先去击败参与竞争的同类对手，然后再与被吸引的买方进行真正的谈判，迫使其让步，达到自己的目的。这种策略适用于买方市场或有竞争对手的场景。当对方使用此策略时，可采用的应对措施是：把对方的报价内容与其他卖主的报价内容一一进行比较和计算，直截了当地提出异议或不为对方的小利所迷惑，自己报出一个一揽子交易的价格。

2. 除法报价策略

除法报价策略是以商品价格为被除数，以商品的数量或使用时间等作为除数，得出一个数字很小的价格，使买主对本来不低的价格产生一种便宜、低廉的感觉。这种策略适用于营销、宣传或不接触类谈判。当对方采用此策略时可使用要求对方说明计算方法或者反复进行价格对比等方法应对。如保险以每日计，"每天花1元可以买到一年保障"，实际报价就是365元了。

3. 加法报价策略

在商务谈判中，有时怕报高价会吓跑客户，就把价格分解成若干层次渐进提出，使若干次的报价最后加起来仍等于当初想一次性报出的高价。采用加法报价策略，卖方多半依靠的是所出售的商品具有系列组合性和配套性。买方一旦买了组件1，就无法割舍组件2和3了。这种策略一般比较适合于针对组合式产品或套餐销售进行谈判。当对方采用这种策略时可采取附件核价的方法应对。如手机报价以基础报价，而其他功能加上去就有不菲的价格。

4. 差别报价策略

差别报价策略是指在商务谈判中针对客户性质、购买数量、交易时间地点、支付方式等方面的不同，采取不同的报价策略。这种策略适用于对价格有一定的控制能力、产品有多种类型且拥有不同市场、有较多老客户等情况。当对方采用这种策略时可使用转换角色或偷换概念的方法应对。如新老客户的报价差别。

5. 对比报价策略

对比报价策略是指向对方抛出有利于己方的多个商家同类商品交易的报价单，设立一个价格参照系，然后将所交易的商品与这些商家的同类商品在性能、质量、服务与其他交易条件等方面做出有利于己方的比较，并以此作为己方要价的依据。这种策略适用于有竞争对手和有参考依据的情况。当对方使用这种谈判策略时可采用质疑其他报价真实性的方法应对。如其他供应商报价比己方高。

6. 数字陷阱策略

数字陷阱策略是一种巧妙的销售策略，通过巧妙地运用数字，让买方在视觉上和心理上获得一种占便宜的错觉，从而达到促进销售的目的。数字陷阱策略往往还表现为价格拆分、优惠组合等形式。如"9.9 元"报价使人感觉价格不到 10 元。

7. 中途变价策略

中途变价策略是指在报价的中途突然改变原来的报价趋势从而争取谈判成功的报价技巧。这种策略适用于当条件发生变化时。当对方采用这种策略时，可使用改变报价方向的方法应对，以出乎对方意料，让对方有一种得到额外利益的感受。

二、讨价还价

讨价还价阶段的策略可分为优势条件下的谈判策略、劣势条件下的谈判策略、均势条件下的谈判策略三类。

（一）优势条件下的谈判策略

己方处于谈判优势地位，如独家经营、占有市场领导地位等，此时应充分利用这些优势，展现自信和专业度。在谈判桌上要明确表达己方的立场和利益，向对方展示己方优势。策略有以下几种。

1. 不开先例策略

不开先例策略是指运用同类事务过去的处理方式来约束对方。包括与对方谈判的先例、与他人谈判的先例、行业通行的做法等。可参考如下案例。

卖方："××公司是我们十几年的老客户，我们一向给他们的折扣是20%，因此，对你们来讲也是一样。"

买方："我理解你给××公司20%折扣的理由，因为你们在那个地区已经有许多固定的用户，已经占领了当地的市场，没有必要在价格上进行竞争。但在我们这个地区却不同，这是个新开发的市场；产品还没有知名度，没有固定用户。为了争取用户，就要在价格上进行竞争，你方给我们的折扣要在30%才行，否则，难以推销。"

2. 先苦后甜策略

先苦后甜策略是为了达到谈判目的，先提出一系列苛刻的条件或要求，以降低对手的心理预期，然后在谈判过程中逐渐给予优惠或做出让步，以实现核心的谈判目的。

如在一次商品交易中，买方想要卖方在价格上多打些折扣，但同时也估计到如果自己不增加购买数量，卖方很难接受这个要求。于是买方在价格、质量、包装、运输条件、交货期限、支付方式等一系列条款上都提出了十分苛刻的要求，并草拟了有关条款作为洽谈业务的蓝本。然后在讨价还价的过程中，买方会让卖方明显感觉到在绝大多数的交易项目上买方都"忍痛"做了重大让步。这时，卖方鉴于买方的慷慨表现，在比较满足的情况下，往往会同意买方在价格上多打些折扣的要求。

3. 价格陷阱策略

价格陷阱策略是指强调价格上涨的信息，使买方的注意力集中在价格上，而忽略了其他条件。

如："贵方是我公司的老客户了，因此，对于贵方的利益，我方理应给予特别照顾。现在，我们获悉，今年年底前，我方经营的设备市场价格将要上涨。为了使你方在价格上免遭不必要的损失，如果你方打算订购这批货，就可以趁目前价格尚未上涨的时机，在订货合同上将价格条款按现价确定下来，这份合同就具有价格保值作用，不知贵方意下如何？"

4. 最后期限策略

最后期限策略是指向对方表明只有有限的时间去处理某事，以增加对方顺从的可能性。

如告知对方今天是公司促销活动的最后一天，如果今天不能成交，今后则不能再享受此优惠活动价格。

5. 最后出价策略

最后出价策略指谈判一方给出了一个最后的价格，告诉对方不准备再进行讨价还价了，要么在这个价格上成交，要么谈判破裂。

6. 故布疑阵策略

故布疑阵策略是通过制造一种假象来蒙蔽谈判对手，从而分散对手的精力，打乱对手的阵脚，以便乘虚而入，达到谈判的目的。故布疑阵的两个条件：一是为对方创造获取机密的有利条件；二是使对方相信并感到惊喜，因为无意中得到的情报对他们来说太重要了。

7. 先造势后还价策略

在对方开价后不急于还价，而是指出市场行情的变化态势（涨价或降价及其原因），或是强调己方的实力与优势，构筑与突出有利于己方的形势，从而给对方造成客观存在的心理压力，从而使其松动价格立场，并做出让步。

（二）劣势条件下的谈判策略

己方处于谈判劣势地位时，需要扭转乾坤，化被动为主动。明确己方的核心利益与底线，并制定出相应的应对策略。常用的策略有以下几种。

1. 吹毛求疵策略

吹毛求疵策略通常是指在商务谈判中，处于谈判劣势的一方，在谈判另一方炫耀其实力、大谈特谈其优势时，采取回避态度，并针对对方的产品或相关问题，再三故意挑剔，以打击对方锐气，从而使其做出让步的策略。吹毛求疵策略使用的关键在于提出的挑剔问题应恰到好处，把握分寸。吹毛求疵策略常常采用对比法，即将卖方的商品及其交易条件与其他卖方的商品和交易条件相比较。

2. 疲惫策略

疲惫策略通常是指通过马拉松式的谈判，逐渐消磨对手的锐气，使其疲惫，以扭转己方在谈判中的不利地位和被动的局面，到了对手精疲力竭、头昏脑胀之时，己方则可反守为攻，抱着以理服人的态度，摆出己方的观点，促使对方接受己方条件的一种策略。

疲惫策略常常采用车轮战术来实施，即通过不断更换谈判人员来使谈判对手陷于不断重复谈判的境地，消耗对方的耐力，削减对方的锐气。

3. 权力有限策略

权力有限策略通常是指在商务谈判中，实力较弱一方的谈判者被要求向对方做出某些条件过高的让步时，宣称在这个问题上授权有限，无权向对方做出这样的让步，或无法更改既定的事实，以使对方放弃所坚持的条件的策略。

权力有限策略的成功运用，不仅可以有效地保护己方，坚定谈判者立场，还可以以此作为对抗对方的盾牌，因此又称之为"挡箭牌"策略。

4. 先斩后奏策略

先斩后奏策略指在商务谈判中实力较弱的一方通过一些巧妙的办法"先成交，后谈判"而迫使对方让步的技巧。实质是让对方先付出代价，让对方衡量付出代价和中止成交所受损失的程度，被动接受既成交易的事实。

5. 私人接触策略

私人接触策略是指主动与谈判对手个人接触，采用拜访、聊天、娱乐等多种形式增进了解、联络感情、建立友谊，从侧面促进谈判顺利进行的一种策略。私人接触的形式主要有电话联系、拜访、娱乐、宴请等。在使用私人接触策略时应注意：要提高警觉，谨防言多必失，即使气氛很好也不能忘乎所以。

6. 润滑策略

润滑策略是指谈判人员为了表示友好情谊和联络感情而相互馈赠礼品，以图取得更好谈判效果的策略。润滑策略应该与行贿受贿区别开来，其中所馈赠的礼品应该是符合社交习俗、符合有关规定要求的礼品。在使用润滑策略时应注意：第一要了解对方的习俗、文化、修养；第二要注意礼品包含的暗示作用；第三要注意外商的忌讳；第四要注意礼品价值的适度性；第五要注意送礼的时机和场合。

（三）均势条件下的谈判策略

双方处于谈判均势地位，彼此都深知对方的实力和底线。只有在双方的共同努力下，谈判才会取得圆满的成果。

1. 投石问路策略

即在谈判的过程中，谈判者有意提出一些假设条件，通过对方的反应和回答，来探测对方的意图。基本做法是：提出一组交易的假设条件，向对方进行询价。如：假如交易数量加倍，你方的开价是多少？当谈判对手采用此策略时，可要求对方确定交易数量，然后再回答问题或者直接询问对方交易的真实需要及期望的交易条件，如对方询问订货数额为1000的优惠价格，你可以用反问"你希望优惠多少"来应对。

2. 欲擒故纵策略

欲擒故纵策略，是指在谈判中，一方虽然想做成某笔交易，却装出满不在乎的样子，将自己的急切心情掩盖起来，似乎只是为了满足对方的需求而来谈判，使对方急于谈判，主动让步，从而实现先"纵"后"擒"的目的的策略。

3. 浑水摸鱼策略

浑水摸鱼是指在谈判中，故意搅乱正常的谈判秩序，将许多问题一股脑儿地摊到桌面上，使人难以应对，借以达到使对方慌乱失误的目的的策略。当谈判对手采用此策略时可坚决要求对方回到正常的谈判秩序中来，逐项讨论和解决问题；当对方使用材料和数据时，要有勇气暂停谈判，对材料和数据进行认真分析。

4. 声东击西策略

声东击西策略通常是指己方在商务谈判中，为达到某种目的和需要，有意识地将磋商的议题引导到无关紧要的问题上，故作声势，转移对方注意力，以求实现自己的谈判目标的策略。

三、让步阶段策略

让步不仅能够帮助化解矛盾，促进谈判，更能够彰显己方的格局和胸怀。让步并不意味着无原则的妥协。在让步的过程中，需要坚守自己的底线和原则，不能为了迎合对方而牺牲己方的利益，需要根据具体情况来灵活应对。

（一）让步原则

1. 无损于己方利益

己无损策略，是指己方所做出的让步不给己方造成任何损失，同时还能满足对方一些要求或形成一种心理影响，产生诱导力。当谈判对手就其一个交易条件要求己方做出让步时，在己方看来其要求确实有一定的道理，但是己方又不愿意在这个问题上做出实质性的让步时，可以采用一些无损让步的方式。

2. 互惠互利

指在推销过程中，推销员要以交易能为双方都带来较大的利益或者能够为双方都减少损失为出发点，不能从事伤害一方或给一方带来损失的推销活动。

3. 予远利谋近惠

商务谈判过程中客观地存在对谈判需求的两种满足方式，而对于有些谈判人员来说，可以通过给予其期待的满足或未来的满足而避免给予其现实的满足，即为了避免现实的让步而给予对方以远利。当对方感觉较好时，即可放弃现实的争取而对未来持有希望。如果对方通理，即会采取弃近利取远惠的做法，因而避免了己方现实的让步。其实，对于己方来讲，采取了予远利谋近惠的让步策略，并未付出什么现实的东西，却获得了近惠，因此，何乐而不为！

（二）让步策略

声东击西是让步策略中最为常见的。以己方让利 200 元，前后四次磋商为例，有以下让步策略（如表 8-1：声东击西让步策略）。

表 8-1　声东击西让步策略

让步方式	让步总额（元）	第一期让步金额（元）	第二期让步金额（元）	第三期让步金额（元）	第四期让步金额（元）
最后式	200	0	0	0	200
最先式	200	200	0	0	0
均等式	200	50	50	50	50
减加加式	200	60	20	40	80
减减加式	200	80	50	30	40
递减式	200	80	60	40	20
间断式	200	140	10	0	50
进退式	200	160	40	40	−40

以上声东击西让步 8 种策略的核心在于利用表面的让步行为来迷惑对方，这些策略离不开对对方心理和行为模式的深入分析和精准把握，以突显己方的真正目的。

第四节　商务谈判注意事项

高水平的谈判者能够在谈判中灵活使用各种原则，使谈判达到预期的目标。但是，在谈判中也有一些需要注意的事项，只有掌握了这些原则，才能保障双方通过谈判建立更为长久的合作关系。

一、在商务谈判中忌欺诈隐瞒

谈判的根本目的是为谈判各方的利益寻求平衡点，实现"共赢的效果"。但在谈判实践中，许多谈判者对此理解不深或不理解，将谈判单纯地看作一种竞争性行为。因此，为了能在竞争中"获胜"，可能会用尽一切手段、想尽一切办法。而在这种思想的驱动下，就有可能会不顾客观事实，欺诈隐瞒，依靠谎言或"大话"求得自身的谈判优势。但是，每一位谈判的参与者都应明白，谈判的本质不是简单地促成某一次的合作，而是要建立双方或各方之间的社会连接，形成长久性的持续合作网络。所以，在谈判中提供虚假信息或刻意隐瞒对自己的不利的信息，可能会获得暂时的成功，但很容易在合作中被对方察觉，从而使合作关系破裂。如一位业务员同一家商店进行推销洽谈，业务员为了促销，在介绍产品质量时声称已经获得"省优"和"部优"荣誉，商店看样后认为有一定市场，于是双方达成买卖意向。商店后来了解到这种商品既非"省优"也不是"部优"，因此，产品虽适销，但商店也怕上当受骗，于是未与对方签订合同，一桩生意告吹。可见，欺骗和隐瞒的方式很难获得真正意义上的谈判胜利。

二、在商务谈判中忌盛气凌人

谈判中所有的参与人员身份应是平等的，切不可因为年龄、资历等原因而自觉高人一等，更不可因此而使用压制性、逼迫性的语言，说话带有居高临下的语气。例如，在某次谈判的现场，甲方的代表是几位年纪较大的主管，而乙方的团队则是由几位年轻的经理组成。谈判中，甲方的主谈人说："我们有经验，按照我们说的做就可以，我们几个开始做这行的时候你们估计还在娘胎里吧！"而乙方的主谈人不紧不慢地回复："论经验我们确实比不上您几位，但是我们建立了相关模型，通过精确的计算和数据分析认为，按照您提出的条件在前两年产品可能盈利，但从长远看，这类产品发展空间小、消费者在消费时承受的风险大，很快会被市场淘汰，并且还可能因此使品牌口碑受到影响，得不偿失。您如果不相信的话，我可以给您看看我们的分析报告，里面有详细的解释说明。"乙方代表说得有理有据，使甲方哑口无言。

三、在商务谈判中忌道听途说

商务谈判应以事实为依据，未经证实的消息切勿随意使用在谈判之中，以免给对手留下做事不严谨甚至为了利益不惜编造谎言的印象。例如，买方为了在谈判中迫使对方降价，便说："听说你们给其他家的价格是 45 元，比给我们报的 50 元便宜呢，你们再降点价格，否则我们就不能合作了。"卖方的谈判代表则说："我们和其他合作伙伴的交易价格一直是 50 元，即便今年原材料价格上涨了，为了表示我们跟贵公司的合作诚意，还是坚持给您报价 50 元，一分未涨。不知道您的消息从哪里得来？如果您有疑虑，我们可以和消息提供方当面对质。"卖方代表的回复使买方再没有多说一句话。

四、在商务谈判中忌攻势过猛

有时候，为了能在谈判中取得主动地位，实现谈判目标，有的谈判者会使用刻薄的语言，企图压制对方，甚至还会故意揭人隐私。这种方式不仅对促成合作无益，甚至还有可能因为冒犯性的言语而使谈判破裂。例如，某公司的采购人员在采购某种原材料时，认为供应商是有求于己方的，便肆无忌惮地提出了诸多苛刻条件，如延长付款周期、缩短交货周期、要求送货上门并由卖方承担运输费用等，卖方听了采购员的要求，回应道："您说的条件我们可以答应，但是我们有一个条件，贵公司要和我们签订一个 5 年的专属采购合同，规定 5 年内只能从我公司采购这种原材料。"一番话虽然客气，但软中带硬，一时间使采购员无法应对。

五、在商务谈判中忌含混不清

有的谈判人员可能因谈判前的准备工作不充分，导致在谈判中难以提供准确的信息，或是对于对方提出的条件表现出模棱两可的模糊态度。这种做法很容易让对方"钻空子"，占据谈判的主动地位，或者会给对方留下合作诚意不足的印象，最终导致谈判的破裂。因此，在谈判前一定要尽可能全面地收集对手的资料、详细地对谈判的各类情况做出分析，尤其是要预设对方可能提出的问题或条件，并拟定应对之策，使谈判者在谈判现场能游刃有余地应对各种状况，提高谈判效率。

思考与练习

一、思考题

1. 在进行商务谈判时应注意哪些礼仪？
2. 营造适宜的谈判氛围有哪些策略？如何运用？
3. 开场陈述的策略包括哪些？这些策略的具体内容有什么？
4. 报价阶段可采取的策略有哪些？
5. 讨价还价阶段可使用哪些策略？具体内容和适用场景包含哪些？
6. 谈判让步阶段的原则及让步策略有哪些？

二、练习题

1. 案例分析

案例一：A 公司欲购买美国 B 公司的面粉用于面包制作，派出成本经理与美方进行谈判。在谈判之前，A 公司经理查找了大量关于制作面包用面粉的价格并进行了详细的咨询和比较，并且对 B 公司当前的生产经营情况了如指掌。谈判开始，美国公司报价每公斤 1 美元，A 公司经理列举了产品的各国成交价格，美方目瞪口呆，最终以每公斤 0.5 美元的价格成交。

问：分析中方在谈判中取得成功的原因及美方处于不利地位的原因。

案例二：小王是 × 会展公司的董事长秘书，一天，公司要接待一位重要的阿拉伯客人，就参展的问题进行谈判。恰巧这天公司的董事长张董有个重要会议无法亲自前往机场，于是他派小王去接机。在到达机场见到客人之后，由于小王是"左撇子"，所以习惯性地伸出左手和客人握手，客人当场面露不悦但并未多说什么。为了缓解尴尬，小王赶紧说"欢迎您来到上海，请上车"，之后便不再说话。在谈判会场，其他同事刚好有事找小王，为了与对方沟通，小王先后 5 次进出会场。谈判结束后，阿拉伯方要求将相关的资料通过传真发送至公司总部，小王赶在下班前匆匆将资料传真过去，却发现对方公司所在国家目前正是凌晨休息的时间。几天后，阿拉伯公司以 × 会展公司合作诚意不足为由，取消了合作计划。

问：在这场谈判中，小王忽视了哪些礼仪？

2. 情景模拟训练

上海某会展公司 A 计划举办一场展会活动，现就展馆租赁事宜和展馆提供方（B 国际会展中心）进行谈判。A 公司希望能以更优惠的价格租赁场馆。请以 8~10 人为一小组，分别扮演会展公司和国际会展中心的谈判代表，就展馆租赁的价格问题开展谈判,并记录谈判过程。

3. 列举

请列举讨价还价策略在购物中的运用实例并进行说明。

参考文献

[1] 丁煌.人际沟通学[M].武汉：武汉大学出版社，2013.

[2] 斯蒂芬·罗宾斯，玛丽·库尔特.管理学[M].15版.刘刚，梁晗，程熙镕，等译.北京：中国人民大学出版社，2022.

[3] 戴尔·卡耐基.卡耐基全集[M].北京：中国城市出版社，2010.

[4] 关世杰.跨文化交流学[M].北京：北京大学出版社，1995.

[5] 王艳军.礼仪全书[M].北京：线装书局，2013.

[6] 王艳.国际商务礼仪[M].北京：电子工业出版社，2017.

[7] 孟亚娟.跨文化交际[M].北京：中国人民大学出版社，2018.

[8] 彭澎.礼仪与文化[M].北京：清华大学出版社，2007.

[9] 徐行言.中西文化比较[M].北京：北京大学出版社，2004.

[10] 徐斌，王军旗.商务谈判实务[M].北京：中国人民大学出版社，2023.

[11] 毕思勇，张成山.商务谈判实务[M].北京：高等教育出版社，2009.

[12] 史国祥.会展导论[M].天津：南开大学出版社，2009.

[13] 王春雷.参展实务[M].北京：高等教育出版社，2010.

[14] 李艳婷.现代会议组织与服务[M].北京：中国人民大学出版社，2012.

[15] 韩雪飞.个人整体形象塑造[M].北京：化学工业出版社，2020.

[16] 王淑华，宋春风.服务礼仪[M].3版.北京：首都经济贸易大学出版社，2024.

[17] 许传宏.会展服务与现场管理[M].3版.北京：中国人民大学出版社，2017.

[18] 詹姆斯·A.菲茨西蒙斯，莫娜·J.菲茨西蒙斯.服务管理[M].张金成，范秀成，杨坤，译.北京：机械工业出版社，2013.

[19] 刘刚.危机管理[M].北京：中国人民大学出版社，2013.

[20] 加里·德斯勒.人力资源管理[M].12版.刘昕，译.北京：中国人

民大学出版社, 2019.

［21］斯蒂芬·罗宾斯, 蒂莫西·贾奇. 组织行为学［M］. 14版. 孙健敏, 李原, 黄小勇, 译. 北京: 中国人民大学出版社, 2012.

［22］孙绍年. 商务谈判理论与实务［M］. 北京: 北京交通大学出版社, 2007.

［23］丁建忠. 商务谈判学［M］. 北京: 中国商务出版社, 2004.

［24］陈家栋. 会展接待实务［M］. 北京: 旅游教育出版社, 2006.

［25］王军旗. 商务谈判: 理论技巧与案例［M］. 4版. 北京: 中国人民大学出版社, 2014.

模拟试卷

一、名词解释（15分，每题3分）

1. 沟通
2. 跨文化商务礼仪
3. 商务谈判
4. 着装TPO原则
5. 保留式开局策略

二、选择题（10分，每题1分）

1.（单选）微信语音交流属于（　　）。
   A. 口头语言沟通　　　　　　　　B. 书面语言沟通
   C. 身体语言沟通　　　　　　　　D. 副语言沟通
   E. 物体语言沟通

2.（多选）同班同学之间有可能存在的文化差异有（　　）。
   A. 价值观文化差异（个体文化差异）
   B. 社会结构文化差异（地位文化差异）
   C. 地域文化差异
   D. 时间文化差异
   E. 外来文化融合

3.（单选）以下哪项不属于礼仪的功能（　　）?
   A. 增进沟通　　B. 提高效率　　C. 限制自由　　D. 促进合作

4.（多选）商务礼仪的基本原则包括哪些（　　）?
   A. 尊重原则　　B. 专业性原则　　C. 保守性原则　　D. 平等原则

5.（单选）围绕多个主题进行的谈判叫作（　　）。
   A. 单一型谈判　　B. 小组谈判　　C. 统筹型谈判　　D. 个人谈判

6.（单选）以下哪一项不属于会展活动前期会展销售礼仪的重要性（　　）?

A. 塑造专业形象 B. 促进有效沟通
C. 维护企业声誉 D. 提高销售业绩

7.（单选）如图所示，是哪种常见的会场座位的布置（　　）?

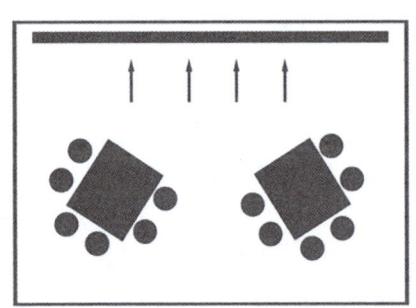

A. 剧院式布局 B. 鱼骨式布局 C. 宴会式布局 D. U 字形布局

8.（单选）商务形象的重要性不包括（　　）。

A. 提升职业竞争力 B. 增加个人财富
C. 第一印象的重要作用 D. 企业形象的延伸

9.（多选）接待中常见的礼仪包括（　　）。

A. 称呼礼仪 B. 引导礼仪 C. 握手礼仪 D. 庆典礼仪

10.（多选）纠纷与投诉产生的原因包括（　　）。

A. 期望与现实的差异 B. 沟通不畅
C. 服务或产品的缺陷 D. 法律和合同问题

三、判断题（10 分，每题 1 分）

1. 文化是人类在社会历史实践中所创造的精神财富。（　　）
2. 东西方文化差异主要体现在语言和地理位置上。（　　）
3. 在互利互惠原则下，谈判各方应坚持以价值为中心。（　　）
4. 谈判的主体是指谈判的议题及内容，是谈判过程中的核心要素。（　　）
5. 对于专业观众的邀请，相比普通观众更加强调宣传渠道的覆盖面和社会影响力。（　　）
6. 主席台花饰布置时，需关注不同的花卉所代表的不同意蕴。在欧洲，郁金香代表着不吉祥，因此有欧洲人出席的会议上不要用郁金香来装饰。（　　）
7. 会展销售礼仪规范不包括着装要求。（　　）
8. 会展男士商务着装中的"三一定律"是指上装、裤装、鞋子颜色一致。（　　）

9. 现场服务标准化有助于提升品牌形象。   (   )
10. 应该按地位高低由高向低的顺序依次递交名片。   (   )

四、填空题（20分，每空1分）

1. 沟通的要素有：发信者、收信者、编码、解码、通道、信息、_____、_____ 八个要素。
2. 会展商务礼仪具有公共性与多样性、_____、灵活性与适应性和_____。
3. 商务谈判的阶段有_____、开局阶段、_____ 和成交阶段。
4. 在会展工作中，我们会遇到的需要进行沟通与协调的对象主要包括_____、_____、_____、_____、服务商等。
5. 握手礼时要注意：保持手部的_____、应该主动伸出_____手进行握手、握手力度_____、握手时间应该在_____秒钟、有一定_____交流、面带_____。
6. 会展团队内冲突根据原因分为_____、_____、_____和_____。

五、简答题（30分）

1. 沟通应该遵循哪些原则？（3分）
2. 说明礼仪在现代社会的重要性。（4分）
3. 商务谈判的原则有哪些？（3分）
4. 会展活动前期有效沟通的重要性及沟通技巧该关注哪些？（4分）
5. 列出5种以上专业观众邀请的方式。（3分）
6. 解释会展活动中迎宾的主要礼仪要求。（3分）
7. 说明客户关系维护的主要原则。（3分）
8. 简述会展企业内部冲突的处理策略。（4分）
9. 简述座位安排规则。（3分）

六、案例分析（15分，每题5分）

1. 某公司将在大型国际展览会上展示其最新产品，作为会展礼仪顾问，你将如何为公司制定一套完整的会展商务形象方案？请具体说明。
2. 某公司在一次大型展会后收到客户的多次投诉，作为会展经理，你将如何处理这些投诉并维护客户关系？请具体说明。
3. "三·八节"这一天，小英随母亲到八一商场买衣服，虽说衣服品种、花色很多,但很难挑到一件中意的上衣。小英好不容易看中一件,标价230元,还是打八五折的价格。小英问服务员能否再优惠一点,服务员讲:"我做不了主。"小英说:"能否请出做主的人来,我想买这件衣服。"售货组长来了,先问:"你很想买吗?""是的。""若这样还可以便宜2%。"小英:"才便宜5元钱还不到。"……

请分析:

(1)小英和售货组长进行的是什么谈判?

(2)在该案例中,谈判的构成要素是什么?

(3)她们各自应如何谈判售价?

模拟试卷答案